Wulfing von Rohr
Geheime Herrscher der Welt

Wulfing von Rohr

GEHEIME HERRSCHER DER WELT

Das Buch
der Meister
über Licht
und Dunkel

ATLANTIS wird herausgegeben von Hans Christian Meiser.

Die Deutsche Bibliothek – CIP-Einheitsaufnahme
Rohr, Wulfing von:
Geheime Herrscher der Welt : Das Buch der Meister über Licht und
Dunkel / Wulfing von Rohr. – Kreuzlingen ; München : Hugendubel, 2001
(Atlantis)
ISBN 3-7205-2177-X

Umschlaggestaltung: Zembsch' Werkstatt, München
Produktion: Maximiliane Seidl
Satz: Verlagsservice G. Pfeifer/EDV-Fotosatz Huber, Germering
Druck und Bindung: GGP Media, Pößneck
Printed in Germany

ISBN 3-7205-2177-X

Inhalt

Vorbemerkung

Das vorliegende Buch ist sorgfältig recherchiert und stützt sich auf viele Quellen, die in Auszügen auch häufig zitiert werden. Es ist jedoch kein historisch-kritisches wissenschaftliches Werk. Das Buch baut auf den spirituellen Erfahrungen des Verfassers auf, aber es ist kein Zeugnis »geistiger Eingebungen«. Es ist also weder im üblichen Sinne akademisch noch ist es von vermeintlich höheren Intelligenzen »gechannelt« worden. Vielmehr stellt das Buch einen nachvollziehbaren Ausflug zu wichtigen ungelösten Problemen der Menschheit dar, die in einen größeren Zusammenhang gestellt werden. Es ist ein Versuch, auf offene Fragen plausible Antworten zu finden und diese dem Leser als Angebote zu präsentieren. Der Verfasser verfügt weder über letzte Wahrheiten noch strebt er die vollkommene Zustimmung der LeserInnen an. Statt dessen möchte er meist ungeklärte Themen aufgreifen und sie einladen, ihn auf seiner Suche zu begleiten und über die von ihm gefundenen Teilantworten selber nachzudenken. Das Buch ist auch eine Art »Zwischenbericht« einer archetypischen Reise auf der Suche nach Wahrheit. Es geht darum, bestimmte Ursachen des Weltgeschehens und den Sinn des Lebens wieder stärker in den Mittelpunkt einer Diskussion zu rücken. Das sollten wir nicht irgendwelchen »Experten« überlassen und auch nicht abgehobenen esoterischen Zirkeln. Wenn dieses Buch einen nützlichen Beitrag dazu leistet, das eigene Leben bewußter zu gestalten, die Welt und ihre Phänomene offener zu hinterfragen und dem persönlichen Lebenssinn ein gutes Stück näher zu kommen, dann ist die selbstgestellte Aufgabe erfüllt.

Die LeserInnen mögen es dem Verfasser verzeihen, daß er auf der folgenden Reise zu offenen Menschheitsfragen und durch äußere und innere Ebenen der Welten *eine* bestimmte, sehr populäre Erklärung für fast alle Unbilden und Hoffnungen der Welt, beziehungsweise *eine* spektakuläre Verschwörungstheorie über heimliche oder unheimliche »Meister der Welt« überhaupt nicht beachtet, nämlich *Ufos* und *ETs*. Er hält diese Phänomene für fragmentarisch bekannt gewordene Aspekte von hoch entwickelten und hoch geheimen militärischen Experimenten. Um sie herum wird von staatlichen Stellen absichtliche Desinformation getrieben, damit vom tatsächlichen Stand der Technik abgelenkt werden kann. Auch die »Entführungserfahrungen« lassen sich seiner Ansicht nach als subjektiv erlebte Wirklichkeit erklären, ohne daß es sich dabei um außerirdische Raumschiffe und außerirdische Lebensformen handeln muß. So wie im Mittelalter Menschen – ganz ohne gefoltert und dazu gezwungen zu werden – von Begegnungen anderer Art mit Luzifer und seinen Genossen in diversen sichtbaren und fühlbaren Gestalten berichtet haben, die ihnen als wirklich erlebt erschienen, einschließlich manch eigentümlicher Praktiken, ist es auch heute durchaus möglich, subjektiv etwas sehr konkret zu erleben, auch wenn es dafür oder dabei keine physisch beteiligten Dinge oder Personen gibt. Wenn Sie also irgendeine Form von *Ufo-Geraune* oder gar *Ufo-Manie* suchen, muß der Verfasser Sie leider enttäuschen und Sie sollten dann lieber ein anderes Buch zur Hand nehmen.

Noch einige Lesehinweise:
Aus Gründen der Vereinfachung wird fast immer die übliche männliche Sprachform benutzt. Die Leserinnen bittet der Verfasser um freundliches Verständnis. Namen von zeitgenössischen Personen erscheinen bei ihrer ersten Nennung in Großbuchstaben; Zitate aus anderen Werken meist kursiv, bei kurzen und recht langen Zitaten auch nur in Anführungszeichen; manche Hervorhebungen erfolgen ebenfalls durch Anführungszeichen oder durch Kursivstellung. Besondere Begriffe sowie deren deutsche Formen werden bei ihrer ersten Nennung auch kursiv gesetzt oder durch Anführungszeichen hervorgehoben. Fundstellen von Zitaten und Quellenhinweise sind in Kleindruck in Klammern vermerkt, dazugehörige bibliographische Angaben erscheinen häufig im Anhang. Erklärende Einschübe des Verfassers in Zitaten erfolgen ebenfalls in Klammern. Die meisten der im Text erwähnten Bücher sind im Anhang bibliographisch aufgeführt.

November 2000   WULFING VON ROHR

Zum Geleit

Als alles anfing, war der Himmel hier auf Erden.
Die irdische Sphäre war der Ort, an dem die Göttliche Gegenwart
sein wollte – lieber als in irgendeiner der höheren spirituellen
Welten. Die Menschen aber verbannten die Göttliche Gegenwart
aus ihrem Haus durch einen Baum des Wissens,
durch einen Mann, der seinen Bruder tötete, durch all die Dinge,
die sich Menschen untereinander antun …
Da die Menschen die Göttliche Gegenwart vertrieben haben,
können nur die Menschen sie wieder zurückbringen.
Das begann mit Abraham, der die Einheit der ganzen Welt
verkündete. Und es endet mit uns, mit uns selbst.
Unsere Generation wird den Himmel auf die Erde zurückbringen.

REBBE MENACHEM MENDEL SCHNEERSON
sel. Andenkens
(Aus: *Den Himmel auf die Erde bringen*, S. 21)

1. Kapitel
Die Erde ein Land,
in dem dunkle Mächte walten …

Wie erfahren wir unser Leben? Persönliche Nöte,
kollektive Leiden: Die Kräfte des Dunkels.
Düstere Befürchtungen und stille Sehnsucht in der irdischen
Verbannung. Eine Einstimmung ins Thema.

Und ich sah einen neuen Himmel und eine neue Erde;
denn der erste Himmel und die erste Erde sind vergangen,
auch das Meer ist nicht mehr.
Und die heilige Stadt, das neue Jerusalem,
sah ich herabsteigen aus dem Himmel von Gott her,
bereitet wie eine Braut, die für ihren Mann geschmückt wird.
Und ich hörte eine mächtige Stimme vom Throne her sprechen:
»Siehe, das Zelt Gottes unter den Menschen.
Und Er wird bei ihnen sein Zelt aufschlagen,
und sie werden Seine Völker sein,
und Er selbst, Gott mit ihnen, wird ihr Gott sein.
Und Er wird abwischen jede Tränen von ihren Augen,
und es wird keinen Tod mehr geben.
Auch keine Trauer, keinen Klageschrei,
keine Mühsal wird es geben,
denn das Frühere ist vorbei.«

(OFF 21,1–4)

Licht und Schatten

Das Motto für das erste Kapitel stammt aus der Johannesoffenbarung. Es teilt uns die himmlische Verheißung mit, dass die Welt und das Leben – allen unseren bisherigen Erfahrungen zum Trotz – kein ewiges Jammertal sein muß. Es gibt sogar das göttliche Versprechen, dass wir nicht ewig in der Verbannung auf der Erde mehr wie Tiere vegetieren als wie bewusste Seelen leben müssen – unter der Herrschaft einer dunklen Macht, die im weitesten Sinne das Böse bewirkt, im Innen und im Außen.

Wie weit aber sind wir heute vom himmlischen Jerusalem entfernt?

Blicken Sie in die Welt, schlagen Sie die Zeitung auf, schauen Sie in den Fernseher: Concorde-Absturz und U-Boot-Unglück mit jeweils mehr als hundert Toten, abrutschende Müllberge in Entwicklungsländern, die ebenfalls Hunderte von Menschen, die Ärmsten der Armen, unter sich lebendig begraben. Technikunfälle und Naturkatastrophen – die aber, wenn man genauer hinsieht, beide durch menschliches Versagen verursacht werden.

Hinzu kommen genetisch bedingte und durch die Umweltverschmutzung ausgelöste Massenkrankheiten. Menschliche Habsucht, die zur Ausbeutung und Verarmung von Mensch und Natur führt, sind weitere unübersehbare Zeichen unserer Zeit. Kosovo und Ruanda, aber auch Nordirland und der philippinische Archipel, Nahost und Tschetschenien, also Kriege und Terrorakte mit ungezählten Opfern, gehören gleichfalls zu einer Momentaufnahme unserer modernen Wirklichkeit.

Und selbst wenn es sich nicht um die Bedrohung von Leib und Leben handelt, sondern »nur« um unseren Alltag, müssen wir feststellen: Die Globalisierung der Wirtschaft, die Kommerzialisierung unserer Existenz, die Beschleunigung aller Abläufe, der potenzierte Druck in der Arbeitswelt, die psychischen Belastungen in einer entwurzelten Gesellschaft, die Fragmentierung des menschlichen Lebens – all das trägt dazu bei, dass wir vom Regen einer ohnehin schon schwierigen irdischen Existenz in die Traufe eines noch düstereren Daseins zu kommen scheinen.

Wo tiefschwarzer Schatten ist, muss aber auch ein entsprechend machtvolles Licht strahlen. Die Gegensätze von Leben und Tod, Licht und Dunkel werden in unserer Zeit offensichtlich wie kaum zuvor. Sehnsucht und Hoffnung nach einem Leben voller Sinn und Erfüllung, nach einem Leben im Licht, werden immer stärker. Sie selbst, wir alle können dem Lichtstrahl einer neuen Zeit die Bahn brechen, um den »Himmel auf die Erde« zu bringen, um in »die heilige Stadt, das neue Jerusalem« zu gelangen. Es liegt an Ihnen und an jedem von uns, ob wir den Kräften des Lichts oder denen des Dunkels zustreben. Es liegt an den Menschen, welche Kräfte sie mit ihrem Beitrag stützen, möge er auch noch so bescheiden sein.

Wir stehen am Anfang einer atemberaubenden und gleichzeitig verheißungsvollen Epoche von persönlichen und gesellschaftlichen Auseinandersetzungen, die sowohl radikale individuelle als auch dramatische kollektive Folgen zeitigen werden.

Die wesentliche persönliche Frage, die wir durch eigene Lebensführung und Entscheidungen, durch unser Bemühen um Ideale und sittliche Gesetze beantworten müssen, lautet: Sinn und Heil, Erfüllung und Erlösung? Oder geistige Verarmung und Verstrickung, Orientierungslosigkeit und Seelentod?

Um *Orientierung* zu gewinnen, brauchen wir Kenntnis über die Hintergründe des Lebens, über die Kräfte, die Gesellschaft und Person bestimmen, die gemeinsame Erdengeschichte und die persönliche Lebensbahn. Um *Erfüllung* zu erlangen, müssen wir unseren Teil am großen Werk erkennen und die Kräfte mobilisieren, ihn zu leisten.

Das Gesetz von Ursache und Wirkung

Wir alle kennen aus der Naturwissenschaft zwei wichtige Gesetzmäßigkeiten. Zunächst ist da das Gesetz von Aktion und Reaktion. Demzufolge führen alle Ursachen zu irgendwelchen Wirkungen. Dieses Gesetz gilt im Kleinen und im Großen, im Mikrokosmos der Atomphysik genauso wie im Makrokosmos der Sternenwelt, und auch »dazwischen«, auf der Erde und im menschlichen Leben.

In unserem Zusammenhang noch wichtiger ist die »andere Seite der Medaille« dieses Gesetzes von Aktion und Reaktion: Es gibt keine Wirkungen ohne entsprechende Ursachen! Daraus ergibt sich zwangsläufig, und das wird für das Thema dieses Buches besonders bedeutsam, dass es keine »Zufälle« gibt. Bestenfalls gibt es bislang einfach noch nicht erkannte und erforschte Ursachen für Ereignisse, die sich nicht erklären lassen. Ursachenlose Zufälle gibt es im naturwissenschaftlich erforschbaren Universum nicht.

Soll nun das, was für Atome und Sterne gilt, für die Zusammensetzung von Luft und Wasser, für die Wirkung von Schwerkraft und Wärme, für die Entstehung und Funktionsweise von allen Lebensformen, die wir kennen, in einem einzigen Bereich plötzlich nicht mehr gelten? Soll, obwohl überall sonst das Gesetz von Ursache und Wirkung gültig ist, dieses Gesetz im Bereich der Geschichte unwirksam sein? Sollen wir davon ausgehen, dass es nirgendwo sonst unerklärliche Zufälle gibt – höchstens noch unerforschte Zusammenhänge –, es aber sehr wohl in der Geschichte von Zufällen gerade nur so wimmelt?

Der Verfasser geht davon aus, dass es auch in der Geschichte keine Zufälle gibt. Dieses Buch beruht auf der Annahme, dass das Schicksal der Erde und das Schicksal des Menschen Gesetzmäßigkeiten folgen, dass es also Ursachen für die Wirkungen gibt, die wir erleben. Es meint auch, dass wir in gewissem Umfang von uns aus auf die Ursachen einwirken können, dass wir selber neue Ursachen für eine bessere Zukunft setzen können. Schließlich ist der Verfasser davon überzeugt, dass wir an der Schwelle zum dritten Jahrtausend an einem Punkt der Geschichte angelangt sind, an dem es sich entscheidet, ob wir durch ein gewissermaßen magisches Tor, das sich für einige Jahre oder wenige Jahrzehnte geöffnet hat, auf die Seite des Dunkels oder auf die Seite des Lichts treten. Je mehr Menschen zu diesem magischen Tor finden und sich entscheiden, auf die Seite des Lichts zu gehen, desto stärker werden die Kräfte des Lichts auf der Erde für alle Seelen. Es ist die Aufgabe unserer Generation, den *Himmel wieder auf die Erde* zurückzubringen, wozu uns das Geleitwort des Rebbe Schneerson auffordert.

Der Verfasser bildet sich nun nicht ein, alle wichtigen Ursachen für die wesentlichen geschichtlichen Ereignisse entschlüsseln zu kön-

nen, geschweige denn etwa eine Blaupause des gesamten Welten-
plans zu kennen. In dieser Hinsicht wäre es aber sehr naiv zu meinen – wenn hinter einer solchen Meinung nicht sogar absichtsvolle
Verschleierung steckte –, dass es überhaupt keine Pläne gäbe, keine
geistigen Mentoren solcher Pläne, keine Regisseure, die diese Pläne
inszenierten, und keine Akteure, die ihre Rollen auf der Bühne der
Welt spielten.

Jedes, auch noch das kleinste Marionetten- oder Kasperlethea-
terstückchen hat eine Idee, hat Figuren, hat Menschen, die sie bewegen und Zuschauer, die sich davon in den Bann ziehen lassen.
Die Puppen mögen ausgewechselt werden, die Handbewegungen
immer etwas anders sein, die Stimmen sich verändern – aber doch
gibt es immer einen Zusammenhang zwischen Idee, Darbietung
und Publikumswirkung. Ist das in der Geschichte etwa anders?

Sind wir denn gänzlich freie Menschen, im Vollbesitz geistiger
Fähigkeiten, frei in der Entscheidung über persönliches Schicksal
und gesellschaftliches Zusammenleben? Oder sind wir gar – das
andere Extrem – nichts mehr als gestanzte Hampelmänner, deren
Gliedmaßen sich mechanisch bewegen, wenn jemand an der Strip-
pe zieht? Die Wahrheit liegt vermutlich irgendwo in der Mitte,
aber wo? Das ist eine Frage der Bewusstwerdung, der geistigen
Ausrichtung, der Zusammenarbeit mit positiven oder negativen
anderen Menschen, mit hellen oder dunklen überpersönlichen
Kräften.

Geschichte: Zufällige Ereignisse oder
Ergebnis dunkler Pläne?

Warum stehen wir an einer entscheidenden Weggabelung für die
künftige Fortentwicklung der Erde? Lassen wir die neuere Geschichte Revue passieren, das 20. Jahrhundert, mit einigen seiner
herausragenden Ereignisse. Diese Aufzählung wird deutlich machen, dass die Chancen zu einem endgültigen Wandel ins Licht
noch nie so günstig standen wie jetzt. Kein Mensch weiß aber, wie
lange uns diese Chance erhalten bleibt. Keiner weiß, wann das
geistige Fenster, durch das höhere spirituelle Kräfte zu uns kommen, die neue Wege weisen, sich wieder schließt, und ob dann die

dunklen Kräfte der Zerstörung wieder die Oberherrschaft gewinnen könnten. Hier also einige Weltereignisse in Schlagworten, stark vereinfacht, in nur wenigen Facetten.

Der Erste Weltkrieg: Wer weiß heute noch, welch merkwürdiger Terrorakt als Auslöser für den Krieg herhalten musste? Am 28. Juni 1914, einem bedeutenden Festtag für serbische Patrioten, besuchten der habsburgische Thronfolger Erzherzog FRANZ FERDINAND und seine Gemahlin SOPHIE die damals kleine Stadt Sarajewo, ehedem Teil der Herrschaft der österreichisch-ungarischen Doppelmonarchie. Es gab Warnungen vor Attentatsdrohungen, schon früher war versucht worden, auch seitens der geheimen serbischen Patriotenbewegung, aus deren Reihen die späteren Attentäter stammten, habsburgische Würdenträger zu ermorden. Das Thronfolgerehepaar verließ also am 28. Juni das Rathaus und stieg in seinen Wagen ein. Ein Attentäter, der sich in der Nähe aufhielt, fragte den nächstbesten Polizisten, in welchem der Wagen der Thronfolger sitze. Der Polizist sagte es ihm, der Attentäter warf eine Bombe, viele Menschen wurden verletzt, jedoch nicht der Erzherzog und seine Frau! Franz Ferdinand gab daraufhin den Befehl, die geplante Fahrtroute zu ändern, jedoch wurden die Fahrer nicht davon informiert. Als sich die Wagenkolonne in Bewegung setzte, schrie der Militärgouverneur, dass der Wagen des Erzherzogs in die falsche Richtung führe. Der Fahrer hielt den Wagen an, und zwar genau an der Stelle, an der ein weiterer Verschworener jener Geheimorganisation postiert war, die den Anschlag geplant hatte. Dieser, ein junger Mann namens GAVRILO PRINCIP, zog eine Pistole, schoss auf den Erzherzog und seine Frau, die sofort starben. Ein Historiker über die folgenden Weltereignisse:

Die Ereignisse rollten nun fast automatisch ab, in Richtung Katastrophe. ... Es gibt keine einzelne oder einfache Erklärung (für den Krieg). *Falls die Österreicher die Russen 1909 nicht gedemütigt hätten, falls der Erzherzog weniger mutig gewesen wäre* (nämlich seinen Besuch nach dem Bombenwurf sofort abgebrochen hätte), *falls Princip in einem anderen Café gesessen hätte, falls die Deutschen keine Flotte gebaut hätten* (was die Vorherrschaft der Engländer auf den Meeren in Frage zu stellen schien), *und falls hundert andere Dinge sich anders entwickelt hätten, dann hätte das Ergebnis auch anders ausgesehen. Und dennoch hätten tief liegende Probleme irgendwie gelöst werden müssen.* (Quelle: ROBERTS, S. 486f)

Wer meint heute eigentlich noch, dass die Ermordung ein »Zufall« gewesen ist? Seit wann verabreden patriotische Geheimbünde »zufällig« die Ermordung von Potentaten? Seit wann werden sie »zufällig« von anderen Gruppen finanziert? Seit wann hätten solche Finanzgruppen keine eigenen Interessen, wenn sie Attentäter unterstützen? Und so weiter und so fort ...

Der Aufstieg der kommunistischen Sowjetunion zur Weltmacht und der jähe Fall in ein ziemliches moralisches und wirtschaftliches Chaos in weniger als hundert Jahren. War und ist das bloßer Zufall? Millionen von russischen Kulaken wurden unter JOSEF STALIN ermordet. War das nur die Wahnsinnstat eines grausamen Diktators? Die offizielle marxistische Doktrin, dass das Sein, also die wirtschaftlichen Bedingungen, nicht nur das Bewusstsein des einzelnen Menschen, sondern auch die Regierungs- und Gesellschaftsformen bestimmen, führte zum *historischen* und zum *dialektischen Materialismus*, die Menschenbild und Menschheitsgeschichte eben als rein materialistisch bedingt darstellten. Die Auswirkungen einer buchstäblich geistlosen Philosophie, die alles als Ding betrachtet, auch den Menschen, ist indes nicht mit dem Zusammenbruch der Sowjetunion untergegangen, sondern bestimmt das Denken und Handeln weiter Kreise weltweit heute noch immer, wenn auch in »geläuterten« Formen und in blumigeren Ausdrucksweisen. Auch das nur ein »Zufall«?

Der eigentümliche Aufstieg ADOLF HITLERS, dessen zutiefst magische Hintergründe keineswegs erschöpfend erforscht sind – Stichworte dazu sind Thulegesellschaft, Ordensburgen, Tibetexpeditionen, Untersbergmythos –, ist kein historischer Zufall oder Unfall gewesen. Das merkwürdige Buch *Mein Kampf*, während der Haft in Landsberg geschrieben, gibt einen ersten, unübersehbaren Hinweis auf einen Plan, der in den späteren Jahren Zug um Zug verwirklicht werden sollte. Lässt sich ein ganzes Volk leicht verführen, wenn es nur genug unter Inflation, Arbeitslosigkeit,

Versailler Friedensvertrag mit horrenden Schuldforderungen und dergleichen leidet? Wem haben die weltweiten Inflationen und ihre kriegerischen Folgen genutzt, die ja nicht nur Deutschland, sondern zum Beispiel viele mittelständische und bäuerliche amerikanische Familien ins Elend stürzten? Es ist zwar schon viel über Hitler, die Nazis und die Untaten des Deutschen Reichs unter der braunen Diktatur geschrieben worden, aber auf eine Benennung der geistigen Ursachen und eine Deutung der geistigen Ziele müssen wir noch warten. So schlimm Unterdrückung und Totschlag als Taten sind, so unmenschlich KZ und Massenmord als geschichtliche Ereignisse sind, so sind ihre geistigen Hintergründe noch tausendfach schlimmer. Sie gälte es zu enthüllen, um den Dunkelmächten ein für alle Mal die Grundlagen für ihr Wirken zu entziehen.

Die Verfolgung von Juden, Roma, Sinti und anderen religiösen oder »rassischen« Minderheiten sowie die »Vernichtung unwerten Lebens«, also die Euthanasie, haben sich nicht »zufällig« und ursachenlos ereignet, sondern sind bekanntlich verbrecherisch geplant gewesen. So grauenvoll allein die Vorstellung ist, dass irgendjemand so etwas überhaupt plant, um wie viel erschütternder ist es, feststellen zu müssen, dass bei der Umsetzung dieser seelenlosen Akte eines staatlich sanktionierten Terrorismus es doch nicht etwa Hitler und HIMMLER und MENGELE allein waren, die Millionen von Menschen grausam umgebracht haben. Welche Art der Gehirnwäsche war nötig – und möglich! –, um Tausende zu bewegen, freiwillig mittelbar dabei mitzumachen, und dabei einige wenige Hunderte vielleicht mit Todesdrohungen in eine unmittelbare »Mitmachpflicht« zu zwingen?

Wenn wir nicht der Ansicht sind, dass es irgendwie »richtig« oder »unschön«, aber »verständlich« sei, dass Menschen abgeholt, eingekerkert, zur Sklavenarbeit gezwungen, gefoltert und vergast oder erschossen werden, wenn wir das also nicht irgendwie vor uns selbst »rechtfertigen« könnten, hätten wir doch nicht massenhaft mitgemacht oder zumindest aktiv weggeschaut. Und so etwas soll ohne Plan vonstatten gehen? Eine Untat solcher historischen Dimensionen soll ohne Hintermänner möglich sein? Ein solches Verbrechen gegen die Menschlichkeit soll ohne eine perfide Dunkelmacht überhaupt in großem Maßstab durchführbar sein? Immerhin geschah all das auch mit Wissen des Vatikans und der US-Regierung (was die deutsche Verantwortung in nichts mindert!).

Der Vatikan, mit dem Hitler immerhin ein Konkordat geschlossen hatte, verurteilte Hitler während seiner Herrschaft kein einziges Mal öffentlich und unzweideutig. Weil es »nur« gegen die »Juden« ging, die »unseren Herrn Jesus« angeblich zu Tode gebracht hatten? Die den Alliierten bekannten Schienenstränge zu den KZs wurden kein einziges Mal bombardiert, auch dann noch nicht, als die Alliierten die Lufthoheit über Deutschland hatten. Die Todeszüge fuhren unbehindert weiter. Erneut: Diese Feststellung entschuldigt die Taten der direkt handelnden Unpersonen der Nazis und ihrer zigtausenden von Mitläufern in keiner Weise, sondern soll nur unterstreichen, dass diese nicht ohne Hintergrund, nicht isoliert, sondern zumindest mit einiger Duldung ihr Unwesen getrieben haben.

Inzwischen ist längst bekannt, dass der Zweite Weltkrieg maßgeblich von Firmen am Laufen gehalten wurde, die ihren Hauptsitz in den USA hatten. Die deutschen Niederlassungen amerikanischer Firmen wie General Motors und Ford beispielsweise haben vieles von dem hergestellt, was Hitlerdeutschland zur Wiederaufrüstung brauchte, und sogar bis weit in die Kriegsjahre hinein für die Nazis produziert, oft mit Zwangsarbeitern.

Eine solche Feststellung mildert – man kann es heutzutage nicht oft genug wiederholen – keineswegs die Verurteilung des diktatorischen Regimes und seiner Verbrechen des Holocaust und der Angriffskriege. Wir müssen uns aber langsam darüber klar werden, dass kein einzelner Wahnsinniger aus Österreich namens Hitler für fast alles Böse im 20. Jahrhundert verantwortlich ist, sondern hinter Krieg und Zerstörung und Wiederaufbau und neuen Kriegen anderswo auch andere sehr interessierte Kräfte standen – und stehen. Das Buch *Trading with the Enemy (Geschäfte mit dem Feind)* von einem ungenannten Verfasser (New York 1995) gibt über die Beteiligung von US-Firmen am Aufstieg Hitlers und an der Aufrüstung Deutschland detaillierten guten Aufschluss, was die Nazis ja erst in die Lage versetzte, einen Weltkrieg zu führen.

Denken wir zurück an die Ermordung des amerikanischen Präsidenten JOHN F. KENNEDY, die einem Ideal, das Menschen in der gesamten sogenannten »freien Welt« begeisterte, das Lebenslicht ausblies. Erinnern Sie sich noch an dieses Ideal? *Fragt nicht, was euer Land für euch tun kann, fragt, was ihr für euer Land tun könnt!* Das passte den sichtbaren und unsichtbaren Hintermännern einer Dunkelmacht natürlich nicht. Denn jedes überpersönliche Ideal, das sich nicht nur auf das Wohl einer bestimmten Gruppe richtet, sondern auf das Wohl der gesamten Bevölkerung zielt, entzieht sich der Kontrollmöglichkeit durch begrenzte Interessen, die eben nur ihren eigenen Nutzen mehren wollen.

Machtkampf heute

Wer unvoreingenommen darüber nachsinnt, welche geschichtlichen Ereignisse geschehen, wem sie nützen und wem sie schaden, wird kaum umhin können zu erkennen, dass hier Kräfte am Werk sind, die nicht gerade das Gemeinwohl fördern wollen, sondern teils offensichtliche, teils aber auch verborgene Ziele anstreben.

Nach diesen historischen Skizzen nun einige handfeste Beispiele dafür, dass sich dieser Planet und seine Bewohner – wir selber also – auch heute noch, tiefer und stärker als je zuvor, wirklich inmitten eines gigantischen Machtkampfes befinden, auch wenn sich dieser Kampf nicht wie ein Weltkrieg mit Bomben und Panzern, Invasionen und täglichem Morden abspielt.

Solange blutiger Krieg herrscht, erkennt jeder, dass Krieg herrscht. Und jeder denkende Mensch kommt schnell darauf, dass es bei Krieg um Macht geht. Im Dreißigjährigen Krieg zum Beispiel ging es vordergründig um die Vorherrschaft einer Religion, in Wahrheit um Ländereien und deren Erträge. In den Burenkriegen in Südafrika ging es einerseits um die Unabhängigkeitsbestrebungen der niederländisch-stämmigen Buren und andererseits um die Kolonialmacht mit all ihren militärischen, politischen und ökonomischen Vorteilen für das Vereinigte Königreich. Im Zweiten Weltkrieg ging es vordergründig um »Raum für ein Volk« und um die »Heimholung« (nur teilweise!) deutschstämmiger Gebiete, in Wahrheit aber um die Beherrschung Europas und die Grundsteinlegung für die Dominanz einer (angeblich reinen) einzigen Rasse. Bei allen Kriegen wird auf jeden Fall sehr schnell klar, dass es sich um die Erlangung der einen oder anderen Form von Macht handelt.

Das wird bei den subtilen Methoden moderner Machtkämpfe nicht mehr ohne weiteres deutlich. Und *deshalb* kann man die Urheber und ihre Absichten auch nicht so leicht erkennen, enthüllen, ächten, bekämpfen oder sich ihnen entziehen. Hier ein erstes Beispiel für eine subtilere Form des Kampfes um Weltbeherrschung:

Tabaksucht

Nach Mitteilung der Weltgesundheitsorganisation *WHO* (World Health Organization) vom August 2000 haben die internationalen Tabakkonzerne (praktisch alle mit Hauptsitz in den USA) jahrelang vermeintlich unabhängige Experten bezahlt, um den Kampf gegen das Rauchen zu untergraben. Die Schäden und Gefahren des gewohnheitsmäßigen Rauchens brauchen und können an dieser Stelle nicht näher ausgeführt werden. Stichworte müssen genügen: Lungenkrebs, erhöhte Sterblichkeit durch vorzeitiges Altern und frühere und stärkere Herz-Kreislauf-Schädigungen, Schwächung des Immunsystems, Konzentrationsmangel, etc. Die WHO legte im August 2000 in Genf Dokumente vor, welche die Machenschaften der Tabakindustrie beweisen. Die Wissenschaftler schreiben in ihrem 248-seitigen Bericht unter anderem, d*ie eigenen Akten der Tabakunternehmen zeigen, dass sie die WHO, eine internationale Gesundheitsbehörde, als einen ihrer größten Feinde betrachten.*

Die Firmen haben dem Bericht zufolge eigene Vertreter in WHO-Gremien untergebracht. Sie haben UN-Delegierte aus Entwicklungsländern »beeinflusst« (zu deutsch bestochen), *gegen* die Antiraucherprogramme der WHO zu stimmen. Damit ist die Integrität, vielleicht sogar die Gültigkeit, von Entscheidungen der WHO in Frage gestellt. Es wäre, als ob ein CSU-Abgeordneter im deutschen Bundestag insgeheim von der PDS dafür bezahlt wird, bei entscheidenden Abstimmungen keinen christlich-konservativen, sondern einen atheistisch-linken Standpunkt zu vertreten.

Die Unternehmen haben sich selbst bei ihren Manipulationen hinter vermeintlich unabhängigen Institutionen versteckt. Sie haben heimlich scheinbar unabhängige Wissenschaftler für Studien und Vorträge bezahlt. Welcher Wissenschaftler, der ja meist zu seinem ohnehin laufenden, meist staatlich gezahlten und nicht zu knappen Gehalt zusätzlich »Süßlupinen« erhält, würde nicht den Spielraum seiner Ergebnisse zumindest so weit wie möglich nutzen, um den Interessen seiner »Gönner« entgegenzukommen?

Ein Forschungsinstitut der Tabakindustrie namens *Coresta* platzierte zum Beispiel ihren Mitarbeiter als Berater einer WHO-Kommission, welche die Krebsgefahr von Pestiziden untersucht hat, die auf Tabakplantagen versprüht werden. Der betreffende Wissenschaftler stufte die Pestizide als sicher ein und erhielt von Coresta mehr als 100 000 Dollar. In ihrem Bericht konnte sich die WHO auf vertrauliche Strategiepapiere und interne Mitteilungen der Tabakindustrie stützen, deren Veröffentlichung von US-Richtern im Rahmen der Milliardenklagen auf Schadenersatz von Rauchern gegen die Industrie erzwungen wurden.

(Quelle: *Die Welt*, 3.8.2000, S. 36)

Am 6. September 2000 lesen wir in der *Süddeutschen Zeitung* von einem neuen Fall, dass skandinavische Ärzte von der Tabakindustrie bezahlt wurden, um scheinwissenschaftliche Argumente zu verbreiten, Passivrauchen sei unschädlich.

Glauben Sie, dass die Drogenbosse etwa nach anderen, besseren Prinzipien agierten, die vielleicht moralischer wären und das Gemeinwohl mehr im Auge hätten, als es schon die Tabakindustrie tut, die ja immerhin in ihrer Daseinsberechtigung gesellschaftlich anerkannt wird? Glauben Sie, dass die Fleischindustrie anders verfährt als die Tabakfirmen? Wenn es um *BSE* geht, aber auch, wenn die Frage untersucht wird (beziehungsweise solche Untersuchungen abgewürgt werden), ob Fleischkonsum vom rein gesundheitlichen Standpunkt lebensverkürzend und krankheitsfördernd wirkt? Immerhin hat die bekannte Heidelberger Langzeitstudie des dortigen Universitätsinstituts für Krebsforschung in ihrer Untersuchung über fleischlose Ernährung eindeutig nachgewiesen, dass Vegetarier länger und gesünder leben. Von spirituellen Gesichtspunkten, von Fragen nach Schuld und Karma ganz zu schweigen.

Ist es »nur« menschliche Natur, kurzsichtig zu denken und kurzfristig zu handeln? Ist das »nur« eine Verkettung von Unzulänglichkeiten im System, sind das nur einige wenige Industrieunternehmen, sind nur vereinzelte persönliche Habgier und eben eine nur langsam voranschreitende allgemeine Aufklärung die Gründe, dass wir solche Missstände in der Gesellschaft konstatieren müssen? Dass wir nicht umhin können, festzustellen, dass solche Missstände Menschen krank machen und leiden lassen, dass sie früher und qualvoller sterben, dass sie ausgebeutet werden? Oder steckt dahinter eine unsichtbare Hand, die alles lenkt, die alles manipuliert? Und sind die Kräfte, die sich dagegen auflehnen – Nonkonformisten, Reformer, Richter –, Einzelkämpfer, oder werden auch sie geleitet beziehungsweise inspiriert von einer größeren geistigen Kraft? Zum nächsten Beispiel:

Cybergeld

Täglich wird bis zum Gegenwert von drei Billionen Mark (ja, wirklich 3 000 000 000 000 DM!) mit, für oder gegen den Dollar und den Euro, das Pfund und den Yen spekuliert. Jeden Tag rast bis zu diesem unvorstellbar hohen Betrag von drei Billionen Mark *Cybergeld* durch die Glasfaserleitungen und den Äther. Das ist fast das Zehnfache eines deutschen Staatshaushalts für ein ganzes Jahr, womit hier an einem einzigen Tag »gezockt« wird. Es sind keine realen Güter oder Dienstleistungen, die gegeneinander eingetauscht werden. Es ist noch nicht einmal mehr das gute alte Papiergeld, das man ja immerhin noch sehen und greifen könnte – solche Mengen sind ja gar nicht gedruckt, geschweige denn ließen sie sich in Koffern hin und her transportieren. Sondern es handelt sich um fiktives Geld, um Zahlenkolonnen, die von einem Computer an den anderen geschickt werden.

Wenn dies eine Form eines Gesellschaftsspiels wäre, könnte man darüber vielleicht lächeln, nach dem Motto: »Kleine Jungs spielen mit Murmeln, große Jungs (und zunehmend Mädels) mit Computerzahlen.« Es ist aber kein Spiel, sondern bitterer Ernst. Bitter für die »Tigerstaaten« Südostasiens, als Finanzjongleure sie in schlimme Währungskrisen stürzten, die realen Menschen echte

Arbeitsplätze kostete und zu menschlichen Tragödien führten. Bitter auch für Entwicklungsländer, die auf internationalen Finanzmärkten derart verschuldet sind, dass sie ihre Schuldenberge nie und nimmer mehr abtragen können und mit politischem Wohlverhalten in anderen Fragen um einen gnädigen teilweisen Schuldenerlass unwürdig betteln müssen.

Dass nicht nur sie, sondern wir alle in Bezug auf die Schuldenberge auf einem Pulverfass sitzen, sollte uns die Geschichte lehren. Hitlers Aufstieg zur Macht wäre wohl ohne die absurd hohen »Reparationsleistungen« gar nicht denkbar gewesen, zu denen sich das Deutsche Reich nach dem Ersten Weltkrieg verpflichten musste und die erst zum Jahrtausendwechsel 2000 hätten abgegolten werden können. Wenn die dunklen Kräfte irgendwo in der Dritten Welt eine charismatische Person finden, die der Not der Menschen dort glaubwürdig Stimme verleiht und sie zum Aufstand gegen die Industriestaaten bewegt, vertreten durch die internationalen Multis, ist ein weiterer Weltkrieg nicht mehr weit.

Denken Sie an den Golfkrieg, als uns vorgegaukelt wurde, der »böse« SADDAM HUSSEIN würde das »gute« Kuwait und damit praktisch überhaupt alle Werte der freien Welt seiner Diktatur unterwerfen. Es handelte sich beim Golfkrieg um einen Saddam Hussein, der noch wenige Jahre zuvor – beim Krieg gegen den Iran – tatkräftig von Franzosen, Engländern und Amerikanern (und Deutschen) unterstützt wurde, nun aber »aus dem Ruder lief«. Ein Kuwait, das weder vor der irakischen Invasion noch danach mit Demokratie das Geringste zu schaffen hat. Kuwait hat bis heute kein Frauenwahlrecht und keine sonstwie geartete Demokratie, lang ansässige Palästinenser verloren Rechte, viele Hab und Gut, manche ihr Leben, weil sie angeblich mit dem Irak sympathisiert hatten. Und die Bedingungen, unter denen ostasiatische Arbeiter und HausdienerInnen gehalten werden, spotten oft jeder Beschreibung. Es ging in Wahrheit um Mammon und Macht, um Geld und Einfluss, um Öl und Geopolitik – nicht um Demokratie, Freiheit oder irgendwelche hehren Werte.

Als später eine Chance bestand, den Kurden im Norden und den Schiiten im Süden um Basra durch festes Auftreten größere Selbstbestimmung möglich zu machen und damit den Militärherrscher Saddam wirklich entscheidend zu begrenzen, blieben die Westalliierten eigenartig untätig. Dass von Saddam angeblich immer noch eine große Bedrohung ausgeht, dient den USA als willkommener Vorwand, ihre Militärbasen in Saudi-Arabien aufrechtzuerhalten, die dort nicht gerade wohlgelitten sind.

Eine weitere Überlegung zum Thema Geld: Die wundersame Geldvermehrung durch die Beschleunigung der Notenpressen, spätestens seit der Abschaffung der Golddeckung der Währungen, droht ohnehin dazu zu führen, dass der Schaden von Geld den Nutzen überwiegt. Der Nutzen ist bekannt: Erst durch Geld als übertragbares Medium, das einen allgemein anerkannten Wert verkörpert, wird weltweiter Handel überhaupt möglich.

Der Schaden ist weniger bekannt: Je mehr Geld den konkreten Bezug zu einer bestimmten Menge an Arbeitsleistung verliert (eine Arbeitsstunde ist zum Beispiel zehn Euro wert), und/oder zu einer bestimmten Menge an Waren (für zehn Euro kann ich einen Tag Miete oder drei Tage Essen kaufen), desto mehr entwickelt Geld ein Eigenleben und wird selbst zur Ware. Man betreibt nicht mehr mit echten Leistungen Handel und Wandel, sondern mit fiktiven Geldinstrumenten – die man zum Beispiel gegen Zins verleihen kann. Neben der ursprünglichen Volkswirtschaft von Waren und Diensten entsteht eine ganz eigene Geld- oder Finanzwirtschaft, deren Profite deutlich höher werden als die aus der traditionellen Wirtschaft. Firmen wie *Sony* und *Siemens* haben in den frühen neunziger Jahren mehr Gewinne mit der Verzinsung ihrer Finanzmittel eingefahren als mit ihrer eigentlichen Arbeit, nämlich Herstellung und Verkauf von Geräten.

Nicht umsonst entstehen an zahlreichen Orten der Welt, zum Beispiel in Ithaca, New York, neue Formen von Gemeinschaftsgeld. Dabei verpflichten sich die Mitglieder, ihre Beiträge zum Leben – Autos reparieren oder Kartoffeln anbauen, Kinder hüten oder Massagen geben und so fort – in Arbeitsstunden auszudrücken. Wer etwas leistet, bekommt vom Kunden einen Schein über seinen Arbeitsaufwand. Wer eine Stunde als Heilpraktiker eine Bäuerin behandelt, bekommt dafür eine Gutschrift über eine Stunde. Mit dieser Gutschrift kann der Heilpraktiker zum Kfz-Mechaniker gehen und sein Auto warten lassen. Der erhält die Gutschrift und kann damit bei der Bäuerin einen Sack Kartoffeln kaufen, dessen Menge dem Wert einer Stunde entspricht. Anders gesagt: Güter und Dienstleistungen werden wieder in ein überschaubares Verhältnis miteinander gebracht. Das lässt sich jedoch wohl nicht in ganz großen geografischen Gebieten verwirklichen, sondern wird eher eine lokale Alternative bleiben im Sinne von »*global denken, lokal handeln*«.

Die oben skizzierten Zusammenhänge werden dramatisch, die Probleme potenzieren sich, wenn Cybergeld ins Spiel kommt. Denken wir an die besagten bis zu drei Billionen Mark nur für tägliche Währungsspekulationen. Das hat mit realen Gütern nichts mehr zu tun. Auf unmerkliche Weise träufelt das Gift dieser irrealen Situation in unser aller Menschenbild ein: praktisch jeder von uns weiß oder ahnt zumindest, dass hier eine gigantische Illusionsmaschinerie Realität vorgaukelt. Das führt dazu, dass wir an grundlegende Werte immer weniger glauben. Wir spüren, dass diese Computer-Gelder keinen wahren Gegenwert im echten Leben haben. Da hier reine Wolkenschieberei vonstatten geht, sehen wir immer weniger Grund, andere Werte hochzuhalten, an deren Existenz oder doch zumindest an deren erstrebenswerte Notwendigkeit wir bisher glaubten.

Wenn es keine realen Werte braucht, um »Geld zu machen«, warum soll es dann echter Werte bedürfen, um das sonstige Leben zu führen? Es findet eine Aushöhlung von Wahrheit, Wirklichkeit und Werten statt.

Zufällig? Ungeplant? Ohne Ursachen? Ohne Ziele? Ohne Kräfte und Menschen, die das betreiben? Noch scheint dieser gesetzlich erlaubte »Kettenbrief« oder dieses anscheinend legitime »Pyramidenspiel« aber zu funktionieren. Noch ist die Blase nicht geborsten. Gesetze verbieten zu Recht Kettenbriefe und Pyramidenbriefe, nicht jedoch Cybergeld.

Ist das Cybergeld »zufällig« über uns gekommen? Wurden Börsenchefs und Börsenkommissionen, Regierungen und Industriekapitäne von sinistren Männern, die aus dem Nichts in schwarzen Trenchcoats und mit großkalibrigen Pistolen auftauchten, gezwungen, ihre Systeme auf Computerprogramme umzustellen, welche die Verschiebung von Milliarden fiktiver Geldbeträge

technisch möglich machen und gesetzlich gestatten? Und sind
diese trüben Gestalten dann wieder spurlos im Nichts verschwunden?

Cui bono? Wem nützt es? Wem nützt die Verschiebung dieser
gigantischen Beträge? Wer alles profitiert davon? Hat sich dieses
System wirklich planlos entwickelt? Baut sich ein Haus von selbst?
Fällt ein Plan oder Entwurf vom Himmel, materialisieren sich
dann die finanziellen und materiellen Mittel von selber, um ihn zu
verwirklichen?

Cyberspace

Der *Cyberspace* – also die Ersatzwelt der Computerinformationen,
Computerbilder und Computersteuerung der Welt – ist das räum-
liche Gegenstück zum Cybergeld, das eine Energieform darstellt.
Der Cyberspace ist inzwischen das größte Aufmarschfeld im
Kampf um die Macht. Falls es dazu der Beweise bedarf, sehen wir
uns die Bewertung der *Nasdaq-* und *Nemax*-Aktienwerte an. Die
New Economy, vor allem die Internetwerte, sind immer noch –
trotz der im Sommer und Herbst 2000 erfolgten Kurskorrekturen
– ein Vielfaches von dem wert wie traditionelle Unternehmen, die
greifbare und teils wirklich lebenserhaltende Waren und Dienstleistungen herstellen. Der unvorstellbare hohe Wert der Cyberakti-
en existiert, obwohl die Firmen meist keinen Gewinn machen, dazu nur geringe Umsätze verzeichnen und rundum bislang eher auf
dem Prinzip Hoffnung so aufbauen, wie man Sandburgen am
Strand bauen mag.

Ein Unternehmen wie *AOL*, das nichts selber produziert, ver-
schmilzt mit dem Medienkonzern *Time/Warner*. Diese neue Firma
ist an der Börse mehr wert als der weltgrößte Autohersteller *General Motors*. Informationen, Bilder, *content* zählt, nicht mehr ein
greifbares Produkt, das ich zu Hause habe. Nach dem Höhenflug
der Medienbranche Film und Fernsehen bringt die Cyberwelt eine
weitere Abstrahierung von reellen Gütern, und auch die »Dienst-
leistung«, als die solche Bilderwelten ja verkauft werden, dient dem
Menschen meist nicht, sondern nur der weiteren, noch subtileren
Beherrschung von Gemüt und Verstand, Psyche und Intellekt. Fast

scheint es, als ob die schöne, neue Cyberwelt das *perpetuum mobile* endlich erfunden habe:

Eine Milliarde Internetseiten, die mit einigermaßen gängigen Suchmaschinen abrufbar sind, weitere rund fünfhundert Milliarden (!) Internetseiten, die eher schwer zugänglich sind. Sie generieren eine sich selbst erhaltende, sich allein fortschreibende Welt, die eines blauen Planeten, eines Himmels und einer Erde, der Gefühle und der Liebe nicht mehr bedürfte, von Seele und Gott gar nicht erst zu reden. *Content is king* – es zählt nur noch der »Inhalt«.

Wer die Köpfe und Herzen der Menschen regiert, hat mehr Macht (wenn die Bäuche zu einem Minimum gefüllt werden) als alle anderen. Wer Gefühle steuert und den unabhängigen Geist aufweicht oder ausschaltet, hat mehr Macht als jener, der nur ein besseres Produkt anbietet. Das ist der wahre Grund dafür, warum die Internetaktien solch horrende Wertsteigerungen an der Börse erfahren haben: weil die Beherrschung der Welt in Zukunft im Wesentlichen über das Internet läuft. Dazu passt eine Meldung in der *Süddeutschen Zeitung* vom 2. September 2000, dass Techniker inzwischen einen Computerprogramm entwickelt haben, dass ganz selbstständig völlig neue Roboter konstruieren kann, deren Funktion und Design vom Menschen nicht mehr verstanden wird. Fantastische Aussichten in der neuen Cyberwelt, nicht wahr?

Überwachungsstaat mit Internet

Um von den oben angedeuteten Gefahren, die nicht ohne weiteres auffällig sind, zu einer sehr konkreten Bedrohung der Bürgerrechte und Freiheit zu kommen: Am 5. Oktober 2000 ist in Großbritannien ein neues Gesetz in Kraft getreten, das es dem britischen Geheimdienst gestattet, alle E-Mails zu lesen. Ein erster Schritt hin zum Überwachungsstaat. Das neue Gesetz heißt *Regulation of Investigatory Powers*. Es zwingt die Internetprovider des Landes, sogenannte *black boxes* zu installieren, die mit der Lauschzentrale beim Inlandsgeheimdienst MI5 verbunden sind, mit dem *Government Technical Assistance Center*. Britische Strafverfolger können dann den Inhalt aller E-Mails mitlesen, dazu alle Verbindungsdaten zwischen Absendern und Empfängern überprüfen (Tatsache der

Verbindung, Orte, Daten, Zeiten) und von Privatpersonen die Herausgabe von Verschlüsselungscodes verlangen, auch von Angestellten von Firmen, die ihre Chefs über diese Anfrage noch nicht einmal informieren dürfen. Bei Weigerung oder Verstoß drohen bis zu fünf Jahren Gefängnis.

Glauben Sie immer noch – falls Sie das je taten –, dass das Internet ein reiner Segen ist? Meinen Sie, dass sich die Nutzung »zufällig« entwickelt, planlos, nur zum Nutzen der vielen Millionen von freien und mündigen Bürgern? Wir kommen im nächsten Kapitel noch auf einen anderen Aspekt des Internets zurück.

In dieselbe Kategorie gehört eine Meldung ebenfalls aus der Jahresmitte 2000 über US-Spionage in Deutschland. Die *NSA* (*National Security Agency* = Nationale Sicherheitsbehörde), ein weniger bekannter US-Geheimdienst, überwacht nach Überzeugung deutscher Sicherheitsexperten seit längerem mehr oder weniger den gesamten deutschen Telefon-, Fax- und E-Mailverkehr. Bemühungen von Bundestag und Europaparlament zur Aufklärung von Umfang, Grund, Rechtfertigung und natürlich Einstellung haben genauso wenig gefruchtet, wie die vermutlich eher als Alibiaktionen veranstalteten Nachfragen des US-Kongresses.

Der Datenschutzbeauftragte JOACHIM JACOB will nun seine europäischen Kollegen dagegen mobilisieren. Das US-Abhörnetzwerk mit dem Codenamen *Echelon* greift seiner Ansicht nach in die elementaren Grundrechte des Persönlichkeitsschutzes europäischer Bürger ein. Partner dieses Netzwerks sind zunächst englische, kanadische, australische und neuseeländische Geheimdienststellen, als »Drittpartner« sollen deutsche, japanische, norwegische, südkoreanische und türkische Geheimdienststellen hinzukommen. In Deutschland arbeiten entsprechende NSA-Stellen bei Bad Aibling, auf dem *Information Distribution Center* bei Wiesbaden und in Berlin-Tempelhof; weltweit sind angeblich rund 100 000 Mitarbeiter der NSA tätig, unter anderem auf Nachrichtenschiffen und in der Auswertung von Daten von Spionagesatelliten.

Geht es während eines Krieges bei der Beschaffung von Geheimdienstinformationen in erster Linie um militärische Informationen über Truppenaufmärsche, Panzerkolonnen, Flugzeughangars und Raketenstellungen, so stehen jetzt die Geheimnisse von

Industrie- und Finanzunternehmen im Mittelpunkt. Unumwunden gab der frühere CIA-Direktor JAMES WOOLSEY mit Blick auf Europa im März 2000 zu: *Natürlich spionieren wir eure Unternehmen aus*. Der Präsident des Fachverbandes Deutscher Sicherheits-Unternehmensberater, KLAUS-DIETER MATSCHKE meint zu diesem Problem, man könne davon ausgehen, *dass die NSA bei jedem für sie interessanten Telefongespräch mithört* ... (und da) *zu viele Geheimdienste, Regierungen und Politiker hoffen, an den erlauschten Informationen partizipieren zu dürfen*, konnte das Abhörsystem Echelon bislang noch nicht gebändigt und in gesetzeskonforme Strukturen gebracht werden.

(Quelle: *Die Welt*, 3.8. 2000, S. 4)

So ist der Erfolg der Eroberung der Weltmärkte von den USA aus, wie er im nächsten Abschnitt angesprochen wird, wohl kaum »Zufall« noch das Ergebnis des besonderes Fleißes oder Könnens in amerikanischen Firmen!

Die USA als Machtbasis und Startrampe zur Weltherrschaft?

Die USA als Ausgangspunkt des Strebens nach Weltbeherrschung.
    Wenn wir die ganze Welt als ein einziges Dorf ansähen, lebten darin derzeit 57 Asiaten, 27 Europäer, 14 Nord- und Südamerikaner und 8 Afrikaner; 70 wären nicht-weißer Hautfarbe, 30 weiß, 70 wären Nicht-Christen, 30 wären Christen. Fast 60% des Reichtums des Weltdorfes wäre in den Händen von nur 6 der 100 Dorfbewohner, und alle 6 kämen aus den USA. 80 Dorfbewohner lebten in Unterkünften, die unter dem normalen Wohnstandard der Industrieländer sind, 70 Dorfbewohner könnten nicht lesen, 50 würden an Mangelernährung leiden.

Hier einige harte Zahlen zur wirtschaftspolitischen Beherrschung der Welt durch Organisationen, welche ihren Sitz in den USA haben:
    Unter den *Top-Ten-Business-Schools* sind acht in den USA: *Harvard, Pennsylvania/Wharton, Stanford, MIT, Columbia, Chi-*

cago, Northwestern/Kellogg und *Cornell*, eine in England, die *London Business School*, und eine in Frankreich, *INSEAD*.

(Quelle: *Financial Times* MBA 2000 Rankings)

Unter den *Top-Ten-Investmentbanken* sind fünf aus den USA, die zusammen allerdings mehr als doppelt so groß sind wie die nächsten fünf; die beiden Schweizer Investmentbanken sind übrigens amerikanisch-schweizerisch. USA: *Goldman Sachs, Merrill Lynch, Morgan Stanley Dean Witter, Salomon Smith Barney*. Schweiz: *Crédit Suisse First Boston* und *UBS Warburg*. Frankreich: *Lazard* und *Rothschild*. Deutschland: *Deutsche Bank*.

(Quelle: Thomson Financial Securities Data)

Bei den *Top-Ten-Weltmarken* gemessen am Umsatz ist nur eine einzige nicht US-amerikanisch, nämlich *Nokia*. Die anderen neun: *Coca-Cola, Microsoft, IBM, Intel, General Electric, Ford, Disney, McDonald's* und *AT&T*. (Quelle: Interbrand)

Und wenn man sich eine Liste aus der »New Economy« ansieht, nämlich die *Top-Ten-Computersoftwareverkäufer*, ist das Bild wiederum ähnlich. Sieben Softwarefirmen sind aus den USA, zwei aus Japan und eine aus Deutschland, wobei der Umsatz der drei nicht-amerikanischen zusammen genommen gerade ein Drittel von *Microsoft* ausmacht, immer noch nur die Hälfte von *IBM* und gerade mal so viel wie die drittgrößte US-Firma *Oracle*.

(Quelle: International Data)

Wohin immer ich in der Welt reise, sagen mir viele Menschen, dass die WTO (World Trade Organization = Welthandelsorganisation) ein Instrument des kommerziellen Imperialismus und Kapitalismus der USA ist, und dass sie (die WTO) *von den USA beherrscht wird. Die Menschen meinen das überall, außer in den USA selbst.* Soweit eine Feststellung von MICHAEL MOORE, dem Generaldirektor der WTO, die ihren Sitz in Genf hat.

Das soll alles »Zufall« sein? Das soll alles »nur« die Folge besonderer Produktivität und organisatorischer Intelligenz in den USA und ungenügend weit fortgeschrittener »Entwicklung« anderswo sein – wirtschaftlicher, technischer, bildungsbezogener

Entwicklung? Für die aber fast alles nur Menschenmögliche getan werde? *Honi soit qui mal y pense* – ein Schelm, wer Arges dabei dächte? Urteilen Sie selbst, ob wir hier nach tieferen Ursachen, die etwas mit konkreten Menschen, die reale Entscheidungen treffen, zu suchen haben oder nicht.

Was hätte das zum Beispiel mit der spezifisch amerikanischen Ausprägung von Demokratie zu tun, die auf den Freimaureridealen ihrer Gründer und ersten Präsidenten aufbaut und inzwischen zu einer Staatsform mutiert ist, welche nach außen hin eine neue Weltordnung anstrebt – und das ja auch auf ihre Ein-Dollar-Noten offen schreibt – und deren Herrschaft im Inneren über die Finanzmacht der Industrielobbys sowie über geheime, aber nicht gewählte Gremien gesteuert wird? Dem werden wir uns später ausführlich widmen, wenn es um die Machteliten geht, die aus und über die USA agieren, um die *Bilderberg-Konferenz*, die *Trilaterale Kommission* und andere beherrschende Organisationen.

Zufall oder bewusste Entscheidungen?

Wandel geschieht nicht durch Zufall, sondern erfolgt nur aufgrund von Entscheidungen, meint Fredrick Willem de Klerk, der frühere südafrikanische Präsident und Friedensnobelpreisträger, der Nelson Mandela freiließ, den praktisch gewaltlosen Übergang der Beherrschung der schwarzen Mehrheit in Südafrika durch die weiße Minderheit beendete, und dabei Macht aufgab.

Wir müssen damit beginnen, uns zu entscheiden, den wahren Ursachen für die Misere der Welt und die Willenlosigkeit der Menschen nachzugehen – den materiellen und den spirituellen Ursachen, den offensichtlichen wirtschaftlichen und technischen sowie den verborgenen psychologischen und seelischen Ursachen. Und wir müssen uns Gedanken um Motive und Ziele dieses oft unsichtbaren Machtkampfes machen, bei dem es zunächst um die Herrschaft über Menschen und deren Arbeitskraft und um Konsumenten und deren Geld geht, letztlich aber um **die Herrschaft über Geist und Seele**. Das Perfide daran ist, dass dieses Ziel – die Manipulation und Beherrschung von Geist und Seele – meist gar nicht offen sichtbar und spürbar wird.

Eine vorweggenommene Schlussfolgerung in Form einer These, die sich auf die Recherchen des Verfassers, die in diesem Buch zusammengetragenen Tatsachen, sowie auf daraus abgeleitete Überlegungen stützt: Derzeit findet auf der Erde ein Machtkampf statt. Wir befinden uns in der entscheidenden Endphase dieser Auseinandersetzung. Sie entscheidet, ob die Seelen gänzlich in die Hände des »Fürsten der Welt« fallen und seelisch unterjocht werden oder nicht. Der Ausgang dieses Kampfes entscheidet, ob wir Menschen, individuell und kollektiv, Äonen hindurch den Weg ins Licht nicht mehr finden können und sogar die Existenz des Lichts vergessen, oder ob wir noch in unserer Lebenszeit das »Neue Jerusalem« mit erbauen. *Es endet mit uns, mit uns selbst. Unsere Generation wird den Himmel auf die Erde zurückbringen*, verhieß der Rebbe.

Ausgangspunkte für dieses Buch

Nicht immer sind Aussagen und Einsichten aus Naturwissenschaft und Gesellschaftsforschung, aus Theologie und Mystik, aus Mythologie und medialen Durchsagen miteinander in Einklang zu bringen, auch wenn sie denselben Gegenstand oder das gleiche Thema betreffen. Es handelt sich dann um unterschiedliche physische, emotionale, astrale oder spirituelle Ebenen. Insofern stellt dieses Buch oft Tatsachen und Schlüsse nebeneinander, die aus ganz unterschiedlichen Prozessen der Annäherung an Wirklichkeit und Wahrheit stammen. Daraus wird sich ein Mosaik ergeben, ein Gesamtbild, das in sich stimmig ist, auch wenn die dicht nebeneinander gesetzten Mosaiksteine aus ganz unterschiedlichem Material sind und eine ganz andere Farbe haben.

Wir wollen, um ein anderes Bild zu gebrauchen, versuchen, die Puppe in der Puppe zu finden. Und wir suchen nach den Puppenspielern, die hinter dem Vorhang des Kasperletheaters mit ihren Händen und Fingern die Puppen bewegen. Wir wollen, soweit das gelingen mag, Marionettenspieler und Mächte aufspüren, die hinter den Kulissen die Fäden ziehen.

Unsere Suche soll jedoch nicht verbissen sein – das würde uns eher in einen sprichwörtlichen Kampf gegen Windmühlenflügel verwickeln und den klaren Blick der Gelassenheit verwischen. Vielmehr wollen wir eher geduldig vorgehen, mit der Einsicht, das hinter allen greifbaren Phänomen unsichtbare Hintergründe bestehen. Vielleicht also so gelassen, wie es der Dichter CHRISTIAN MORGENSTEIN in seinem hübschen kleinen Gedicht *Vice Versa* zum Ausdruck gebracht hat:

Ein Hase sitzt auf einer Wiese,
des Glaubens, niemand sähe diese.
Doch, im Besitze eines Zeißes,
betrachtet voll gehaltnen Fleißes
vom vis-à-vis gelegnen Berg
ein Mensch den kleinen Löffelzwerg.
Ihn aber blickt hinwiederum
ein Gott von fern an, mild und stumm.

2. Kapitel
Sollen wir alle zu Marionetten einer geheimen Weltregierung werden?

Über Systeme und Personen, Mittel und Mächte von
Verschwörungen zur Beherrschung von Menschen.

*Das Geheimnis hinter Geheimgesellschaften und Sektenkulten
und hierarchischen Religionen ist die künstlerische Erschaffung
eines eigenen Universums, welches dann »eingefroren« wird,
um von der Masse konsumiert zu werden.
Der Druck, den die Eliten in Regierungen, Kriegen und
Machtkämpfen ausüben, besteht darin, die Fantasie und
Vorstellungskraft (der Menschen) zu verlangsamen,
damit ein riesiges Wandgemälde der (angeblichen) Wirklichkeit
wie in Stein gehauen werden kann. Aus diesem Bild kann
(und wird) man dann die Vorgehensweisen ableiten.
Dabei dreht es sich unweigerlich darum, eine große Anzahl
von Menschen zu beherrschen. Warum unweigerlich?
Weil bereits die Verlangsamung der Vorstellungskraft und die
Verfestigung eines für die Massen vordefinierten Universums
in diese Richtung weist.*

Jon Rappoport (RAPPOPORT, S. 282)

Verschwörungen als Mittel zu Machtgewinn und Machterhalt

Beim Erscheinen dieses Buches wird BILL CLINTON nicht mehr Präsident der Vereinigten Staaten von Amerika sein. Ein neuer Mann ist inzwischen Machthaber – oder ist er eine Marionette? Was steckte hinter dem Gezerre um die Stimmenauszählung in Florida? Warum wurden mal 15 000 Stimmen hier, mal 19 000 Stimmen dort zunächst nicht gewertet? Das wird die investigativen Journalisten und Historiker noch lange beschäftigen. Schon bald nach dem Beginn von Clintons Amtszeit wurden Stimmen laut, die bereits damals von Verschwörungen sprachen – von zweierlei Arten von Verschwörungen.

Clinton und seine Frau HILLARY RODHAM CLINTON wurden in Skandale verwickelt – oder lösten sie aus, wer will das wirklich wissen? Affären um letztlich verlustreiche Immobiliengeschäfte in Arkansas während seiner Zeit als Gouverneur, um das Geschäftsgebaren der Reisestelle des Weißen Hauses, um die »Vermietung« des Schlafzimmers im Weißen Hause an zahlungskräftige Gäste und die mehr oder weniger lächerlichen bis unappetitlichen Frauengeschichten des Präsidenten.

Die Clintons und ihre politischen Freunde brandmarkten die Mehrzahl der Behauptungen von Amtsmissbrauch im Zusammenhang mit diesen und anderen Themen sowie alle Negativschlagzeilen als Verschwörung der politischen Rechtskräfte in den USA, die lediglich den Aufbruch zu neuen Ufern von Freiheit und Selbstbestimmung verhindern wollten.

Rechte Kreise sprachen wiederum von einer Verschwörung gesinnungs- und sittenloser Liberaler, welche die Macht und Herrlichkeit der USA und des Präsidentenamtes unterwandern wollten und Amerika verrieten. Sie stellten eine »Clinton-Todesliste« zusammen, die in Schriften der reaktionären Milizbewegung, in rechten Radio-Talkshows und schließlich als Kettenbrief per E-Mail im Internet verbreitet wurde. Aus ihr soll hervorgehen, dass Clinton nur an die Macht kam bzw. an der Macht blieb, weil er auch Tote in Kauf nahm – nach dem Motto »Leichen pflastern seinen Weg«.

Eine gekürzte Version dieser »Todesliste« sieht so aus:

JAMES McDOUGAL: verurteilter Whitewater-Geschäftspartner der Clintons, starb an Herzanfall in Einzelhaft, war Schlüsselzeuge in den Ermittlungen gegen Clinton.

MARY MAHONEY: frühere Praktikantin im Weißen Haus; kurz bevor sie mit ihrer Geschichte über sexuelle Belästigung im Weißen Haus an die Öffentlichkeit gehen wollte, wurde sie im Juli 1997 in einem Coffeeshop bei Washington ermordet.

VINCE FOSTER: Berater im Weißen Haus und früherer Kanzleikollege von Hillary Clinton; starb an einem Pistolenschuss in den Kopf – wurde amtlich als Selbstmord eingestuft.

RON BROWN: Handelsminister und Vorsitzender der Demokratischen Partei; starb bei einem Flugzeugabsturz im Balkan. Angeblich hatte er bereits vorher ein Loch im Schädel wie von einem Pistolenschuss; gegen ihn wurde wegen Parteispenden ermittelt und er wollte angeblich mit der Anklage einen »deal« machen.

C. VICTOR RAISER II, MONTGOMERY RAISER: wichtige Spendensammler für die Clinton-Kampagne; starben beim Absturz eines Privatflugzeugs im Juli 1992.

PAUL TULLEY: politischer Direktor der Demokratischen Partei, von Clinton als »teurer Freund und vertrauenswürdiger Berater« bezeichnet; im September in einem Hotelzimmer in Little Rock tot aufgefunden.

ED WILLEY: Spendensammler der Clinton-Kampagne; in den Wäldern Virginias bei Washington im November 1993 mit einem Kopfschuss tot aufgefunden – wurde amtlich als Selbstmord eingestuft. Starb am selben Tag, an dem seine Frau KATHLEEN WILLEY behauptete, der Präsident habe im Weißen Haus unsittlich nach ihr gegriffen.

JERRY PARKS: Chef der Sicherheitscrew von Clinton während dessen Zeit als Gouverneur von Arkansas; wurde in seinem Auto außerhalb von Little Rock erschossen. Sein Sohn sagte, dass sein Vater ein Dossier über Clinton gesammelt hatte und kurz davor stand, es zu veröffentlichen; dieses Dossier verschwand nach seinem Tod.

JAMES BUNCH: führte angeblich ein »Schwarzbuch« von Männern, welche die Dienste von Prostituierten in Texas und Arkansas in Anspruch nahmen; starb durch Erschießen – wurde amtlich als Selbstmord eingestuft.

JAMES WILSON: war in die Whitewater-Immobilienaffäre verwickelt; starb im Mai 1993, starb durch Erhängen – wurde amtlich als Selbstmord eingestuft.

KATHY FERGUSON: Ex-Frau des *Arkansas State Troopers* DANNY FERGUSON, der mit Clinton im PAULA-JONES-Fall wegen sexueller Übergriffe angeklagt war. Kathy Ferguson war möglicherweise bereit, als Zeuge für Paula Jones auszusagen; Kathy Ferguson wurde im Mai 1994 tot mit Kopfschuss in ihrem Wohnzimmer aufgefunden, neben mehreren gepackten Koffern – wurde amtlich als Selbstmord eingestuft.

BILL SHELTON: *Arkansas State Trooper* und Verlobter von Kathy Ferguson, der die amtliche Selbstmordversion seiner Verlobten anzweifelte; wurde ebenfalls tot mit Kopfschuss aufgefunden, am Grab seiner Verlobten – wurde amtlich wiederum als Selbstmord eingestuft.

GANDY BAUGH: Anwalt von DAN LASSITER – Lassiter war ein verurteilter Drogenhändler –, einem Freund von Clinton; starb im Januar 1994 nach einem Sprung (oder Fall?) aus einem Hochhaus – wurde amtlich als Selbstmord eingestuft.

FLORENCE MARTIN: arbeitete als Subunternehmerin für die CIA, den US-Geheimdienst, im Buchhaltungswesen, hatte mit einem Drogenschmuggelfall am Mena Airport zu tun; starb an drei Kopfschüssen.

SUZANNE COLEMAN: hatte angeblich mit Clinton eine Affäre, während dieser Generalstaatsanwalt in Arkansas war; starb an einer Schusswunde am Hinterkopf, während sie schwanger war – ihr Tod wurde amtlich als Selbstmord eingestuft.

PAULA GROBER: Clintons Übersetzerin für Taubstummensprache; starb bei einem Autounfall ohne weitere Beteiligte.

DANNY CASOLARO: Reporter, der Kokainschmuggel am Mena Airport und Verwicklungen der Finanzentwicklungsbehörde von Arkansas darin recherchierte. Er schnitt sich die Pulsadern auf, mitten während seiner Untersuchungen – wurde amtlich als Selbstmord eingestuft.

PAUL WILCHER: Staatsanwalt, der in Sachen Korruption am Mena Airport ermittelte; wurde tot in seiner Toilette in Washington D.C. aufgefunden. Er hatte drei Wochen zuvor Justizministerin JANET RENO einen Bericht übergeben.

JON PARNALL WALKER: Ermittler in Sachen Whitewater-Immobilien; sprang (oder fiel?) im August 1993 vom Balkon seiner Wohnung in Arlington, Virginia.

BARBARA WISE: Mitarbeiterin im Handelsministerium, die eng mit Minister Brown (siehe oben) und JOHN HUANG, einem einflussreichen und erfolgreichen Spendensammler für Clintons Kampagnen, zusammenarbeitete; ihre Leiche wurde in ihrem verschlossenen Büro im Ministerium gefunden, nackt und mit »blauen Flecken« – Todesursache amtlich »unbekannt«.

CHARLES MEISSNER: stellvertretender Handelsminister, der Huang Zutritt in Sicherheitszonen ermöglichte; starb kurz nach Wise beim Absturz einer Privatmaschine.

Dr. STANLEY HEARD: Vorsitzender des nationalen Beratungskomitees über Chiropraktik, fungierte auch als persönlicher Arzt für Clintons Mutter, Stiefvater und Bruder; starb mit Anwalt STEVE DICKSON beim Absturz einer Privatmaschine.

BARRY SEAL: Pilot, der als Drogenkurier vom Mena Airport aus flog; starb – der Tod war amtlich »kein Unfall«.

JOHNNY LAWHORN, Jr.: Kfz-Mechaniker, fand einen Scheck zugunsten Clintons in einem Auto, das bei ihm zur Reparatur abgegeben worden war; starb wenig später, als sein Auto (mit defekter Steuerung?) gegen einen Lichtmast knallte.

STANLEY HUGGINS: ermittelte in Sachen Whitewater-Immobilien; starb plötzlich – wurde amtlich als Selbstmord eingestuft, der medizinische Bericht wurde nicht veröffentlicht.

HERSHELL FRIDAY: Anwalt und Spendensammler für Clinton; starb bei der Explosion seiner Privatmaschine im März 1994.

KEVIN IVES, DON HENRY: zwei Jungen, die in die Operationen rund um den Drogenschmuggel am Mena Airport gestolpert waren, waren zur Aussage vor einer *Grand Jury* aufgefordert worden; starben, weil sie angeblich auf Eisenbahnschienen eingeschlafen und von einem Zug überfahren worden sein sollten, spätere Berichte teilten mit, dass sie schon vorher ermordet worden waren.

KEITH CONAY: hatte Informationen über den Fall Ives/Henry; starb im Juli 1988, als sein Motorrad auf einen LKW auffuhr.

KEITH McMASKLE: hatte Informationen über den Fall Ives/Henry; starb im November 1989 an 113 Stichwunden.

GREGORY COLLINS: hatte Informationen über den Fall Ives/Henry; starb an Schussverletzungen im Januar 1989.

JEFF RHODES: hatte Informationen über den Fall Ives/Henry; starb im April 1989, wurde erschossen, verstümmelt und verbrannt auf einer Müllkippe entdeckt.

JAMES MILAN: hatte Informationen über den Fall Ives/Henry; starb durch Abtrennen des Kopfes, der Totenschein vermerkt »natürliche Todesursache«.

JORDAN KETTLESON: hatte Informationen über den Fall Ives/Henry; starb im Juni 1990, wurde auf dem Vordersitz seines Pick-ups erschossen aufgefunden.

RICHARD WINTERS: war verdächtigt, in den Tod von Ives und Henry verwickelt zu sein; starb im Juli 1989 bei einem getürkten Raubüberfall.

Zusätzlich starben eine erschreckend hohe Zahl von Bodyguards des Präsidenten Bill Clinton: Major BARKLEY, Captain REYNOLDS, Sergeant HANLEY, Sergeant SABEL, Major General ROBERTSON, Colonel DENSBURGER, Colonel KELLY sowie die Special Agents ROSE, WILLIS, WILLIAMS, LeBLEU und McKEEHAN. (Nach FARREN, S. 76ff)

Weitere, neuere mysteriöse Todesfälle rund um Clinton betreffen unter anderem JOHN MILLIS, CARLOS GHIGLITOTTI, JOHNNY LAUGHTON, TERRANCE YEAKLEY, CALVIN WALRAVEN und fast ein Dutzend weiterer Personen.

(Nach »Clinton's death list« im Internet, siehe Anhang)

Selbst, wenn man in Rechnung stellt, dass jeder von uns Menschen kennt, die gestorben sind, darunter manche wohl leider auch eines gewaltsamen Todes, so ist die Häufung von Todesursachen, die nicht Altersschwäche sind, rund um eine Person in einer derart kurzen Zeit doch mehr als merkwürdig. Wenn man sich diese Liste ansieht und davon ausgeht, dass auch nur eine gewisse Anzahl dieser Todesfälle zutreffend mit Clinton und Skandalen um ihn herum in Zusammenhang gebracht wird, klingen Gedanken über eine

Verschwörung nicht mehr als zu weit hergeholt und es könnte einem wirklich Angst und Bange werden, wenn man sich im Dunstkreis eines solchen Präsidenten aufhielte – oder im Dunstkreis von Drogengeschäften – oder von beidem.

Verschwörungsthesen tauchen immer dort auf, wo auf unheimliche und unerklärliche Weise bedeutende Ereignisse eintreten. Hier Stichworte zu einigen wenigen Fällen aus der reich gefüllten Schatztruhe der Geschichte umstrittener Ereignisse, die sich ohne eine Verschwörungsthese kaum erklären lassen.

Ungeklärte Hintergründe von Ereignissen, die die Welt bewegen

Der Mord an JOHN F. KENNEDY in Dallas: Der vermeintliche Alleintäter LEE HARVEY OSWALD wurde bekanntlich seinerseits von JACK RUBY vor den Augen der Welt ermordet, Fernsehkameras übertragen den Mord »live«. 1979 erklärte das vom amerikanischen Kongress eigens eingesetzte *Select Committee on Assassinations*, dass Präsident Kennedy »wahrscheinlich« Opfer einer Verschwörung wurde, an der mindestens ein weiterer Attentäter beteiligt war.

Das Attentat von ALI AGCA auf Papst JOHANNES PAUL II. in Rom: Wie wir jetzt wissen, betrifft das berühmt-berüchtigte »Dritte Geheimnis von Fatima« offensichtlich diesen Mordversuch. Das Eingreifen Mariens – so empfindet es der polnische Papst zumindest, dessen Wahlspruch *Totus Tuus, Ganz der Deine*, lautet, und in dessen Wappen ein großes *M* prangt – weist aber auch darauf hin, dass es »gute Mächte« gibt, die dem üblen Spiel der »bösen Mächte« etwas entgegenzusetzen wissen.

Die Ermordung von Herrschern beziehungsweise die Versuche von Attentaten fallen praktisch immer unter das Stichwort »Verschwörung«, von der Erdolchung des römischen Imperators Cäsar über den Mord an Abraham Lincoln bis hin zum misslungenen Attentat auf Hitler 1944, von der Erschießung der indischen Präsidentin INDIRA GANDHI bis zum Flugzeugabsturz durch Bombenexplosion des pakistanischen Generals und Präsidenten ZIA UL HAQ vor wenigen Jahren.

Aber auch Kriege sind – meistens sogar nachweislich – Folgen von Verschwörungen. Der Autor DES GRIFFIN führt das in seinem sehr lesens- und bedenkenswerten Buch *Wer regiert die Welt?* auf überzeugende Weise aus (auch wenn der Verfasser keineswegs allen Thesen Griffins folgt, insbesondere nicht jenen zum Zionismus und dessen Einfluss). Wer profitiert von Kriegen? Industrie und Banken! Die meisten Industriefirmen und Banken waren und sind oft auf beiden Seiten eines Krieges engagiert – so oder so verdienen sie. Und wenn ein Krieg wieder vorbei ist, verdienen sie noch einmal – am Wiederaufbau. Zynisch? *Jein*, denn das ist leider die blanke Wahrheit und um sie zu erkennen, braucht es noch nicht einmal irgendwelche Verschwörungsängste, sondern nur den gesunden Menschenverstand.

Wirtschaftskrisen kommen nie aus heiterem Himmel. Sie sind immer Folge von verschwörungsähnlichen Absichten und Handlungen von wenigen Menschen, die große Summen an Geld hin und her schieben können. Der spektakuläre Sturz der englischen Währung aufgrund der erfolgreichen Börsentransaktionen gegen das Pfund durch den Spekulanten GEORGE SOROS in den neunziger Jahren sind noch gut erinnerlich. Die Krisen in Russland, Südamerika und in den »Tigerstaaten« Südostasiens waren ebenfalls die Folge von gigantischen Finanzspekulationen.

Sind Drogenproduktion, Drogenhandel und Drogensucht etwa nicht Teil einer schrecklichen Verschwörung relativ weniger Menschen, die sich mit Bestechung und Bedrohung sehr viele andere Menschen, vor allem in den Industrieländern, zu Willen machen? Es ist seit langem bekannt, dass vor allem in den USA die Drogeneinfuhr und der Drogenhandel nicht ohne *aktive* – schlimm, aber leider wahr – Unterstützung von Polizeistellen, Drogenbekämpfungsagenturen und Politikern möglich wäre.

Ist die Aids-Epidemie Folge einer Verschwörung zur Ausrottung von Homosexuellen in den Industriestaaten und von Schwarzen in Afrika, wie manche meinen? In den USA weit verbreitet ist folgende Ansicht: Die *CIA* (*Central Intelligence Agency*, die amerikanische Auslandsspionage), die *NSA* (*National Security Agency*, eine weitere strategische Spionageorganisation) und das *Army Chemical Corps-Special Operations Division* (SOD) in Fort Detrick, Maryland, haben den HIV-Virus geplant, entwickelt und auf eine nichts ahnende Menschheit losgelassen. Diese Befürchtung stützt sich darauf, dass der US-Kongress 1969 im Rahmen einer Haushaltsentscheidung offenbar zehn Millionen US-Dollar bereitgestellt hatte für die Produktion von etwas, was ein später eingesetztes Ermittlungskomitee des US-Senats folgendermaßen beschreibt: *ein (völlig neuartiges) synthetisches biologisches Mittel, für das (die Menschen) bislang noch keine natürliche Abwehr haben entwickeln können ... ein neuer ansteckender Mikroorganismus, der sich in gewissen bedeutenden Aspekten von allen (bisher) bekannten Organismen unterscheiden, die Krankheiten verbreiten. Am wichtigsten ist dabei, dass er (der neue Mikroorganismus mit dem ansteckenden Krankheitserreger) die immunologischen und therapeutischen Prozesse stört, von denen wir abhängen, um relativ frei von infektiösen Krankheiten zu bleiben.«* (Zitiert nach FARREN, S. 116)

Eine Verschwörungsthese, die sich auf diese Angaben gründet, sagt aus, dass Afrika entvölkert werden soll(te), um die natürlichen Rohstoffe westlichen Multis zur freien Ausbeutung zu überlassen. Die Anfangstests über die Wirksamkeit dieses neuen Mittels sollten – so eine weitere These – absichtlich zunächst an »unerwünschten Gruppen der heimischen Bevölkerung« ausprobiert werden, nämlich besonders an Schwarzen, Homosexuellen und *Hispanics*, also den Amerikanern, deren Vorfahren aus Spanien oder Lateinamerika stammen. Die US-Tests sollen demnach von Agenten durchgeführt worden sein, die diese behauptete grauenvolle Arbeit unter dem Deckmantel des Hepatitis-B-Forschungsprogramms im Auftrag des *CDC* (*Center for Disease Control*) in New York, San Francisco und in vier anderen amerikanischen Großstädten machten. Danach soll der Virus im Rahmen eines Pocken-Schutzimpfungsprogramms, das von der *WHO* (*World Health Organization*, Weltgesundheitsbehörde) betreut wurde, nach Afrika gebracht worden sein. All diese Behauptungen lassen sich (bislang) nicht schlüssig beweisen. Tatsache aber ist, dass im Laufe des 20. Jahrhunderts gerade in den USA im Rahmen von Programmen, die vom Militär durchgeführt und dementsprechend geheim gehalten werden konnten, immer wieder absichtliche Vergiftungen, Medikamenten- und Drogenversuche und so fort stattfanden, und dass große Gruppen von Soldaten und Zivilisten dadurch zu Schaden gekommen sind. Und es ist auch eine Tatsache, dass heutzutage die Aids-Epidemie vor allem Afrika bereits in seiner Lebensfähigkeit als Kontinent bedroht – weil wirksame Mittel zu teuer gehalten und nicht verteilt werden, weil zu wenig Aufklärung betrieben wird, weil – wie KOFI ANNAN, UN-Generalsekretär, der selber aus Ghana stammt, es formulierte – auch die Afrikaner selbst korrumpiert sind. Der Experte Dr. ROBERT STRECKER sagte unlängst, *ohne eine wirksame (und erschwingliche) Medizin wird die gesamte schwarze Bevölkerung Afrikas in den nächsten fünfzehn Jahren aussterben. Manche der betroffenen Länder sind bereits heute jenseits einer (noch beherrschbaren) Epidemie. Cui bono?* Wem mag es nützen, dass ein Kontinent stirbt?

Sind Gentechnologie und Biotechnologie Teil eines groß angelegten Verschwörungsplans, um künftig Menschen zu manipulieren oder sogar zu »züchten«? Patente auf Mäuse wurden bereits vom Europäischen Patentamt vergeben, der Antragsteller, die Universität von Edinburgh, zog den Antrag nach einem Aufschrei der Öffentlichkeit zwar wieder zurück, aber längst wird geplant, nicht nur menschliche Organe zu klonen, sondern ganze Menschen. Ist die Gentechnologie der Versuch, einen Turm zu Babel mit neuen, modernen Mitteln zu errichten und »Gott« die Kontrolle über die Schöpfung zu entreißen?

Ist das Internet der Versuch, unter dem Deckmantel der allumfassenden vermeintlich demokratischen Information nach und nach in Haus und Heim eines jeden einzelnen Menschen einzudringen und ihn über Internetinformationen zu überwachen und/oder zu manipulieren? In den USA wird sogar darüber hinaus bereits ernsthaft diskutiert, Feuerwehrleuten, Polizisten und Soldaten einen Mikrochip von nur 2,5 Quadratmillimeter Größe einzupflanzen, der die körperliche Verfassung und den Aufenthaltsort meldet – angeblich natürlich nur, um den Betreffenden im Notfall helfen zu können.

Personen und Systeme

KOFI ANNAN, aus Ghana stammender Generalsekretär der Vereinten Nationen, sagte kürzlich über die Führungselite seines eigenen Heimatkontinents: »Nicht der Kolonialismus, sondern das Versagen der eigenen Eliten bringt das Elend.« (Quelle:. *Format* Nr. 29 vom 7.7.2000) Weiter stellte er beim Gipfeltreffen der Organisationen für Afrikanische Einheit in Lomé, Togo, fest:

»Von den 48 unterentwickeltsten Staaten der Erde liegen 33 in Afrika. Die Aids-Epidemie, in den Industriestaaten halbwegs unter Kontrolle, droht 1/3 der (schwarz-)afrikanischen Bevölkerung zu erfassen und praktisch auszurotten – wie die Pest im europäischen Mittelalter. Afrika ist der Kontinent, wo derzeit die meisten Kriege und Bürgerkriege geführt werden: zwischen Äthiopien und Eritrea, im Kongo, in Angola, im Sudan, in Sierra Leone. Völkermord ist kein rein afrikanisches Phänomen (siehe Bosnien), aber ungebremster, wiederholter Völkermord ist es: in Ruanda, im Sudan, demnächst vielleicht woanders. Bodenschätze, wie Öl in Nigeria, Diamanten und Edelmetalle im Kongo, fördern nicht die Lebensverhältnisse der Bevölkerung, sondern nur den absurden Reichtum winziger Eliten und sind Ursache für Kriege und Bürgerkriege.

Wer ist schuld? Der Kolonialismus? Die Globalisierung? Der Internationale Währungsfonds? Niemand anders als wir selbst. Dies ist nicht irgendetwas, das uns angetan wird, das ist etwas, was wir uns selbst antun. Afrika wird übergangen, weil nicht genügend von uns sich einer Politik verschreiben, die Entwicklung fördern und den Frieden erhalten würde.«

Bei der Internationalen Münchner Friedenskonferenz Ende Oktober 1999 erhielt eine mongolische Studentin, ALTANGEREL TAI-VANKKHU, einen Förderpreis für ihren Beitrag zum Wettbewerb »viel future – Wie junge Menschen die Zukunft sehen«. Daraus ein Zitat: »Das Problem sind nicht die formalen Grenzen, die wir zwischen den Ländern haben, sondern die mentalen und spirituellen Grenzen zwischen den Menschen. Wir haben uns früher nach Kultur, Lebensstil, gesellschaftlichen und wirtschaftlichen Umständen unterschieden. Ich denke, dass genau diese Faktoren uns einen sollten. Wir haben eine Welt und eine Menschheit darin. Wir haben alle dasselbe Schicksal. Auf dieser Einsicht basierend und frei von jedem Vorurteil, sollten wir in der Lage sein, in Frieden und wahrer Einheit zu leben. ...

Auch heute können wir in vielen Ländern Diktaturen, militärische Auseinandersetzung, Armut und vieles andere Unheil sehen. Was sind die Gründe dafür? Politik, Geld, Macht oder Religion? Sie alle tragen dazu bei, Katastrophen zu verursachen. Aber der wahre Grund sind wir selber. Wir haben einen schwachen Geist und dabei wollen wir auch noch verharren. Wir lieben unsere Schwächen und das ist eine Tragödie. Deshalb kann ich keine gute Zukunft voraussehen, falls wir keine höhere geistige Ebene der menschlichen Vernunft erreichen. Ich meine, dass Bewusstsein die Macht besitzt, jene Katastrophen zu vermeiden, die wir selber erst schaffen.« (Quelle: *viel future*, S. 24f; erhältlich über SK Publikationen, siehe Anhang)

Da es uns in diesem Abschnitt auch um Systeme geht, die wie Verschwörungen funktionieren, um Menschen entweder zu beherrschen oder auszubeuten oder beides, kommen wir nicht umhin, auf das sogenannte Gesundheitssystem der Industriestaaten einzugehen. Zwischen 10% und 15% des Bruttosozialprodukts der Industriestaaten fließen in die Hände der Medizin- und Medikamentenmafia. Ein fast undurchschaubares Geflecht von »Gesundheits«-Politikern, Behörden, Pharmafirmen, Krankenhäusern, Krankenkassen und Standesvertretern von Ärzten hat sich zusammengefunden, um zu erreichen, dass immer mehr Geld in seine Taschen fließt. Gesundheit spielt dabei keine Rolle, dafür gibt es immer neue Tricks, die Ausgaben und die Abhängigkeit der Menschen vom System zu erhöhen.

Einige wenige Beweise gefällig? Warum sind Naturheilmittel seit Jahr und Tag unter Beschuss? Weil sie wirklich heilen, nachhaltig sind, wenig kosten? Warum gibt es in Deutschland ein neues Gesetz, dass mehr als fünf pflanzliche Wirkstoffe in einem Naturpräparat verbietet? Weil Komplexmittel zu viele teure allopathische Medikamente überflüssig machen? Weil sich weder Funktionäre noch Schulmediziner damit auskennen, sondern vor allem gute HeilpraktikerInnen (natürlich gibt es auch hier Scharlatane; aber wer hätte schon je gefordert, den Arztberuf zu verbieten, weil manche Ärzte »Kunstfehler« machen und ihre Patienten frühzeitig unter die Erde bringen?). Warum ist in Österreich der Beruf des Heilpraktikers immer noch nicht zugelassen? Das Geld darf für Schmiergelder für ein Wiener AKH verpulvert (Allgemeines Krankenhaus, das größte in Wien; erinnern sich die österreichischen Leser noch daran?), aber nicht für Naturheilmittel ausgegeben werden. Warum dürfen erwachsene Krebspatienten nicht selbst entscheiden, ob sie eine »Wunderkur« ausprobieren möchten oder nicht? Warum werden die Nebenwirkungen und Folgen so vieler Medikamente der Schulmedizin verschwiegen? Warum gibt man den Heilpraktikern nicht eine solide gesetzliche Grundlage, indem man sie nicht nur »amtsärztlich« in Rechtsfragen prüft, sondern inhaltlich, wie andere medizinische Berufe auch? Warum werden Bachblüten inzwischen nicht mehr frei verkauft, sondern nur von Apotheken? Weil die Medizinmafia gemerkt hat, dass das ein Geschäft ist und mitverdienen will?

Wer mehr Argumente sucht, braucht nur einmal in die Zeitschrift *Raum & Zeit* hineinzuschauen, sich an wirklich freie Heilpraktiker wenden (Hinweise beim Verfasser), an den Berufsverband »Fachverband deutscher Heilpraktiker«, oder Vorträge von Dr. med. ELIS HUBER besuchen, dem ehemaligen langjährigen Präsidenten der Berliner Ärztekammer.

Gerade die »wissenschaftlich« denkenden »Linken« aller Parteien geben bei diesen Fragen leider nur allzu oft schlechte Beispiele für geistige und persönliche Unfreiheit: sie stehen in vorderster Front gegen das Naturrecht jedes Menschen, gegen das Grundrecht jedes Bürgers, selber zu bestimmen, was er tun möchte, um gesund zu werden oder Gesundheit zu pflegen. Der Verfasser verlangt nicht, dass Kassen alles zahlen sollen! Seinetwegen können sie auch aufgelöst werden. Aber er verlangt danach – nach mehr als fünfundzwanzig Büchern als Koautor über Fragen der Naturheilkunde einigermaßen kundig –, dass jeder einnehmen darf, was er mag. Werden Gewehre und Pistolen verboten, weil man damit sich oder andere erschießen kann? Wird Alkohol verboten, weil man sich damit betäuben und verblöden oder andere im Verkehr zu Tode bringen kann? Natürlich nicht. Warum sollen dann Komplexmittel verboten werden? Warum soll verboten werden, dass Menschen

»geistig heilen«, mit Handauflegen, Kräutern, frommen Sprüchen oder sonstwie? Ist denn völlig in Vergessenheit geraten, dass Heilung Teil der Religion war, dass Heilung also immer unter die Glaubensfreiheit zu fallen hat? Sind wir denn schon derart verdummt worden – eben von der unheimlichen Krankmach-Mafia, die ja Interesse daran hat, dass viele Menschen lange und dauerhaft krank bleiben und immer wieder krank werden, dass es uns gar nicht mehr auffällt und wir uns gar nicht mehr dagegen wehren, dass unsere bürgerliche Freiheit, unsere Menschenrechte tagtäglich von selbst ernannten Gesundheitsaposteln beschnitten werden? Konnten wir uns nicht dazu aufraffen, einen Aufkleber »Freie Bürger – Freie Fahrt« an unser Vehikel anzupappen? Fanden nicht die meisten von uns den Slogan »Mein Bauch gehört mir!« legitim? Warum lassen wir uns dann zur Zwangsmitgliedschaft in Funktionärsklubs einpferchen, die unserem Gesundheitswohl am wenigsten dienen? Weil wir Angst haben, weil wir uns erfolgreich haben Angst einjagen lassen? Milliarden Menschen aus dieser Welt haben keine »Krankenversicherung«, kennen keine Schröpfgesellschaft.

Warum bringen wir es nicht fertig, nur noch solche Politiker zu wählen, die für die Freiheit des Gesundheitswesen sind? Warum schaffen wir es dann nicht, nur noch zu solchen Ärzten, Krankenhäusern, Heilpraktikern und anderen Therapeuten zu gehen, die sich aktiv für die Freiheit der Gesundheit einsetzen? Warum benutzen wir nicht den Besuch dort, um die Frage zu stellen, ob der Therapeut für oder gegen echte Selbstbestimmung ist? Zu Recht gibt es inzwischen ein immer breiteres geistiges Bündnis »gegen Rechts«, gegen Rassismus, Antisemitismus und Volksverhetzung. Ähnlich sollte es Aktionen geben, welche sich die Freiheit der Selbstbestimmung im Gesundheitswesen auf die Fahnen geschrieben haben!

Wer soll für Sie entscheiden, wenn es um Ihre eigene Gesundheit, um Ihr persönliches Schicksal geht? Wollen Sie wirklich Ihre Selbstbestimmung weiter stillschweigend an der Garderobe des »Gesundheitssystems« ablegen? Der Verfasser ist seit einigen Jahren nicht mehr krankenversichert; er schätzt einige Ärzte wie einige Krankenhäuser, einige Heilpraktiker wie einige andere, zum Beispiel Geistliche, die heilen; er geht in verschiedene Apotheken und nutzt deren Angebot ebenso wie das von Naturkosthäusern. Er meint nicht, dass sein Weg für alle passen würde, vermutlich passt er nur für sehr wenige. Aber er meint, dass alle das Recht und die Pflicht haben, wieder die völlig freie Selbstbestimmung über ihre eigene Gesundheit zu fordern. Unserer heutigen Gesundheitspolitik – die viele von uns krank macht, einige Wohlhabende reicher, manche Funktionäre mächtiger und die meisten von uns ängstlicher – liegt eine der schlimmsten Verschwörungen zu Grunde, weil sie als solche gar nicht erkannt wird oder weil jede Kritik daran als »verrückt«, »utopisch« oder »sozial unverantwortlich« gebrandmarkt werden soll. Denken Sie darüber einfach weiter nach, selbstständig, und stellen Sie fest, zu welchen Schlüssen Sie selber kommen.

Fast genauso unerträglich, jedoch körperlich nicht ganz so bedrohlich, ist die geistige Hypnose, die von Eurobürokraten ausgeübt wird, damit wir nur alle weiter glauben, man müsste Milliarden von sauer verdienten Steuergeldern durch den Schornstein jagen, damit wir recht bald eine bessere Welt in Europa haben. Auch hier hat die Methode System: Bürger und Bürgerinnen wird ein freies Europa vorgegaukelt, in Wahrheit wird nur abgezockt.

Ebenso schlimm, jedoch spirituell noch verwerflicher, ist das inquisitorische Gehabe mancher »Sektenbeauftragter« und anderer Fundamentalisten. Sie scheren sich oft keinen Deut um die eigentlich verbriefte Religionsfreiheit, sondern frönen mit einer Fülle recht unchristlicher Mittel öffentlich und hinter den Kulissen dem Wahn, sie müssten das Abendland retten. Vor wem, fragen Sie? Vor Esoterikern, geistigen Freidenkern und Menschen, die den freien Dialog zwischen Angehörigen verschiedener Religionen fördern. Die meisten Massenmedien geben ihnen auch noch Raum für ihr mittelalterliches Gehabe. Der Verfasser spricht aus jüngster Erfahrung. Bei der großen internationalen Friedenskonferenz wurde die Zusage, in einer (protestantischen) Kirche einen gemeinsamen Gebetsgottesdienst abzuhalten, zurückgezogen, weil dort auch ein spiritueller Lehrer (und Friedenspreisträger) beten sollte, der zwei oder drei Sektenjägern nicht passte. Eine katholische Kirche nahm sofort Abstand. So traf man sich in der größten Moschee in München, der *Münih Fatih Camii* in der Martin-Luther-Straße (kein Witz), und konnte dort gemeinsam beten. Auch Frauen durften dort vorbeten. Muslime leben uns Toleranz vor.

Die spirituelle Bevormundung der Menschen hat natürlich nicht mehr ein Ausmaß wie zu Zeiten der Hexenverbrennungen. Aber sie findet weiterhin statt. Allerdings leeren sich die Kirchen auch dementsprechend – mit Ausnahmen natürlich. Eine ist die Marienwallfahrtskirche Großgmain bei Salzburg. Sie kann häufig die vielen BesucherInnen nicht mehr fassen. Warum? Weil hier christliche Nächstenliebe im Vordergrund steht, weil die Menschen in dieser Kirche als Kinder Gottes empfangen werden, gleich, woher sie kommen und wohin sie gehen.

Ein weiteres Beispiel geistiger Hypnose großer Massen ist die Anordnung der Lehrpläne, praktisch nur noch die Evolutionslehre als »wissenschaftliche« Erkenntnis der Herkunft und Abkunft des Menschen zu lehren. REINHARD EICHELBECK hat in seinem Buch *Das Darwin-Komplott – Aufstieg und Fall eines pseudowissenschaftlichen Weltbildes* (München 1999) das Notwendige dazu geschrieben, fast zwanzig Jahre davor auch HEINER BRAUN-URBAN in seinem Buch *Der Mensch stammt nicht vom Affen ab – Welt und Mensch in anderer Sicht* (Starnberg 1982). In den Schulen wird eine höchst anfechtbare Darstellung quasi als Dogma den Kindern eingeimpft, die kaum noch etwas über eine andere Sicht der Schöpfung erfahren – nämlich den Akt eines Gottes. Dann muss es uns nicht weiter wundern, wenn der Materialismus fröhliche Urständ feiert, die mündigen Bürger nur noch wählen dürfen, welche Biersorte sie trinken und welchen Schwachsinnskanal sie am Fernseher einschalten wollen. Auch das ist eine Art der Verschwörung, die hier unter unseren Augen, im Lichte der Öffentlichkeit, abläuft!

Mittel und Mächte

Im Alten Rom unter Diktatoren wie *Nero* war *panem et circenses* bekanntlich ein geflügeltes Wort über die Methoden zur Beherrschung der Menschen, *Brot und Spiele*. Brot, damit die Menschen nicht wegen Hungers aufsässig wurden, Spiele, damit sie unterhalten und von den wahren Themen des Lebens und Problemen der Welt abgelenkt werden konnten.

Welche *Heimlichen Verführer* (so der Titel des inzwischen fast vergessenen Bestsellers von VANCE PACKARD) fallen Ihnen ein? Wovon sind wir Menschen – oft, ohne es uns recht ins Bewusstsein zu rücken – abgezogen, was ergreift von uns Besitz, macht uns womöglich besessen? Geld, Sex, Internet, Fernsehen, Sport, Alkohol, Medikamente oder Drogen? Vielleicht sind es eher ganz andere, weniger erfreuliche Einflüsse und Dinge, wie Zwänge oder Ängste, körperliche Gebrechen oder seelische Gemütskrankheiten?

»Geld regiert die Welt« lautet ein geflügeltes Wort. Wir haben weiter oben bereits einiges über Geld in seiner derzeit wahnsinnigsten Form gehört, als virtuelles Cybergeld, das nur als Zahlenkolonnen in Computern existiert. Das Fernsehen qualifiziert sich ohne weiteres als eine moderne Form Nero'scher *Spiele*. Es ist aber auch ein raffinierter Ersatz für die eigene geistige Schau, für die mystische Vision des spirituellen Auges der Seele, des sogenannten dritten Auges. Fernsehen als ein künstliches *drittes Auge* gaukelt uns vor, dass wir bereits jetzt ohne Mühe in die Weiten schauen könnten. Über den bunten Bildern der schönen neuen Fernsehwelt vergessen wir, dass es sich lohnen könnte, nicht in die sehr begrenzte Ferne der technisch erfassbaren Welt zu blicken, sondern in die Weite des Herzens und der Seele – mit den im Menschen als Bewusst-Sein bereits angelegten Mitteln.

Wer oder was ist die Kraft, die uns gegen Einsicht und Vernunft, gegen Menschlichkeit und Moral handeln lässt? Darauf gehen wir im 5. Kapitel näher ein. Schauen wir aber noch ein ganz modernes Mittel der Macht einmal näher an, aus der Sicht einer sehr kritischen und dabei durchaus nicht unumstrittenen Gruppe. Ist der Computer *das* neue Mittel zur Macht? Ist der Computer eine oder sogar *die* Form des Satans? Ist im Computer die technische Inkarnation des Bösen zu sehen? Das meinen manche Menschen. Wir wollen diese Sichtweise einmal ausführen.

Der Strichcode des Tieres als Mal jedes Menschen?

In jener Nische im Cyberspace, im virtuellen Raum, in dem sich religiöser Fundamentalismus und rechte Extremisten dank einer weit verbreiteten und weit verzweigten Computertechnologie treffen, sind Vorstellungen gewachsen, dass die Regierungen bald alle Menschen mit einem Strichcode aus Weichplastik tätowieren, entweder auf der Stirn oder auf dem Rücken der rechten Hand. Dieser Strichcode soll angeblich alle relevanten Daten unseres Lebens enthalten. Name, Blutgruppe, Familienzugehörigkeit, Kreditwürdigkeit, Vorstrafen und – sobald »machbar« – auch den genetischen Code. Eine schlimme Schreckensvorstellung, wenn das wirklich unsere Zukunft wäre.

Stütze und Nahrung findet diese Sicht – ist sie eine absurde Wahnvorstellung oder eine groteske Schreckensvorstellung oder entspricht sie womöglich doch den Tatsachen? – in Endzeitworten der biblischen Apokalypse im 13. Kapitel. Dort ist die Rede zunächst von einem ersten und dann von einem zweiten *Tier*. Dieser Begriff ist synonym mit Teufel und Satan, beziehungsweise mit einer seiner Formen, in denen er auftritt. Es heißt dort ausdrücklich:

»Und es (das *Tier*) tut große Zeichen, dass es auch macht Feuer vom Himmel fallen auf die Erde vor den Menschen; und verführt, die auf Erden wohnen, durch die Zeichen, die ihm gegeben sind, zu tun vor dem Tier; und sagt denen, die auf Erden wohnen, dass sie ein Bild machen sollen dem Tier, das die Wunde vom Schwert hatte und lebendig geworden war. Und es ward ihm gegeben, dass es dem Bilde des Tieres Geist gab, damit des Tieres Bild redete und machte, dass alle, welche nicht des Tieres Bild anbeteten, getötet würden. Und es macht, dass sie allesamt, die Kleinen und Großen, die Reichen und Armen, die Freien und Knechte, sich ein Malzeichen geben an ihre rechte Hand oder an ihre Stirn, dass niemand kaufen oder verkaufen kann, er habe denn das Malzeichen, nämlich den Namen des Tieres oder die Zahl seines Namens. Hier ist Weisheit! Wer Verstand hat, der überlege die Zahl des Tieres; denn es ist eines Menschen Zahl, und seine Zahl ist sechshundertsechsundsechzig.«   (OFF 13,13–18)

Es geht hier also um ein sprechendes Bild, das angebetet wird. Und es geht vor allem um ein Zeichen, ohne das Kauf und Verkauf unmöglich sind, und dieses Zeichen kann auch als Zahl ausgedrückt werden.

Welche »sprechenden Bilder« kennen wir? Betrachten wir einmal die Entwicklung von Bilddarstellungen in einem vielleicht etwas groben, ungenauen, aber doch aufschlussreichen historischen

Rückblick. Magische Höhlenfelszeichnungen, wie sie in Südfrankreich und Spanien gefunden wurden, zeigen Jagdtiere und bisweilen auch Jäger, vielleicht sollen manche Bilder auch Göttergestalten in tierischen und menschlichen Gestalten bedeuten. In den großen Hochzivilisationen der Antike stehen Götter und ihre Mythen, später Herrscher und ihre Insignien im Mittelpunkt der Darstellung. Die Ikonen und Altarbilder des christlichen Mittelalters bilden religiöse Motive ab. Ab und an tauchen als Nebenfiguren Menschen aus den irdischen Sphären der Macht auf – Päpste und Bischöfe, Fürsten und bisweilen der Maler selbst. Erst ab der Renaissance beginnt im Abendland die Individualisierung des Menschen, woanders erfolgt sie weitaus später. Mit der Anerkennung von Rechten und vor allem der Menschenwürde des Einzelnen beginnen Bilddarstellungen die Alltagswelt zu zeigen. Aber noch immer sind Gemälde Unikate. Auch Kupferstiche, Steindrucke, Holzschnitte und andere Methoden von Vervielfältigungen, die weniger arbeitsaufwendig wie die Herstellung von Originalen waren, ändern nichts daran, dass der Mensch bis ins 20. Jahrhundert seine Bilder erlebte und im Geist bewahrte, aber eben noch keiner Bilderflut von außen ausgesetzt war.

Das begann erst mit der Fotografie. Mit dem Aufkommen der Fotografie können Bilder fast beliebig vervielfältigt werden. Wer wollte nicht Fotos haben – meist noch als besonderen Schatz der Erinnerung an liebe Menschen. Bald nach der Fotografie »lernen die Bilder laufen«, der Kinofilm mit bewegten Bildern wird entwickelt. Es beginnt eine Ära der Faszination durch Bilder, wie man sie bis dahin nicht kannte. Aber noch »sprechen« auch diese Bilder nicht, wir sind erst beim Stummfilm angelangt. Mit der Erfindung der Vertonung jedoch fangen die Bilder an zu sprechen. Der Film wird zum ersten weltumspannenden Medium, das Bilder und Töne vereint.

In der Naziherrschaft wusste man um die verführerische Kraft von Filmen und setzte sie entsprechend ein – in aufpeitschenden Wochenschauen von Hitler, Goebbels und den ersten Kriegserfolgen von 1939, sowie schon davor 1935 in propagandistischen Monumentalfilmen wie »Triumph des Willens«, der den Einklang der Arbeiterschaft mit dem »Führer« suggerieren sollte. Aus heutiger Sicht wäre ein solcher Filmtitel zwar psychologisch höchst ver dächtig und verräterisch. Damals blendeten die sprechenden Bilder jedoch noch, die Marschkolonnen von Arbeitern mit geschulterten Spaten, die Fackelzüge und Fanfarenstöße und ein Hitler, der fast wie ein *deus ex machina* mit seinem Flugzeug hoch am Himmel aus den Wolken hernieder kommt, um die angeblich gläubige Gemeinde zu beglücken.

Wie oben kurz angesprochen, berichtete Vance Packard in seinem Bestseller schon 1957 von den »Heimlichen Verführern«. In diesem grundlegenden Buch zum Gebrauch und Missbrauch moderner psychologischer Methoden zur Manipulation von Menschen, von Herz und Verstand, von ihren Gefühlen und Entscheidungen, wird die Methode der *subliminalen Beeinflussung* zum ersten Male ausführlich erörtert. Dabei gelangen Botschaften in das Unterbewusste von den Empfängern, deren Übermittlung und Einprägung diese gar nicht bemerken.

Telegraf und Telefon sind zwar auch weltumspannende Technologien. Aber sie transportieren in der Regel immer noch eine individuelle Nachricht von einer Person zu einer anderen. Filme transportieren Botschaften zeitgleich an ein Kollektiv. Erst mit Filmen war es möglich, eine subliminale Beeinflussung von Massen zu erzielen, die nicht bei der Beeinflussung von Kaufverhalten aufhörte, sondern vor allem auf die persönliche Einstellung zu gesellschaftlichen, wirtschaftlichen, politischen und religiösen Fragen zielt. Aber wesentlich bestimmender als Filme im Kino ist die Flut der sprechenden Bilder, die sich aus dem Fernsehen und aus Computerbildschirmen von CD-ROM-Bildplatten oder direkt aus dem weltweiten Internet ergießen. Während man in das Kino ja immerhin noch fahren oder gehen muss und dort in einem anderen als dem heimisch-vertrauten Umfeld sitzt, ist die geistige Bedrohung durch die Bildschirmflut noch sehr viel größer, weil sie subtiler ist, weil sie noch allgegenwärtiger und dabei vermeintlich unproblematischer ist. Der Kinofilm ist nach zwei oder drei Stunden vorbei. Die sprechenden Bilder aus dem Fernsehen mit inzwischen vierundzwanzig Stunden Programm auf dreißig oder mehr Kanälen und der Strom aus dem weltumspannenden Gewebe miteinander vernetzter Computer aber versiegen nie.

Dieses Tier der Johannesoffenbarung ist der Computer, meinen manche, so die *Marienkinder* aus Bad Wörishofen. Um einem Missverständnis vorzubeugen: die katholische Kirche, an die sich diese Gruppe gern anlehnt, und in deren Kirchen sie auch ihre Schriften, freilich ohne Genehmigung, auslegt, hat sich sehr klar von ihr distanziert. Sie entstand zunächst wohl um den charismatischen Josef Zanker, einen Maurerpolier, der als »Bruder Josef« bekannt war. Der spätere geistliche Führer ist ein Ex-Pfarrer namens Johann Bauer, der aus dem Kirchendienst wegen »Ungehorsams« entlassen wurde.

(Quelle: Blickpunkt *Wochenblatt Traunstein*, 9.8.2000, S. 2)

In ihrer reich illustrierten kostenlosen Schrift mit dem Titel *Das Tier der Apokalypse ist der Computer* warnen die Marienkinder: »Computer = 666 = Satan. Er ist mitten unter uns und tötet alle. Rettet euch vor der Bestie aus der Hölle. Die Apokalypse des heiligen Johannes, die Geheime Offenbarung, ist Gläubigen und Nichtgläubigen bekannt, und sie ist für beide in gleicher Weise alles entscheidend für das ewige Leben. Denn Gott will unterschiedslos alle Menschen vor dem Untergang retten, den er hier vor 2000 Jahren dem Apostel auf der Insel Patmos prophezeit hat, und der sich gegenwärtig erfüllt.

Dort sah Johannes das Bild des Tieres, seinen Namen und seine Zahl. Dieses Bild ist der Computer und seine Kraftquelle ist die Energie Satans. Es wird uns gesagt: ›Wer Verstand hat, berechne die Zahl des Tieres, denn es ist eines Menschen Zahl, und seine Zahl ist sechshundertsechsundsechzig.‹

Begonnen hatte alles lange zuvor im Himmel, als St. Michael den aufständischen Neinsager zu Gottes Willen, Luzifer, durch die Kraft Gottes auf die Erde geschleudert hat. Dieser wurde dem Seher Johannes gezeigt als hässlicher Drache, mit dem der Kampf hier unten so lange weitergeführt wird, bis alle Menschen geprüft worden sind: Jeder einzeln, ob er Gott oder dem Teufel dienen will in Ewigkeit. Dieser Kampf der guten und bösen Geistwesen ist unseren Augen unsichtbar, und doch geht es einzig um uns.

Auch Sie … haben einen persönlichen Schutzengel. Er sieht, ob Sie bereits zur Schar der Geretteten gehören. Dann tragen Sie auf der Stirn das Kreuzzeichen für Jesus Christus mit dem M als Zeichen für die Gottesmutter Maria von Engelhand eingedrückt. Doch tragischerweise schaute St. Johannes in seiner Vision, dass eine Zeit kommt, in der fast ausschließlich alle Erdenbewohner das andere Zeichen eingedrückt bekommen. Es ist das Malzeichen des Drachen, das V-Zeichen = 666, der Name des Tieres.

Vor dieser Zahl bzw. Kennzeichnung warnt uns Gott in der Apokalypse, es gibt keine gefährlichere für uns Menschen. Denn wer sich am Körper die Nummerierung anbringen lässt, ist eine Beute des Tieres (=Drache oder Satan, Teufel, Luzifer, Seelenmörder, usw.) und ist damit unwiderruflich und ewig verdammt.

Der Computer ist das Bild des Tieres. Der Computer beherrscht die Wirtschaft und unser ganzes Leben, ohne ihn bricht alles zusammen. Das Wort Computer, aus der englischen Sprache, wird in allen Sprachen der Welt einheitlich verwendet. Hinter diesem Begriff ›Computer‹ verbirgt sich jedoch etwas ganz anderes, wie die acht Buchstaben des Wortes verraten.«

Erinnern Sie sich an die Hysterie um das *Y2K*-Problem, an den angeblich drohenden Zusammenbruch der Computerwelt wegen des Datumswechsels vom 31.12.1999 zum 1.1.2000? Flugzeuge sollten vom Himmel stürzen, Fahrstühle stecken bleiben, Kraftwerke ausfallen, Banken lahm gelegt werden, und so weiter und so fort. Die Computerängste erwiesen sich damals als rundum unbegründet. Sind die oben zitierten Sorgen fundierter? Im Französischen heißt der Computer übrigens nicht so, sondern *ordinateur*. Das muss jedoch noch kein stichhaltiger Grund sein, die These der *Marienkinder* pauschal abzulehnen. Denn die Übereinstimmungen zwischen dem, was die Apokalypse beschreibt, und dem, was der Computer im Zeitalter der Globalisierung bedeutet, sind immerhin eindrucksvoll.

Das Wort *Computer* ergibt, wenn man alle einzelnen Buchstaben in Zahlen umsetzt und diese dann addiert, die Summe 111. Die Umsetzungsmethode besteht darin, dass jedem Buchstaben im Alphabet eine Zahl zugeordnet wird, beginnend mit der 1 für den Buchstaben A, der 2 für B, und so weiter, bis zur Zahl 26 für das Z. Dann erhält man:

C O M P U T E R
3 15 13 16 21 20 5 18

Nun ist 111 ja noch nicht 666, was die Zahl des Tieres sein soll. Dazu gelangt man erst, wenn man dem nachstehenden Gedankengang zu folgen bereit ist.

Die 111 ist auf normalem Weg errechnet und gehört daher der natürlichen Ordnung Gottes an. Luzifer hat als *Affe Gottes*, der selber sein will wie Gott und ihn nachahmt, eine *Gegenoffenbarung* angetreten. Er hat seinen Willen aus der Einheit abgespalten, aus dem Einen Willen Gottes tritt der *Zweiwille* des Satans hervor. Im Feld der falschen Offenbarung benützt er die Gotteszahl 3 (wie sie zum Beispiel in der heiligen Dreieinigkeit aufscheint), die er mit seiner Dualität oder Zweiheit aus dem Reich Gottes heraus»raubt«. Mit der so entstehenden 6 – Gotteszahl 3 x Satanszahl 2 = 6 – müsse die Zahlensumme 111 für das Wort Computer multipliziert werden, um die wahre Macht dahinter aufzudecken, nämlich 666 = das *Tier*.

Der Begriff für das internationale Computernetzwerk, das *www = world wide web*, soll ebenfalls Ausdruck der Zahl 666 sein. Nach der oben beschriebene Methode ergibt die Summe des Zahlenwertes von 3 x W allerdings 3 x 23 = 23 23 23, oder, als Summe = 69. Nun soll jedoch eine andere Methode gelten (wie schlüssig ist das?), nämlich die Zahlenentsprechungen im Hebräischen, der Muttersprache des Johannes. Das wäre 3 x 6 = 666.

Auch die Strichcodes tragen angeblich die ominöse Zahl 666, nämlich in Form der immer links, mittig und rechts vorhandenen längeren Doppelstriche. Die Warenkennzeichnung und Zentralregistrierung sind nach diesen Befürchtungen nur ein »Übungsprogramm« für die spätere lückenlose Erfassung von Menschen, so sagen es zumindest die »Marienkinder« in ihren Warnungen.

»Der Vater des Computers ist das Tier. Es inspirierte (mit Gottes Zulassung, der unseren freien Willen respektiert) ungläubige Wissenschaftler, die Computertechnologie zu entwickeln. Der Computer ist das Hoffnungssymbol Nr. 1 für die globale Zukunft, die Menschen erkennen übereinstimmend seine universale Leistungsfähigkeit an. Der Computer gilt als Wegbereiter im Zeichen des Fortschritts. Hinwendung und bewundernde Anerkennung jedoch ist Anbetung, auch wenn sie gänzlich unbewusst und unbeabsichtigt ist. Diese weltweite Anbetung des Bildes des Tieres (Computerbildschirm) beschreibt die Apokalypse im 13. Kapitel. Ja, dem Tier wurde sodann noch weiteres genehmigt:

Und es wurde ihm gegeben, dem Bild des Tieres Lebensgeist zu verleihen, sodass das Bild des Tieres sogar redete …

Dieser Lebensgeist, wohlgemerkt, ist nicht der von Gott, sondern der des Tieres: es ist der lebendige Satansgeist. Im Gegensatz zu uns Menschen bedarf er [Satan] keines Körpers, um voll und ganz persönlich anwesend zu sein, denn er ist ein reines Geistwesen. Sein Geist durchdringt die Materie des Computers ebenso wie den Bereich der Dateninformation. So sitzt Ihnen das Tier als persönlicher Ansprechpartner in jedem PC gegenüber … Könnten unsere leiblichen Augen nur eine Sekunde lang sehen, mit wem man da am Computerbildschirm spricht und kommuniziert: Wir würden vor übergroßem Entsetzen über den Anblick augenblicklich tot umfallen. Wird aber diese Gefahr erkannt und die gegebene Warnung beherzigt, dann wird man fortan dem Computer gegenüber die richtige Distanz haben als Sicherheitsabstand: er wird behandelt als das, was er ist, nämlich eine Maschine (kein Freund, kein Kommunikationspartner). Wenn dieser geistige Abstand als Schutzmauer einmal errichtet ist, verringert sich die Gefahr wesentlich. …

Wir leben derzeit noch in der geistigen Vorläuferphase, wo Satan mit großen antichristlichen Geistesströmungen die Menschheit verführt, sich in den Höllenrachen des Tieres zu stürzen. Das ist das Zeitalter, das man ›Geistiger Antichrist‹ nennt. In vielen Schriften wurden wir seit langem vorbereitet, doch wachsam zu sein, wenn die Personennummerierung auf Stirn oder Hand staatlich eingeführt wird. Allerdings können wir nicht wissen, ob Gott diese Entwicklung schon jetzt bis auf die Spitze zulassen wird oder erst in der Letztzeit, beim Kommen des Antichrist in Person. Im Zeitalter des ›Geistigen Antichrist‹ braucht das Tier jedoch die Endstufe der körperlichen Nummerierung nicht. Es genügt ihm vollauf die geistige Sphäre des Menschen durch die Kommunikation am Computer. Sollte jedoch die persönliche körperliche Nummerierung Wirklichkeit werden, so darf man sie unter gar keinen Umständen anbringen lassen, denn sie zieht die unwiderrufliche Verdammnis nach sich.«

Soweit also die »Marienkinder« (siehe auch Hinweise zum 2. Kapitel im Anhang), die ihr und unser aller Heil in der Hinwendung an Maria sehen. Sie erwarten die geistige Wiederkunft Jesu Christi nach einem übernatürlichen Eingreifen Gottes bei einem Strafgericht oder einem Dritten Weltkrieg. Sie sehen die Morgenröte eines »Heilig-Geist-Zeitalters« am Weltenhimmel heraufziehen, eines tausendjährigen Friedensreichs, das vom »Monarchenpaar Christus und Maria« regiert wird. Von Christus und Maria sollen »Auserwählte« auch einen »Code« zu ihrer Rettung erhalten haben, in Form eines Gebetes: *»Bitte, Mutter Gottes, nur Du darfst durch mich denken, reden, handeln, beten, lieben und danken.«* Mehr über die Mutter Gottes, aus ganz anderer Sicht, im Abschnitt »Diana-Maria-Sophia«.

Zweifelsfrei bringt die moderne Computertechnologie dem Menschen und seinen Gesellschaftsformen ungeheure Quantensprünge des Fortschritts und ungeahnte Möglichkeiten des Eintritts in künstliche Welten. Allerdings ist das dann meist ein Universum ohne Gott, wie nicht nur die »Marienkinder« befürchten.

Hat sich der Computer nicht den gesamten Globus schon untertan gemacht? Wird künftig nicht bald jeder Mensch von Kindesbeinen an den Computer herangeführt? Bildet er nicht schon jetzt für viele, bald für die gesamte Weltbevölkerung die Grundlage jeglicher Existenz, ohne die »nichts mehr geht«? Ist die Computergesellschaft nicht ein moderner Neubau des Turmes zu Babel?

Es scheint übrigens gute Gründe dafür zu geben, dass im Islam gegenständliche Abbildungen von Personen, vor allem von Allah und vom Propheten Mohammed, verboten sind. Und vielerorts wehren sich sogenannte »Eingeborene« zu Recht davor, fotografiert und gefilmt zu werden. Ein Bild birgt Kraft, Macht über ein Bild vermag die dem Bilde innewohnenden Kräfte zu mobilisieren.

Das soll sich der umstrittene geistige Lehrer OSHO (der früher BHAGWAN SHRI RAJNEESH hieß) zunutze gemacht haben. Sein Bild, dass alle Anhänger als Teil der *Mala*, der Gebetskette, um den Hals trugen, diente als »Sender« und »Empfänger«. So konnte Osho eine energetische Verbindung aufrechterhalten, die seine Impulse übertrug, und ihm, so manche Kritiker Oshos, die Kraft seiner Anhänger zufließen ließ.

Wie muss man sich Verschwörungen eigentlich vorstellen?

Werden sinistre Komplotte zur Weltherrschaft von Mafiabossen à la Al Capone mit dunklen Brillen und dicken Zigarren in verrauchten Hinterzimmern geschmiedet? Oder finden unter den Augen einer (Schein-)Öffentlichkeit Konferenzen mit harmlos klingenden Namen statt, wie zum Beispiel die gemeinsame »Herbsttagung« des Internationalen Währungsfonds und der Weltbank im Spätseptember 2000 in Prag, die – so die Kritiker – der ökonomischen Globalisierung und damit in Wahrheit der Ausbeutung der Dritten Welt dienen?

Oder kommunizieren Magier der schwarzen Zunft auf telepathische Weise miteinander und stecken ihre Einflussbereiche ab? Treffen sich aufgestiegene Meister, Engel und Lichtwesen in den astralen Gefilden eines Shambhala oder in anderen Geisterwelten, um die Geschicke der Welt zu lenken?

In einer moderneren Version hat der virtuelle Raum des Internets vielleicht die Funktion des sehr viel schwieriger erreichbaren geistigen Raums der Telepathie und der Astralebenen übernommen. Wenn man an die vielen Inhalte denkt, die von Kinderpornografie und Aufrufen zum Umsturz über verwirrte oder bösartige rassistische Hasstiraden und geistige Brandstiftung bis hin zu Bastelanleitungen von Mordinstrumenten reichen, könnte man durchaus auf den Gedanken kommen, dass der bevorzugte »Ort« für Verschwörungen heutzutage das *world wide web* ist.

Verschwörungen finden praktisch auf allen Ebenen statt, intelligenter oder einfältiger, mehr oder minder offenkundig. Kartelle der Multis zur Aufteilung von Weltmärkten, zur Festlegung von Industriestandards und zu gemeinsamen Preisstrategien kann man durchaus als »Verschwörung« brandmarken. Dasselbe gilt für die Weberfamilie der Fugger, die vom 14. Jahrhundert an zum größten europäischen Handelshaus aufstieg und zeitweise einen bestimmenden, weil finanzstarken, Einfluss auf Kaiser und Reich gewann.

Je nach Bewusstseinsstufe sind die Motivkräfte Geld oder Ruhm, Lust oder Macht, magische Kräfte oder Seelenherrschaft. Je nach Ebene sind Menschen oder Systeme, Wünsche oder Gedanken, Geistwesen oder Dunkelmächte die Spießgesellen.

Beschränken wir uns in den folgenden Abschnitten auf sehr sichtbare und handfeste irdische Organisationen, denen immer wieder Verschwörungsabsichten unterstellt werden. Sehen wir uns zunächst also einige Gruppen näher an, denen nicht zu Unrecht nachgesagt wird, dass sie zumindest entscheidenden Einfluss auf den Weltlauf nehmen, wenn sie diesen nicht sogar beherrschen. Es sind, der Natur unserer Zeitgeschichte entsprechend, vor allem US-amerikanische Organisationen, weil sich das Zentrum der weltlichen Machtausübung spätestens ab dem Ersten Weltkrieg von Europa nach Nordamerika verschoben hatte. Auf die weniger greifbaren Kräfte, die eher mittelbar mental anstatt direkt materiell wirken, kommen wir später.

Bilderberg

JOHN J. McCLOY, früher Vorsitzender des *CFR* (*Council on Foreign Relations*, siehe weiter unten) und Vorstandsvorsitzender der Chase Manhattan Bank, benutzte seine Position als Koordinator für Information der US-Regierung, um eine Organisation aufzubauen, die später unter dem Namen OSS (*Office of Strategic Services* – Büro für strategische Dienste) bekannt wurde. Sie entstand ab 1941 und wurde zunächst von BILL DONOVAN geleitet. 1947 wurde das OSS durch ein »Gesetz zur Nationalen Sicherheit« (*National Security Act*) in eine neue Organisation übergeführt, die CIA hieß, eine neue Geheimdienstbehörde. Das Gesetz von 1947 erklärte, dass die Aktivitäten des CIA immun gegenüber allen Überprüfungen durch Zivil- und Strafgesetze sind. 1950 wurde General WALTER BEDEL SMITH Direktor des CIA. Das CIA half am Anfang der fünfziger Jahre, die sogenannten Bilderberg-Konferenzen ins Leben zu rufen und sie zu finanzieren und zu organisieren. In den USA geht man davon aus, dass das CIA hinter den Kulissen auch heute noch die Zusammensetzung der Bilderberggruppe bestimmt. PRINZ BERNARD der Niederlande amtierte als erster Vorsitzender, bis ihn ein Skandal 1974 zwang, von diesem Posten zurückzutreten. Der aus Polen stammende Philosoph und Philanthrop Dr. JOSEPH RETINGER wurde zum ersten Sekretär bestimmt und amtierte bis zu seinem Tod als solcher.

Diese oben genannten Personen organisierten Zusammenkünfte, welche als »Bilderberg-Konferenzen« zu umstrittener Bedeutung kamen.

Bilderberg-Konferenzen

Die Idee der Bilderberg-Konferenzen entstand in den frühen fünfziger Jahren. Nach dem Zweiten Weltkrieg war die Welt offensichtlich in zwei Machtblöcke gespalten, den Westen und den Osten. In westlichen Ländern spürten manche Machteliten die Notwendigkeit, enger zusammenzuarbeiten, ihre ethischen Werte und ihre demokratischen Institutionen zu definieren, zu festigen und zu verteidigen, um damit ihre Unabhängigkeit vor der kommunistischen Bedrohung zu sichern.

Der so genannte *Marshall-Plan*, im Wesentlichen von den USA vorfinanziert, um die westeuropäischen Länder, die vom Krieg zerstört darnieder lagen, wieder aufzubauen, und die Gründung der *NATO* sind öffentlich bekannte Beispiele für diese Bemühung, in Wirtschafts- und Militärfragen zu kooperieren.

Nun wollten jedoch einige Eliten auf beiden Seiten des Atlantiks auch solche führenden Vertreter der Ländern zusammenbringen, die keine Regierungsämter innehatten, um auf diese Weise die Ziele der Wirtschafts- und Militäreliten auch durch die Überzeugungsarbeit unter Meinungsführern anderer Bereiche zu stärken. Solche Treffen sollten ein gemeinsames Bild von der Weltlage ergeben, das »automatisch« zu einem parallelen Handeln führen würde, auch ohne sich jeweils über Einzelheiten abzustimmen.

Befürworter solcher Ansätze sehen darin eine völlig legitime und harmlose Absicht. Skeptiker mögen hier bereits den Beginn der Entwicklung einer »Neuen Weltordnung« und den Keim für eine weltumspannende Verschwörung zur Beherrschung von Kontinenten und Menschen sehen.

Wie dem auch sei: die erste dieser Konferenzen, die Amerikaner und Europäer zusammenbrachte, um die Weltlage zu diskutieren, fand vom 29. bis zum 31. Mai im Bilderberg Hotel in Oosterbeek in Holland statt, unter dem Vorsitz von Prinz Bernhard. Seither heißen diese Art von Treffen »Bilderberg-Konferenzen«, auch wenn sie an anderen Orten abgehalten werden, und die Teilnehmer nennt man kurz »Bilderberger«.

Bei diesen Treffen gibt es keine Abschlussdokumente, es werden keine Papiere zur Abstimmung vorgelegt, es werden keine Personen gewählt oder abgewählt. Die Konferenzen sind nicht-öffentlich; die Teilnehmer dürfen keine Referenten mitbringen; Presseverlautbarungen gibt es nicht.

Damit sind jeder Art von Spekulation natürlich Tür und Tor geöffnet. Denn einerseits nehmen hochrangigste Persönlichkeiten teil und andererseits wird angeblich nichts beschlossen. Einerseits sind die Treffen geheim und andererseits betreffen sowohl die Gründungsziele als auch die besprochenen Themen das Leben auf dem gesamten Globus.

»Die Bilderberger«

Der »Erfolg« von strategischen Treffen von Eliten hängt von dem Rang seiner Teilnehmer ab. Deshalb gehören die rund hundert von einem Büro in Den Haag Eingeladenen zu den führenden Persönlichkeiten aus Industrie, Handel, Finanzwesen, Gewerkschaften, Bildungswesen, kommen von Regierungen und vom Militär. Allesamt nehmen sie jedoch nicht als Funktionsträger teil – also nicht als Vertreter ihres Amtes als Vorstandsvorsitzender oder Minister oder General –, sondern als Privatpersonen. Damit werden ihre Redebeiträge *ex obligo* gestellt, sie spiegeln nicht die Meinung der Organisation wider, der die Teilnehmer vorstehen und sollen auch nicht auf diese zurückfallen können. Praktisch alle bedeutenden Politiker, Wirtschafts- und Gewerkschaftsführer, Wissenschaftler und Militärs aus Nordamerika und Westeuropa, die eine bestimmte konservative Grundeinstellung bewiesen und sich für den Erhalt von bestehenden Machtpositionen eingesetzt hatten, wurden im Verlauf der Jahre eingeladen. Könige und Königinnen, Kanzler und Premierminister, Präsidenten und Prinzen, Außenminister und Botschafter, Industrielle und Banker, Medienmogulen und schwerreiche Investoren gehören zum ausgewählten Teilnehmerkreis. Nur mit persönlicher Einladung erhält man Zutritt. Und obwohl die Presse nicht zugelassen ist und es auch keine Pressemit teilungen über Einzelheiten der Konferenzen gibt, werden immer wieder auch hochrangige und als vertrauenswürdig eingeschätzte Medienleute eingeladen, im Wesentlichen aus den USA. Allerdings werden ihre Namen Lesern in Westeuropa nicht unbedingt viel sagen: PETER JENNINGS, *ABC World News*; BILL MOYERS, früher Direktor des CFR (»Council on Foreign Relations«, ausführliche Behandlung weiter unten); WILLIAM F. BUCKLEY, Chefredakteur des *National Review;* HENRY ANATOLE GRUNWALD, früher Chefredakteur von *Time;* MORTIMER B. ZUCKERMAN, Chefredakteur von *US News & World Report*; ROBERT L. BARTLEY, Vizepräsident des *Wall Street Journal*; Katherine Graham, Verlegerin der *Washington Post*. Die meisten von ihnen sind auch Mitglied im CFR. Selbstverständlich berichten auch die eingeladenen Pressevertreter kein Wort über die Treffen.

Das amerikanische Informationsblatt *The Spotlight* geht davon aus, dass der Bilderberg-Kreis darüber beunruhigt ist, dass immer mehr Informationen über die Existenz, die Teilnehmer und die wechselnden Versammlungsorte an die Öffentlichkeit dringen. Vor allem weil aufgrund des Ranges der Teilnehmer und ihrer machtvollen Einflussmöglichkeiten jedem Beobachter klar wird, auch ohne irgendwelche weiteren Einzelheiten zu kennen, dass hier zumindest das Potenzial vorhanden wäre, strategische Kontrolle, wirtschaftliche Macht und faktische Weltbeherrschung unter sich aufzuteilen. *Spotlight* berichtet (oder behauptet), dass es die Bilderberg-Gruppe war, die den französischen Rechtsnationalen JEAN-MARIE LE PEN auf seinem Vormarsch zu mehr Macht in Frankreich aufhielt. Le Pen und seine *Front Nationale* hatte bekanntlich viele Wahlen mit Bravour absolviert, bis zu 15% der Stimmen erhalten und das Establishment nachhaltig verunsichert. Die Bilderberger fürchteten, so *Spotlight*, dass Le Pen und Nationalisten, die durch seine Wahlerfolge in Frankreich auch in anderen europäischen Ländern größere Wahlerfolge erzielen könnten, den »freien Welthandel« beschränken würden.

Da nationale Kräfte naturgemäß die Interessen ihrer Nation, ihrer Wirtschaftsräume und ihrer Unternehmungen, in den Vordergrund stellen, könnten die Absichten der multinationalen Konzerne, die keiner Nation, keiner Regierung und – so der Vorwurf –

auch keiner Moral verpflichtet sind, durch Nationalregierungen durchkreuzt werden, die sich einer Überflutung mit Auslandsprodukten entgegenstellen. Nationalisten würden die Ausbeutung ihrer heimischen Industrie und Landwirtschaft und Dienstleister durch global agierende Multis nicht einfach hinnehmen.

Ungeachtet dessen, wie man zu Le Pen stehen mag, können wir fast immer eine gehörige Portion von Heuchelei ausmachen, wenn nationale Kräfte von einer Presse, die fast »gleichgeschaltet« zu sein scheint, als »rechtsradikal« diffamiert werden. Da dem Verfasser der deutschsprachige Raum näher ist, ein Beispiel aus der jüngsten Vergangenheit zur politischen Heuchelei.

Denken wir an die Sanktionen gegen Österreich, weil dort eine rechtspopulistische *FPÖ* mit einem Parteivorsitzenden JÖRG HAIDER von rund 27% der Wähler in die Regierung gehievt wurde. Mit einem Mal sind alle Beteuerungen von Demokratie vergessen. Plötzlich sollen die Wähler nicht mehr das letzte Wort haben. Statt dessen zaubern vierzehn Regierungschefs eine abstrakte »Wertegemeinschaft« aus dem politischen Hut wie ein Zauberer ein weißes Kaninchen aus seinem schwarzen Zylinder zieht. Dass Österreich als Ganzes und die gewählte Regierung sowie alle staatlichen Organe selbstverständlich diesen Werten genügen, hat ihnen nichts genutzt. Statt dessen soll das in der Tat oft unüberlegte, dumpfe und in manchen Aussprüchen auch die Naziherrschaft verharmlosende oder verherrlichend klingende Gerede einiger Politiker dafür Rechtfertigung sein, ein ganzes Land, seine Bürger und seine Institutionen aus Europa auszugrenzen.

Während in Österreich sicher ab und zu dummes Zeug geredet wird, werden in Deutschland jüdische Friedhöfe entehrt, Grabsteine umgestoßen oder mit Hakenkreuzen beschmiert, fliegen Brandsätze in deutsche Asylbewerberheime und töten Menschen, jagen deutsche Skinheads Mitbürger schwarzer oder brauner Hautfarbe, schlagen sie zusammen oder ermorden sie gar brutal. In den ersten zehn Monaten haben die Polizeien der Länder über zehntausend (!) Delikte gegen Menschen und Sachen, gegen religiöse und ethnische Minderheiten registriert. Hat man aber je etwas davon gehört, Sanktionen gegen Deutschland zu beschließen? Während in Österreich sicher an manchem Stammtisch Unfug verzapft wird, hat die Republik Österreich mehr Bürgerkriegsflüchtlinge aus dem Ex-Jugoslawien aufgenommen, als jedes andere Land der Welt, gemessen an seiner Bevölkerung und Wirtschaftskraft. Während in Österreich die Aufarbeitung der Naziherrschaft und der österreichische Anteil daran zwar weder in den Köpfen noch in den Medien und in der Politik gründlich betrieben wurde, sah die spanische *Guardia Civil* vor der Jahrtausendwende tatenlos zu, wie tagelang Hunderte von Spaniern seit Jahren und Jahrzehnten legal in Spanien arbeitenden Marokkanern die Geschäfte zerschlagen, plündern und anzünden, wie Spanier diesen Mitbürgern nicht nur Hab und Gut vernichten, sondern ihnen auch nach Leib und Leben trachten. Während Österreich geschnitten wurde, der wundersam von der außerparlamentarischen Demonstrations-Opposition zum Super-Parlamentarier gewandelte grüne Außenminister FISCHER seiner gestandenen Kollegin nicht die Hand reichen mochte, waren er und der »Kanzler der Bosse« sich nicht zu schade, dem neuen russischen Präsidenten PUTIN förmlich zur Wahl zu gratulieren. Auch der englische Premier BLAIR säumte keine Stunde, Putin warmherzig die Hand zu schütteln. Einem Mann, der für Tausende realer Toter in Tschetschenien verantwortlich ist, kann man – da er eben mächtig ist – leicht die politische Freundschaft antragen; einem Kanzler SCHÜSSEL, der über keine Bataillone verfügt, muss die Ehre abgeschnitten werden. Eine löbliche Ausnahme bei diesem miesen Spiel machte der bayerische Ministerpräsident EDMUND STOIBER, der von Anfang an jede Ausgrenzung Österreichs verurteilt hatte. Es ist doch absurd, dass hier dumme *Worte* gegeißelt und sanktioniert werden, dort aber schlimme *Taten* unbeachtet oder ungesühnt bleiben sollen. In Dänemark und in den USA sind die Gesetze so, dass rassistische Hetzschriften, die Verwendung von Nazisymbolen und wirklich schlimme Internetseiten vom Recht auf »freie Meinungsäußerung« gedeckt sind. Trotzdem will man Österreich verbieten, sich eine frei und demokratisch gewählte Regierung zu geben? Weil sie möglicherweise nicht alles Euro-Blendwerk mitmacht? Weil Wien als Drehscheibe zum Osten vielleicht auf einer zu fairen Behandlung der neuen Beitrittskandidaten bestehen könnte?

Cui bono? Wem nützt eigentlich das gigantische europäische Täuschungsmanöver rund um die ÖVP-FPÖ-Regierung? Was verbirgt sich dahinter? Ablenkung von echten Problemen in Europa?

Ist Österreich ein willkommener kleiner Sündenbock, der für alle populistischen und nationalen Anwandlungen öffentlich ordentlich geschlagen werden muss, bevor anderswo in deutschen oder europäischen Landen Populisten und Nationale den Mut gewinnen, sich ebenfalls auf ihre eigenen Interessen zurückzubesinnen? Sollen alle Bestrebungen im Ansatz klein gemacht werden, welche die Kreise der Hochfinanz, der Globalisierer, der Multis, der Weltelite stören könnten? Denken wir an die genauso seltsame Episode, dass ein KURT WALDHEIM erst mit überwältigender Mehrheit von den Vereinten Nationen zum Generalsekretär gewählt wird. Man brauchte ihn, um zum Ausgleich weltpolitischer Kräfte beizutragen. Kaum wird er aber demokratisch zum Präsidenten der Republik Österreich gewählt, entdecken interessierte Kreise mit einem Male »braune Flecken« auf seiner Weste. Warum wurden sie denn vor der Wahl bei den Vereinten Nationen verschwiegen? Pure Heuchelei, purer Opportunismus, aber das Publikum merkt es nicht.

PETER D. SUTHERLAND, der Chef von *Goldman Sachs International*, hat, wie es in Aussagen von *Spotlight* heißt, zu einem »Globalisierungs-Gipfel« aufgerufen. *Goldman Sachs* ist eine der größten Investment-Banken der Welt. Ist das Interesse von weltweit operierenden Investment-Banken etwa, die eigenen Geschäfte zu verkleinern, regionalen Banken ein »Stück vom Kuchen« der Fusions- und Konzentrationswellen zu überlassen? Die treibende Kraft hinter der EU und dem Euro ist dieselbe, welche weltweit hinter der Globalisierungskampagne der Wirtschaft steht: Vertreter der »Neuen Weltordnung«, seien sie aus Wirtschaft oder Militär, aus Regierung oder Wissenschaft.

Der Verfasser dieses Buches erwähnt die Wissenschaft hier und anderswo ausdrücklich. Im Namen der »Freiheit der Forschung« im Bereich der Genforschung und der Biotechnologie gibt es offen verkündete Absichten, mit Embryos – also mit menschlichem Leben! – zu experimentieren und sogar Menschen zu klonen. Da manche Nationen sich diesen Wünschen (noch) widersetzen, muss ihr Widerstand durch den Anspruch, überall auf der Welt »frei« forschen zu dürfen, aufgeweicht werden. Dann kommen Arbeitsplätze ins Spiel, die angeblich riskiert werden, wenn das jeweilige

Land nicht mitmacht, um so die Zustimmung der Massen zu gewinnen. Die Rolle einer entfesselten Wissenschaft ist nicht genügend untersucht, und schon gar nicht ausreichend öffentlich diskutiert worden. Der Verfasser ist dabei weder technikfeindlich noch weltfremd. Aber warum sollte es nicht auch in der Wissenschaft eine demokratische Kontrolle darüber geben, ob wirklich alles, was machbar ist, auch gemacht werden darf?

In der schönen neuen Welt sollen supranationale Institutionen die globale Wirtschaft »managen«. Nationen, die allzu sehr an ihrer eigenen Identität hängen, sollen ihre Souveränität ganz oder zumindest teilweise abgeben. Dann sind wir nicht mehr sehr weit davon entfernt, dass eine Weltregierung irgendwo sitzt, die nichts weniger anstrebt, als jeden einzelnen Bürger zu kontrollieren.

(Quellen: *The Spotlight, Spotlight on the Bilderbergers' Irresponsible Power*, Juni 1975, S. 6; *Spotlight*, Volume 24,No.14, S. 3, April, 1999; Herausgeber von *Spotlight* ist Liberty Lobby, Inc., 300 Independence Ave., SE, Washington, DC 20003; Bilderberg-Adressen sind: USA: CHARLES W. MULLER, Telefon: +1-212-879-0545, American Friends of Bilderbergs, Inc., 477 Madison Ave., 6 th Floor, New York, NY 10022; Europa: MAJA BANCK-POLDERMAN, Telefon: +31 20 625 0252, Fax: +31 20 624 4299; Bilderberg-Treffen: Amstel 216, 1017 AJ Amsterdam, Niederlande.)

Eine Zwischenbemerkung über abstruse Verschwörungstheorien

Im Buch *The Secret Government* (Die geheime Regierung) schreibt Autor COOPER: *In der ganzen Geschichte haben Aliens (Außerirdische) die menschliche Rasse manipuliert und kontrolliert, durch verschiedene Geheimgesellschaften, Religionen, Satanskulte und okkulte Bewegungen. Das Hauptquartier der internationalen Verschwörung ist Genf, Schweiz. Das oberste Kontrollgremium besteht aus Vertretern der beteiligten Regierungen sowie aus Exekutiv-Mitgliedern der Gruppe, die als »Bilderburger« bekannt sind.*

Wohl begründete Bedenken gegen Motive und Handlungen von Gruppen, in deren Händen sich enorme Wirtschafts- und Informationsmacht konzentriert, werden durch leichtfertige verbale Verquickungen zwischen abstrakten Außerirdischen und Satanskulten mit konkreten handelnden Personen der Zeitgeschichte zusammen mit solchen abstrusen Theorien leider ebenfalls schnell unter den Teppich gekehrt. Dabei lohnt sich die ernsthafte Frage nach den Kräften, die hinter den Phänomenen stehen, schon aus ureigenstem Ich-Interesse, von humanitären Überlegungen ganz zu schweigen.

(Falls Leser mehr über wirklich wilde Verschwörungstheorien wissen wollen, finden sie sicher etwas in den Büchern von GARY ALLEN, *None Dare Call It Conspiracy;* WILLIAM BRAMLEY, *The Gods of Eden;* MILTON WILLIAM COOPER, *Behold a Pale Horse* und *The Secret Government;* über einen der Internet-Bücherdienste sind sie gewiss zu orten.)

Die Trilaterale Kommission

Unter den gut vierhundert »think tanks«, den »Denkfabriken« rund um den Globus, gehört die Trilaterale Kommission zu den einflussreichsten. Etwa dreihundert Mitglieder treffen sich einmal im Jahr, an wechselnden Orten. Nach ihren Treffen veröffentlicht die Kommission Dokumente über Themen und Ausführungen dazu. Der Bericht 1995 heißt zum Beispiel *Engaging Russia* (Russland beteiligen), der von 1996 hat als Überschrift *Maintaining Energy Security in a Global Context and to Globalization and Trilateral Labour Markets: Evidence and Implications* (etwa: Die globale Versorgung mit Energie sichern und zur Globalisierung und Trilateralen Arbeitsmärkten). Die Kommission hat drei ständige Büros in New York, Tokio und Paris. Maßgebliche Wirtschaftsführer stehen ihr vor. Wie kam es zur Gründung einer Organisation, die »trilateral«, also auf Nordamerika, Europa und Japan, ausgerichtet ist? 1973 bat DAVID ROCKEFELLER ZBIGNIEW BRZEZINSKI, den späteren Sicherheitsberater des Präsidenten JIMMY CARTER, eine Organisation der einflussreichsten politischen und industriellen Führer der Welt zusammenzustellen. Er nannte diese Organisation die *Trilateral Commission* (TC).

Mit Stand 1994 lässt sich zur TC feststellen: Die Europäische Gemeinschaft, Nordamerika (USA und Kanada) und Japan, also die drei damals (1973) wichtigsten demokratisch geführten Industriegebiete der Welt, bilden die drei Seiten der TC. Ihr gehören etwa 325 Mitglieder aus diesen drei Regionen an, herausragende Persönlichkeiten, die eine Vielzahl unterschiedlicher Führungsfunktionen innehaben. Zunächst war das Ziel der TC, in einer Hoch-Zeit des *Kalten Krieges*, der Gefahr globaler Zerstörung durch einen Atomkrieg und genereller Auseinandersetzungen zwischen den Regierungen, eine höchstrangige, inoffizielle Gruppe von Führungspersönlichkeiten zusammenzuführen, die Probleme betrachten, Lösungen vorschlagen und diese in ihrem Einflussbereich fördern sollten, welche die drei genannten Regionen betrafen. Europa und Japan sollten an der Entwicklung der politischen und kommerziellen Weltangelegenheiten einen stärkeren Anteil erhalten, weil die USA die internationale Szene nicht mehr allein würden dominieren können.

In den eigenen Worten der TC: ... *eine mehr geteilte Form von Führerschaft – die* (West-)*Europa und besonders Japan einschloss – würde für das internationale System benötigt, um durch die bedeutenden Herausforderungen der kommenden Jahre erfolgreich navigieren zu können. Diese* (damals bei der Gründung 1973 formulierten) *Absichten stellen weiterhin die Grundlage der Arbeit der Kommission dar. Der Aufstieg Japans und der Fortschritt der Europäischen Gemeinschaft in den letzten zwanzig Jahren – besonders im Bereich der Weltwirtschaft – haben die Vision der Gründer der Kommission bestätigt. Gleichzeitig verlangt das Ende des Kalten Krieges nach einer neuen Vision, was diese nach außen blickende Partnerschaft in den kommenden Jahren erreichen kann. Die Chancen sind beachtlich, und doch ist – mit dem willkommenen Ende der alten sowjetischen Bedrohung – ein Teil des ›Klebstoffs‹ aufgelöst, der unsere Regionen* (Nordamerika, Westeuropa, Japan) *zusammenhält. Dabei zu helfen, diese Herausforderung an die Führungsfähigkeit zu bestehen, ist im Herzen der Anstrengungen der Trilateralen Kommission. Die Gesamtkommission versammelt sich einmal im Jahr – 1992 in Lissabon, 1993 in Washington, 1994 in Tokio.«*

(Nach einer offiziellen Verlautbarung der TC vom März 1994; Zusätze in (...) vom Verfasser.)

Ist hier nicht der keineswegs verheimlichte Keim des Anspruchs ausdrücklich bestätigt worden, eine neue amerikanische, zumindest eine von den USA wesentlich bestimmte Weltordnung zu errichten, in der die USA die Führerschaft inne haben, und zu der

Westeuropa und Japan auch geladen werden, weil es aufgrund ihres wachsenden wirtschaftlichen Gewichts einfacher erscheint, sie in einer Junior-Position in gemeinsame Verpflichtungen einzubinden, als sie unabhängig sich entwickeln zu lassen oder gar gegen sie ankämpfen zu müssen? Hier eine kritische Sicht über die TC:

1970 sah ein junger polnischer Intellektueller namens Zbigniew Brzezinski den Aufstieg der Wirtschaftskraft Japans und Nachkriegseuropas voraus. Brzezinski idealisierte die Theorien von Karl Marx. In seinem Buch Between Two Ages *(Zwischen zwei Zeitaltern) sowie in folgenden Veröffentlichungen argumentierte er, dass sich eine Politik des Machtausgleichs (zwischen zwei Blöcken) überholt hätte, und dass es jetzt um die Politik einer Ordnung für die gesamte Welt ging. Die anfängliche Weltordnung sollte in der trilateralen Wirtschaftsverbindung zwischen Japan, Europa und den Vereinigten Staaten bestehen. David Rockefeller förderte Brzezinski finanziell und berief eine Organisation ein, Trilaterale Kommission genannt, mit Brzezinski als erstem Generalsekretär und Direktor.*

Die offiziellen Ziele der Trilateralen Kommission sind: Enge, trilaterale Zusammenarbeit, um Frieden zu bewahren, die Weltwirtschaft zu führen, die wirtschaftliche Wiederentwicklung zu fördern, und die Armut in der Welt zu lindern. Das wird die Chancen für die glatte und friedvolle Evolution des globalen Systems verbessern.«

Der Autor JAMES PERLOFF schreibt in *The Shadows of Power*, (*Die Schatten der Macht*), unter anderem: *Wie begann die TC? ... Ein Rat, in dem die Vereinigten Staaten, Westeuropa und Japan vertreten sind, mit regelmäßigen Treffen der Regierungshäupter sowie einer kleinen, festen Verwaltungsmaschinerie, wäre ein guter Start. Im selben Jahr führte Brzezinski diese Gedanken in seinem Buch* Between Two Ages *aus. Es zeigt Brzezinski als einen klassischen CFR-Mann* (CFR = Council of Foreign Relations, siehe weiter unten) – *einen Globalisten, der eher zum Kommunismus neigt.*

Er hat erklärt, dass ›nationale Souveränität nicht mehr länger eine lebensfähige Grundlage ist‹ und dass der ›Marxismus eine weitere vitale und schöpferische Stufe in der Entwicklung der universalen Vision des Menschen darstellt. Der Marxismus ist ein Sieg der äußeren, aktiven Menschen über den inneren, passiven und zugleich ein Sieg des Verstandes über den Glauben.‹

Die Trilaterale Kommission wurde 1973 förmlich gegründet und bestand aus Führungspersönlichkeiten aus Industrie, Bankwesen, Regierung und Massenmedien aus Nordamerika, Westeuropa und Japan. David Rockefeller war Gründungsvorsitzender, und Brzezinski Gründungsdirektor des nordamerikanischen Zweiges, dessen meiste Mitglieder auch im CFR saßen. Im Wall Street Journal *erklärte David Rockefeller, dass ›die Trilaterale Kommission eine Gruppe besorgter Bürger sei, die Interesse an besserem Verständnis und Zusammenarbeit unter internationalen Verbündeten hätten und dies unterstützten.‹*   (PERLOFF, The Shadows of Power, 1988, S.154ff)

Ganz so harmlos war (und ist) das aber nicht, wie unter zahlreichen anderen Publizisten auch JEREMIAH NOVAK im Journal *Atlantic* im Juli 1977 schrieb: *Der Schwerpunkt der Trilateralisten auf der internationalen Wirtschaft ist keineswegs selbstlos, denn die Ölkrise zwang viele Entwicklungsländer, Kredite im Übermaß aufzunehmen, bei zweifelhafter Fähigkeit zur Rückzahlung. Wenn man alles zusammennimmt, haben private multinationale Banken, allen voran Rockefellers Chase Manhattan, fast 52 Milliarden Dollar an Entwicklungsländer als Kredite vergeben. Ein neu verfasster IMF (International Monetary Fund = Internationaler Währungsfonds) würde für diese Nationen eine neue Kreditquelle darstellen, womit die großen Privatbanken vom Angelhaken freikämen. Dieser Vorschlag ist der Eckstein des Plans der Trilateralen Kommission. Senator BARRY GOLDWATER hat es weniger gnädig ausgedrückt. In seinem Buch* With No Apologies (Keine Entschuldigungen) *nannte er die Kommission ›David Rockefellers neueste internationale Kabale‹ und schrieb, ›Sie dient als Vehikel zur multinationalen Konsolidierung der industriellen Handels- und Bankinteressen, indem sie die Kontrolle über die politische Regierung der Vereinigten Staaten übernehmen.*«

Manche meinen, dass die Trilaterale Kommission eine Fortführung der Illuminatenbewegung sei, welche die Weltherrschaft anstrebe (dazu mehr weiter unten). *Auf jeden Fall scheint aber gesichert zu sein, dass sie eine machtvolle Lobby zur Förderung der internationalen Multis ist und dass sie den dazu notwendigen Einfluss auf die Politik, vor allem auf die amerikanische, erfolgreich gewonnen hat* (oder zumindest hatte). *Bald nach Gründung der TC wurde ein Trilateralist US-Präsident, Jimmy Carter.*

Amerikanische Quellen berichten übereinstimmend das Folgende.

1973 dinierte Carter mit dem Vorsitzenden des CFR, David Rockefeller, auf dessen Landsitz in Tarrytown, New York. Zbigniew Brzezinski war ebenfalls anwesend, der Rockefeller half, Kandidaten für die Trilaterale Kommission zu sichten. Brzezinski erzählte später PETER PRINGLE von der London Sunday Times, *dass »wir davon beeindruckt waren, dass Carter* (der damals Gouverneur des Bundesstaates Georgia war) *Handelsvertretungen für Georgia in Brüssel und Tokio eröffnet hatte. Das schien genau in das Konzept der Trilateralen hineinzupassen.*

Carter wurde ein Gründungsmitglied der Trilateralen Kommission – und das bestimmte sein weiteres Schicksal. Senator Barry Goldwater schreib in seinem oben erwähnten Buch außerdem:

David Rockefeller und Zbigniew Brzezinski stellten fest, dass Jimmy Carter ihr idealer Kandidat war. Sie halfen ihm, die Nominierung (der Demokratischen Partei) *und die Präsidentschaft* (bei den nationalen Wahlen) *zu gewinnen. Um ihr Ziel zu erreichen, mobilisierten sie die Geldmacht der Wall-Street-Bankiers, den intellektuellen Einfluss der akademischen Gemeinde – deren Forschungseinrichtungen am Tropf des Reichtums der großen Steuer befreiten Stiftungen hängen – und die Medienmachthaber, die alle im CFR und in der Trilateralen Kommission vertreten sind.*

Noch sieben Monate vor dem Nominierungsparteitag der Demokraten, stellte eine *Gallup*-Umfrage fest, dass weniger als vier Prozent der Demokraten für Carter als Präsidenten waren. Aber praktisch über Nacht wurde er zum Kandidaten. Darin liegt vielleicht die am deutlichsten sichtbare Macht einer Elite, die sich in der Art von Geheimbünden über ihre Interessen und Methoden zu deren

Durchsetzung abstimmt. Sie können fast jeden zum Präsidenten machen, sie können aber genauso fast jeden Kandidaten zerstören und verhindern. Carter wurde unterstützt und gewann, Goldwater, der bekannter und beliebter war – trotz seiner rechtspopulistischen Kantigkeit – verlor.

Gerade weil die TC, der CFR und der *Bohemian Club* (siehe weiter unten) scheinbar nicht geheim sind, gerade weil ihre Existenz nicht geleugnet wird und man sogar einiges über Mitglieder und Vorgänge erfährt, dienen sie womöglich als bester Deckmantel, um hinter den Kulissen andere, weitergehende Ziele zu verfolgen. Zu den Mitgliedern der TC gehören jetzige und frühere Präsidenten, Botschafter, Außenminister, Wall-Street-Investoren, internationale Bankiers und Industrielle, Vorsitzende großer Stiftungen und »Denkfabriken«, Vertreter aus *NATO* und *Pentagon*, Universitätspräsidenten und ausgesuchte Professoren, Senatoren, Medienkapitäne, Richter und einige weitere, einflussreiche Personen. Zu ihren jährlichen Treffen werden nur wenige Gäste eingeladen. Außer nichtssagenden Kommuniqués, die eher als philanthropisches Feigenblatt dienen, als dass sie Substanz enthielten, dringt nichts von den dort getroffenen Absprachen an die Öffentlichkeit. Eine ähnliche Mitgliederstruktur hat der CFR. Zu Recht sieht man in der TC sowie im CFR eine nicht demokratisch kontrollierte internationale »Schattenregierung«, die womöglich in dem Sinne nach der Weltmacht greift, als sie sich bemüht, Ziele und Strukturen der Entwicklung zu bestimmen sowie jene Organe und Funktionsträger zu fördern, die diesen dienen.

(Es gibt eine offizielle Adresse der TC:
The Trilateral Commission, US Headquarter,
345 East 46th Street, Suite 711, New York, NY 10017, USA;
weitere Informationen u.a. bei
www.jcie.or.jp/thinknet/tc/tc_contents.html.)

CFR

Was ist der nun bereits mehrfach genannte CFR, der Council on Foreign Relations, der *Rat für ausländische Angelegenheiten*? WINSTON LORD, früher stellvertretender Außenminister der USA, wird mit folgendem Ausspruch zitiert: *Nicht die Trilaterale Kommission beherrscht die Welt, das tut der Council on Foreign Relations.*

Der Jahresbericht des CFR für die Zeit vom 1. Juli 1993 bis zum 30. Juni 1994 stellt auf Seite 4 fest: *Der Council on Foreign Relations ist eine gemeinnützige und überparteiliche Mitgliederorganisation, die sich der Verbesserung des Verständnisses der US-Außenpolitik und der internationalen Angelegenheiten widmet durch den Austausch von Ideen. Der Rat für Ausländische Angelegenheiten wurde 1921, kurz nach Ende des I. Weltkriegs gegründet. Mehrere der amerikanischen Teilnehmer der Pariser Friedenskonferenz beschlossen, dass es an der Zeit war, dass mehr private amerikanische Bürger mit den wachsenden internationalen Verantwortlichkeiten und Verpflichtungen der Vereinigten Staaten vertraut werden sollten. Dieser Entschluss führte zur Gründung einer Organisation, die sich dem laufenden Studium der US-Außenpolitik zuwandte, sowohl zum Nutzen ihrer Mitglieder als auch eines größeren Publikums interessierter Amerikaner.*

Eine andere Deutung desselben Vorgangs gibt der amerikanische rechtskonservative Politiker und Fernsehevangelist PAT ROBERTSON:

Diese ausgewählte Versammlung ›weiser Männer‹ hat die Formulierung der Außenpolitik der Regierung der Vereinigten Staaten schon seit der Zeit vor dem Zweiten Weltkrieg wirksam beherrscht. Im CFR waren praktisch alle wichtigen Berater für nationale Sicherheit und Außenpolitik dieser Nation seit siebzig Jahren.

In der Regierungspolitik ist der Council on Foreign Relations und seine Publikation Foreign Affairs *der sichtbarste Ausdruck (der Macht) des Establishments. Von rund 2900 Mitgliedern sind mindestens 500 sehr mächtig, weitere fünfhundert stammen aus den Zentren der Macht, und der Rest übt Einfluss aus an Universitäten, in den Medien, im Wirtschaftsleben und Finanzwesen, im*

Militär oder in der Regierung. Einige wenige darunter sind Alibi-Konservative.

Im Urteil eines Mannes, der fünfzehn Jahre lang Mitglied war, Konteradmiral CHESTER WARD, früherer Oberster Richter der Navy von 1956 bis 1960, stellt sich der CFR so dar:

›Das Ziel, Abrüstung zu fördern und die Auflösung der Souveränität der USA und der nationalen Unabhängigkeit zugunsten einer allmächtigen Eine-Welt-Regierung ist das einzige Ziel, was etwa 95% der 1551 Mitglieder (so viel hatte der CFR 1975) *enthüllt wurde. Es gibt zwei weitere Absichten, die mit Hilfe des Einflusses des CFR gefördert werden, aber es ist unwahrscheinlich, dass mehr als 75 Mitglieder sie kennen, oder dass diese Absichten je schriftlich niedergelegt wurden.‹*

Diese (noch geheimeren) *Ziele des Establishment sind etwas eigenartig, und wir wollen sie detailliert behandeln. Im Kern steht der Glaube an die Überlegenheit der eigenen Fähigkeiten, eine Weltordnung zu bilden, in dem ein aufgeklärter Kapitalismus alle unterschiedlichen Währungen, Bank- und Kreditsysteme, Produktionsprozesse und -stätten sowie Rohstoffe in ein Ganzes zusammenführt, das von einer (Welt-)Regierung organisiert und natürlich von ihrer eigenen Weltarmee überwacht wird.*

(PAT ROBERTSON, The New World Order, Dallas,
Texas 1991, S. 66–67,97; zitiert nach www.4rie.com)

Halten wir kurz inne, bevor wir weitere Aussagen zitieren. Ein in den USA einflussreicher Mann, der sich als Aufklärer und Konservativer zugleich versteht, als Christ und als Politiker, benennt hier öffentlich – und sowohl nachvollziehbar als auch zumindest teilweise nachweisbar – das Streben einer Gruppe von Menschen nach Weltmacht. Aber es geht hier nicht um ideologisch verbrämten Rassismus, nicht um Vorherrschaft einer Religion, schon gar nicht um irgendwelche esoterischen Kulte oder okkulte Geheimgesellschaften, sondern schlicht um Geld! Es geht um die Vorherrschaft der Wirtschaftsinteressen vor allen anderen Anliegen, es geht um die Durchsetzung von Profitmaximierung gegen soziale, kulturelle oder religiöse Interessen, von nationalen ganz zu schweigen. Nicht perverse Außerirdische oder perfide Möchtegern-Übermenschen also wollen sich dieser Sichtweise zufolge zu Meistern der Welt aufschwingen, noch nicht einmal einzelne Bosse oder Bonzen. Sondern ein System soll die Welt beherrschen: Geld, Profit, Mammon. Natürlich »aufgeklärt«, sodass auch wir und unser Nachbar von nebenan eigentlich gar nichts dagegen einzuwenden hätten, nicht wahr? Denn wer könnte gegen mehr Wohlstand, mehr Arbeitsplätze, mehr Waren sein?

Was nützte es dem Menschen, wenn er die ganze Welt gewönne, aber nähme doch Schaden an seiner Seele? Der Verfasser betrachtet Pat Robertsons Darstellung nicht als Zukunftsangst, sondern als etwas, was jetzt bereits überall auf dem Globus stattfindet. Gerade, weil es hier nicht um einen einzelnen machthungrigen Diktator oder um eine kleine Gruppe von »Widerwärtlingen« geht, sondern um ein »anonymes« System, müssen wir fragen, welche Mächte dahinterstehen? Um es vorwegzunehmen: auch dieses Streben, die ganze Welt unter die Herrschaft des »aufgeklärten Kapitalismus« nicht etwa zu zwingen, sondern eher zu locken, fällt nicht zufällig vom Himmel und ist auch kein sozialdarwinistisches Evolutionsprodukt der Gesellschaft. Vielmehr stehen geistige Dunkelkräfte dahinter, die sich einiger handelnder Personen und des Charakters des menschlichen Gemüts bedienen. Mehr dazu im 4. Kapitel. Zurück zum CFR.

Der CFR hält regelmäßig Geheimtreffen mit seinen Mitgliedern und wenigen sehr ausgesuchten Gästen. Gelegentlich gibt es auch ein öffentliches Treffen, zu dem auch Presse, Radio und Fernsehen eingeladen sind, um den Eindruck zu erwecken, dass es sich beim CFR um eine harmlose Gruppe von Bürgern handelt, die sich um gesellschaftliche Fragen kümmern. So ist es auch nur verständlich, dass diese gelegentlichen öffentlichen Treffen, zusammen mit den Jahresberichten, in denen sogar die Mitglieder aufgelistet sind, erfolgreich verschleiern können, dass der CFR in Wirklichkeit eine sehr eigene Zielsetzung verfolgt und sie oft durchsetzt, was in keiner Weise demokratisch legitimiert ist.

Natürlich kann man zu Recht einwenden: Man kann doch nicht alle Zusammenschlüsse von Organisationen oder Vereinen verbieten, die sich auf die eine oder andere Weise um das Gemeinwohl kümmern. Man kann doch nicht dagegen sein – ohne das Recht zur freien Entfaltung des Einzelnen diktatorisch zu beschneiden –, dass sich Menschen in Interessensgruppen zusammentun und austauschen und diese Interessen auch verfolgen. Probleme beginnen aber spätestens dort, wo in Gruppen nicht nur über das eigene Leben und Schicksal diskutiert wird, sondern Leben und Schicksal von vielen Menschen, von ganzen Ländern und Kontinenten besprochen und bestimmt werden.

Welche Partei oder welche Gruppe würde im Zeitalter von Massenmedien und Internet, in unserer Ära der »instant communication«, wohl noch in ihre Statuten den Aufruf zum Umsturz der Regierung oder Gesellschaft schreiben, den Aufruf zum Rassenhass oder das Ziel von Kreuzzügen gegen Andersgläubige?

Geheimgesellschaften alten Stils sind längst überholt. Unter den Augen der – allerdings intellektuell benebelten und emotional benommenen – Öffentlichkeit ist längst ein Machtkampf um jene Werte entbrannt, die Körper und Seele der Menschen besetzen und gefügig machen sollen.

(Weitere Quelle: www.geocities.com/CapitolHill/2807;
das Hauptquartier des CFR ist The Pratt House, 58East
68th Street, New York, NY 10021.
Es befindet sich übrigens – das ist für amerikanische Kommentatoren
bedeutsam – gegenüber der russischen (früher sowjetischen) Botschaft.)

Im Buch *Das Anglo-amerikanische Establishment* beschreibt Dr. Carroll Quigley, wie der amerikanische CFR bereits vor über hundert Jahren in England einen konkreten Vorläufer gehabt habe: *An einem Winternachmittag in London im Februar 1891 waren drei Männer in ein ernstes Gespräch vertieft. Aus diesem Gespräch sollten sich Konsequenzen von größer Bedeutung für das Britische Empire und für die Welt als Ganzes ergeben. Denn diese Männer organisierten eine Geheimgesellschaft, die fünfzig Jahre hindurch zu einer der wichtigsten Kräfte bei der Formulierung und Realisierung der britischen Politik im Empire und in der Außenpolitik werden würde. Diese drei Männer waren in England bereits wohl bekannt. Das Oberhaupt war Cecil Rhodes, ein fantastisch reicher Industriegründer und die wichtigste Persönlichkeit im südlichen Afrika. Der zweite war William T. Stead, der berühmte Journalist, der in seinen Tagen wahrscheinlich auch der sensationslüsternste war. Der dritte Mann war Reginald Baliol Brett, der später als Lord Esher bekannt wurde, ein Freund und Vertrauter der Queen Victoria, und später der*

einflussreichste Berater von König Edward VII. und König George V.
... die drei arbeiteten einen Organisationsplan für eine Geheimgesell-
schaft aus und stellten eine Liste der Gründungsmitglieder zusam-
men. Der Plan sah einen inneren Kreis vor, der als »The Society of the
Elect« (Die Gesellschaft der Erwählten) *bezeichnet wurde, und einen*
äußeren Zirkel, der »The association of Helpers« (Die Gemeinschaft
der Helfer) *hieß. Innerhalb der »Society of the Elect« sollte die tat-*
sächliche Macht durch einen Führer und eine »Junta der Drei« ausge-
übt werden. Oberhaupt sollte Rhodes sein, in der Junta Stead, Brett
und Alfred Milner. In Übereinstimmung mit dieser Entscheidung
wurde Milner kurz darauf von Stead zur Gesellschaft hinzugebeten.
(Quelle: QUIGLEY, CARROLL (1910–1977), *The Anglo-American Establish-*
ment, From Rhodes to Cliveden, NY 1981, S. 3)

Quigley führt dann weiter aus, wie diese zunächst rein britische
Geheimgesellschaft als Vorbild für das amerikanische Pendant des
CFR Pate gestanden habe.

Eliten und ihre Ziele

Müssen wir nun bei jedem Mitglied irgendeiner Elite, bei jedem
Mitglied einer besonderen Gruppe, in der sich einflussreiche Menschen treffen, argwöhnen, dass er oder sie Übles im Schilde führe?
Selbstverständlich und sehr deutlich: Nein! Es gibt jedoch Model-
le, wie innere und äußere Zirkel »funktionieren«, die wir zumindest kennen sollten. Der Verfasser zitiert hier ein solches Modell,
dass der Schießscheibe der Bogenschützen nachempfunden ist.

Das Auge oder das Schwarze in der Mitte: Dort sind die wenigen Führer, die wirklich entscheiden und über alles im Zusammenhang mit der Globalisierung und ihren wahren Zielen umfassend
informiert sind. David Rockefeller soll zum Beispiel dazu gehören,
aber da es über diesen Punkt natürlich keine Pressemitteilungen
gibt, können Namen nur Spekulation bleiben – wenn auch durch
Interessenslagen fundierte.

Der innere Ring: Diese Gruppe besteht aus den jeweiligen Sek-
retären und Direktoren der drei Elitegruppen Bilderberg, TC und
CFR sowie aus Mitgliedern, welche allen dreien angehören. Sie

dürften zu etwa 90% über Ziele, Hintergründe und Maßnahmen der Globalisierungskampagne informiert werden und sind mit ganzer Kraft dabei.

Der mittlere Ring: Diese Gruppe besteht aus führenden Mitgliedern und Ausführenden sowie aus »einfachen« Mitgliedern, die in zwei Organisationen dabei sind. Sie mögen zu 80% informiert sein und bei der Globalisierungskampagne in mittlerem Umfang engagiert sein.

Der äußere Ring: Die Mitgliedschaft dieser Gruppe von Menschen dient nur der Verschleierung der wahren Absichten; oft gehören sie nur dem CFR an. Sie mögen vielleicht zu 50% oder noch weniger informiert sein. Ein Großteil dieser Mitglieder macht aus gesellschaftlichen Gründen oder zur Pflege ihres eigenen Egos mit. Vermutlich würden sie sofort von der Mitgliedschaft zurücktreten, wenn sie herausfänden, welche Ziele wirklich verfolgt werden. Ein Beispiel dafür wäre der Hollywood-Schauspieler DOUGLAS FAIRBANKS Jr., der vermutlich wirklich nur der Ausschmückung dient. Ein weiteres Mitglied des CFR, BEN J. WATTENBERG, hat am 29. August 1995 in einem Interview mit dem Regierungsfernsehnachrichtensender *C-Span* gesagt, *Ich bekenne mich schuldig, ein Mitglied des CFR zu sein, und zahle meine Mitgliedsbeiträge, nehme aber nie oder nur selten an deren Treffen teil.* Falls er die Wahrheit gesagt hat – und nicht lediglich die Anweisung des CFR befolgt hat, nichts über diese Organisation und ihre Treffen zu verlautbaren, würde er zum Beispiel zum äußeren Ring gehören.

(Nach www.4rie.com.)

Schauen wir uns noch zwei weitere amerikanischen Elitezirkel an, die als Nährboden für spätere Mitglieder von TC und CFR gelten, den *Bohemian Club* und die *Skulls & Bones Society*.

Der Bohemian Club

Am 2. August 1982 berichtete das amerikanische Nachrichtenmagazin *Newsweek*: *Im Bohemian Grove* (Böhmischer Hain), *75 Meilen nördlich von San Francisco, findet das prestigereichste Sommercamp der Welt statt. Das stark bewachte Retreat mit 2200 Acres* (ein acre entspricht 4000 Quadratmeter) *ist der Landsitz des ultra-ex-klusiven Bohemian Club, der nur männliche Mitglieder hat und dem jeder Republikanische Präsident seit HERBERT HOOVER angehört hat. Mit seinen mächtigen Mitgliedern, der gehüteten Abgeschieden-heit und kabbalistischen Ritualen hat der Bohemian Grove beacht-liche Verdächtigungen ausgelöst. ... Die wichtigsten Ereignisse sind die »Gespräche am See« (frühere Redner waren ALEXANDER HAIG, Nato-General, später in der US-Regierung, und CASPAR WEINBERGER, später US-Verteidigungsminister. In diesem Jahr spricht HENRY KISSINGER, US-Außenminister unter Präsident RICHARD NIXON, über »Die Herausforderungen der 80er-Jahre«.*

Ein anderes, kleineres Nachrichtenmagazin berichtete ein Jahr zu-vor bereits, am 23. März 1981: *Jeden Sommer, über drei Wochenen-den, kommen an die 2000 Bohemians mit Gästen per Auto oder Ge-schäftsflugzeug in ihren geschützten Hain, nahe beim Dörfchen Monte Rio (1200 Einwohner), am Russian River. Der Wahlspruch des Hains, ein Wort von Shakespeare, lautet:* Spinnen, die Netze knüpfen, kommen hier nicht her. *Diese Aufforderung, hier im Hain keine Geschäftemacherei zu betreiben, wird jedoch weithin igno-riert. Und während der Zusammenhalt der herrschenden Klasse da-für sorgt, dass selten etwas über die hier getroffenen Vereinbarungen an die Öffentlichkeit dringt, haben doch manche davon das Schick-sal Amerikas bestimmt – so die Übereinkunft zwischen RONALD REAGAN und Richard Nixon bei einem Glase, dass Reagan nicht ge-gen Nixon im Wahlkampf um das Präsidentenamt antreten würde.*

Der Bohemian Club wurde 1872 von fünf Journalisten *des San Francisco Examiner* gegründet, um Geselligkeit unter sich zu pfle-gen und dem Ansehen des Journalismus auf die Beine zu helfen (das offenbar auch vor mehr als hundert Jahren fragwürdig war). Bereits von 1878 an gehörten jedoch keine Journalisten diesem Club mehr an, und auch heute sind Reporter nicht zugelassen. Wirklich wichtige Industrielle, Politiker und Showleute, vor allem jene, die den Republikanern nahe stehen, und solche, die den Status quo der gesellschaftlichen Ordnung konservieren oder in ihrem Sinne weiter ausbauen wollen, sind Mitglieder dieser merkwürdi-gen Vereinigung.

ANTONY C. SUTTON, Redakteur des *Phoenix Letter*, eines monatlich erscheinenden Nachrichtenbriefes, schrieb in der Ausgabe vom Oktober 1996: *Bis vor wenigen Monaten hielten wir den Bohemian Grove für einen exklusiven elitären Zufluchtsort für vermeintlich erwachsene Geschäftemacher, alias Politiker aus Washington und sonstige Prominenz – alle männlich. Wir haben ihr Verhalten wie das von unreifen, sogar bedauernswerten, emotional gestörten Jugendlichen beiseite geschoben, nicht wert, weiter beachtet zu werden. Dort vergnügen sich Kissinger, FORD (der Präsident), Nixon, BECHTEL* (US-Industrieller mit weit verzweigten internationalen Interessen, der enge Verbindungen mit dem Weißen Haus pflegt – Außenminister Shultz war Bechtel-Direktor), *BUSH (der frühere Präsident), CHENEY* (früher Verteidigungsminister, zum Zeitpunkt dieser Niederschrift Kandidat für das Vizepräsidentenamt der Republikaner an der Seite von GEORGE BUSH, einem Sohn des früheren Präsidenten), *HOOVER* (der FBI-Chef) *und ihre Freunde, 2600 Mitglieder. Und wenn die sich wie kleine Jungen aufführen wollen, dürfen sie das – denn das Gelände ist Privateigentum.*

Kürzlich erhaltene Informationen können die Einschätzung, was im Böhmischen Hain vorgeht, radikal verändern [O'Brien and Phillips, TRANCE Formation of America (S. 170f)]. ... *Seit Jahrzehnten gab es vage Gerüchte über merkwürdige Vorgänge in den versteckteren Gebieten der 2200 Acre des Böhmischen Hains. Verlässliche Quellen berichten von druidischen Ritualen, von Prozessionen von Druiden in roten Kapuzenroben, welche die Große Eule (Moloch) ansingen. Auch ist die Rede von einem Scheiterhaufen, auf dem Leichen verbrannt werden.*

(Nach www.4rie.com, siehe Anhang; Zusätze in (...) vom Verfasser.)

Ein Artikel im Lokalblatt, in der *Santa Rosa Sun* im Juli 1993, hatte bereits berichtet, dass der »Kult von Kanaan« und die »Legende vom Moloch« im Böhmischen Hain gepflegt würden. In der Mitte der 80er-Jahre gab es sogar Gerüchte um ungeklärte Todesfälle. Weder die Ortspolizei noch die staatlichen Ermittler fanden irgendetwas heraus. Nach Angaben von ehemaligen Angestellten des Clubs gibt es im Hain geheime Örtlichkeiten, an die keine Außenstehenden gelangen. Dazu gehören eine *Underground Lounge*, also ein

unterirdischer Aufenthaltsraum, der angeblich *UN*derground geschrieben wird – um damit auf die UN, die Vereinten Nationen an-
zuspielen, ein *Schwarzraum*, ein *Lederraum* und ein *Nekrophilien-
raum*. Manche Beobachter gehen so weit zu vermuten, dass die kul-
tischen Handlungen auf antike Opferrituale zurückgehen, die auch
heute noch entweder in symbolischer oder sogar in tatsächlicher
Form ausgeübt würden. Auch Versuche zur Programmierung von
Menschen würden dort unternommen.

(Nach Phoenix Letter, erhältlich über: Phoenix Letter,
Suite 216 C, 1517 14th St. West, Billings, MT 59102, USA)

Die Skull & Bones Society

In *America's Secret Establishment* (Amerikas geheimes Establishment) schreibt Antony C. Sutton über diese merkwürdige Gruppe:
»Die dazu gehören, kennen sie unter dem Namen *Der Orden*.
Andere kennen sie seit mehr als 150 Jahren als Kapitel 322 einer
deutschen Geheimgesellschaft. Offiziell wurde *Der Orden* aus le-
galen Gründen 1856 als ›The Russell Trust‹ eingetragen. Er war
einmal auch als die ›Bruderschaft des Todes‹ bekannt. Jene, die das
leicht nehmen oder sich darüber lustig machen wollen, nennen diese Gruppe ›Skull & Bones‹ (Schädel und Knochen) oder einfach
›Bones‹. Das amerikanische Kapitel dieses deutschen Ordens wurde 1833 an der Yale-Universität gegründet von General William
Huntington Russell und Alphonso Taft, der in der Regierung von
(US-Präsident) Grant Kriegsminister wurde. Alphonso Taft war
der Vater von William Howard Taft, dem einzigen Mann, der sowohl Präsident der USA sowie Oberster Verfassungsrichter war.
Dieser Orden ist mehr als nur noch eine Studentenschaft mit griechischen Buchstabenkürzeln, wie sie mit ihren (geheimen) Lo-
sungsworten und speziellen Formen, sich die Hände zu geben, an
den (amerikanischen) Universitäten allgemein verbreitet sind. Kapitel 322 ist eine Geheimgesellschaft, deren Mitglieder auf Stillschweigen eingeschworen sind. Es gibt sie nur, soweit wir wissen,
auf dem Campus der Universität Yale. Sie besitzt Regeln. Sie vollzieht zeremonielle Riten. Sie ist über neugierige, nachforschende
Bürger überhaupt nicht glücklich, die von Mitgliedern ›Außensei-

ter‹ oder ›Vandalen‹ genannt werden. Ihre Mitglieder streiten die Mitgliedschaft immer ab – oder sollten es zumindest tun: als wir Hunderte von autobiografischen Einträgen durchforstet haben, fanden wir nur ein halbes Dutzend von Menschen, die eine Zugehörigkeit zu Skull & Bones vermerkt hatten. Der Rest bewahrte Stillschweigen darüber. Es wäre interessant zu erfahren, ob die vielen Angehörigen der verschiedenen US-Regierungen, die Mitglieder sind, dies bei den biografischen Angaben vermerkt haben, welche sie dem FBI für die (in den USA für Mitglieder von Regierungsstellen gesetzlich vorgeschriebenen) Unbedenklichkeitsprüfungen geliefert haben. ...

Vor allem ist *Der Orden* mächtig, unglaublich mächtig. Wenn der Leser geduldig genug ist, die zusammengetragenen überwältigenden Beweise zu überdenken, wird seine Weltsicht zweifellos plötzlich sehr klar, fast Schrecken erregend deutlich. Es ist eine Gesellschaft für Studenten im letzten Studienjahr, die im Jahr zuvor ausgewählt werden und nur noch ein Jahr mit Skull & Bones auf dem Campus verbringen. Die Organisation ist also darauf ausgerichtet, (von der Universität) in die Außenwelt zu graduieren. *Der Orden* – nur Männer zugelassen – trifft sich einmal jährlich auf dem *Deer Island* im *St. Lawrence River*. Es gibt noch zwei Studentenschaften nur für jene im letzten Studienjahr, *Scroll & Key* und *Wolf's Head* (Schriftrolle & Schlüssel und Wolfskopf), die angeblich als Konkurrenzgesellschaften in der Mitte des 19. Jahrhunderts gegründet wurden. Wir glauben, dass sie Teil desselben Netzwerks sind. Rosenbaum kommentierte in seinem Artikel im (amerikanischen Magazin) *Esquire* zu Recht, dass jeder aus dem liberalen Establishment der Ostküste, der nicht Mitglied bei Skull & Bones ist, fast sicher Mitglied entweder bei Scroll & Key oder bei Wolf's Head ist. ...

Die Auswahlprozedur für neue Mitglieder *des Ordens* hat sich seit 1832 nicht verändert. Jedes Jahr werden genau fünfzehn ausgewählt, nicht mehr und nicht weniger. In den vergangenen 150 Jahren sind 2500 *Yale Graduates* (die ihr Studium in Yale abgeschlossen haben) in *den Orden* eingeweiht worden. Damit sind jeweils etwa 500 bis 600 gleichzeitig am Leben und aktiv. Ungefähr ein Viertel davon übt eine aktive Rolle dabei aus, die Ziele *des Ordens* zu fördern. Die anderen verlieren entweder das Interesse daran oder ändern ihre Meinung. Es handelt sich bei ihnen um ›stille Austritte‹. …

Die aussichtsreichsten Kandidaten zur Aufnahme sind Angehörige aus einer Familie mit Bones-Mitgliedern, die energisch sind, gut vernetzt, politisch interessiert und wahrscheinlich amoralische Teamplayer. …

Ehren und finanzielle Erfolge werden durch die Macht *des Ordens* garantiert. Der Preis für Ehren und Erfolge ist Opfer für das gemeinsame Ziel, das Ziel *des Ordens*. Manche, vielleicht sogar viele, waren nicht willens, diesen Preis zu zahlen. Zu den alteingesessenen Familien Amerikas, die mit Skull & Bones zu tun hatten und haben, zählen Namen wie: Whitney, Perkins, Stimson, Taft, Wadsworth, Gilman, Payne, Davidson, Pillsbury, Sloane, Weyerhaeuser, Harriman, Rockefeller, Lord, Brown, Bundy, Bush und Phelps [Namen, die Menschen aus Wirtschaft und Politik der USA wohl bekannt sind, auch wenn sie uns in Europa wenig sagen mögen].«
(Nach copyright-freien Zitaten aus *American Secret Establishment* von ANTONY C. SUTTON auf www.4rie.com, siehe auch Anhang, Buch über diese Website erhältlich oder zum Beispiel über www.amazon.com.)

Fassen wir zusammen: Die Bilderberger und die Trilaterale Kommission sind internationale Gesellschaften, die sich harmlos und lichtvoll klingende Ziele gesteckt haben, hinter denen sich jedoch – wie Kritiker meinen – dunkle Absichten verbergen. Sie verfolgen eine bessere Zusammenarbeit zwischen Nordamerika, Westeuropa und Japan, sie wollen die Wirtschaft verbessern und meinen, auf diesem Wege auch etwas für die Menschen zu tun. Dass sie solche und ähnliche Ziele nur erreichen, wenn sie und nur sie es sind, welche die Strukturen der globalen Wirtschaft festlegen, die Wirtschaftskreisläufe definieren und die Finanzmittel kontrollieren, sagen sie natürlich nicht. Aber genau daraus ergibt sich ja die Kritik, dass die hehren Ziele nur eine geschönte Version des Griffs nach der absoluten Herrschaft über Länder und ihre Industrien und Warenströme darstellen. Und dieser Griff nach Macht bedeutet gleichzeitig – wenn er erfolgreich sein soll –, dass die Menschen und ihre Entscheidungen offen oder versteckt beherrscht werden (müssen). Vielleicht will eine Mehrheit aber gar nicht mehr Wirtschaft, mehr

»Fortschritt« und »Wohlstand«, mehr Aktienkurse im Radio und mehr Werbewurfsendungen für immer neue Produkte der »Turbo-Internet-Economy«. Vielleicht will zumindest eine genügend große Minderheit statt dessen mehr wirkliche Freiheit und Muße, ein leidliches Auskommen und Menschlichkeit, niveauvolle Kultur und Geist?!

Beide, die *Bilderberger* und die *Trilaterale Kommission*, sind in der informierten Öffentlichkeit durchaus bekannt und deshalb auch nicht auf Anhieb weder als »verschworene Gemeinschaft« erkennbar noch gar als der »Verschwörung« verdächtigt. Die Bilderberger-Gruppe gibt immerhin Nichtamerikanern weltweit die Chance, sich so zu fühlen, als ob sie »dazugehören« – solange sie sich dem Ziel der Globalisierung (und damit der Vereinheitlichung) der Welt verschreiben.

Die Trilaterale Kommission ist schon wählerischer und akzeptiert nur Führungspersönlichkeiten aus den Industrieländern. Eine neuere Befürchtung von Kritikern beider Organisationen lautet, dass sie gerade dabei seien, unter dem Deckmantel der Globalisierung auch die Vereinten Nationen von innen her »aufzurollen«.

Der *Council on Foreign Relations* ist eine praktisch rein amerikanische Vereinigung, welche die Außen- und heutzutage naturgemäß damit auch die Wirtschaftspolitik der einzigen Weltmacht formuliert und durchsetzt.

Der CFR ist damit Teil eines dicht geknüpften Herrschaftsnetzes, welches angeblich nur der besseren Verständigung, der »Kommunikation« dient. Seine wahren Absichten – die Durchsetzung amerikanischer Vorherrschaft auf dem Gebiet von Politik, Militär, Wirtschaft und Zeitgeist – gibt er nicht öffentlich preis.

Im Hintergrund und als »Unterfutter« für die Trilaterale Kommission und vor allem für den Council können der Bohemian Club und die Skulls & Bones-Gesellschaft gelten. Sie bringen im Namen der Einflussnahme auf die amerikanische Politik und die Vorherrschaft der USA in der Welt bereits wohl etablierte Einflusträger (Bohemian Club) sowie viel versprechende studentische Hoffnungsträger (Skulls & Bones) zusammen.

Internationaler Währungsfonds und Weltbank, die während diese Zeilen geschrieben werden, im September 2000, gerade in

Prag ihre umstrittene und von Demonstrationen gegen die ökono-mische Globalisierung bedrängte gemeinsame Sitzung abhalten, sind zwei der bekanntesten »Arme« oder »Hände«, um die von der Trilateralen Kommission, der Bilderberggruppe und dem Council getroffenen Entscheidungen in allen Ländern umzusetzen. Natür-lich würde jederzeit offiziell bestritten werden, dass Währungs-fonds und Weltbank Befehlsempfänger und Vollstrecker geheimer Absprachen hinter den Kulissen wären.

Sind die oben genannten Gesellschaften, die sicher weltweit zu den mächtigsten zählen, obwohl es unzählige mehr oder weniger gehei-me Gesellschaften daneben gibt – nun »das Ende der Fahnenstan-ge«? Keineswegs. Sie alle haben Vorbilder und sind erklärte oder inhaltliche Nachfahren anderer Gruppen. Zumindest in ihrem geistigen Hintergrund wirken jedoch noch ganz andere Kräfte. Ei-nigen von ihnen wollen wir uns im nächsten Kapitel widmen.

3. Kapitel
Illuminaten und Asuras

Sichtbare und unsichtbare Kräfte hinter Verschwörungen
von Dunkelmächten. Mit einigen klärenden Hinweisen über
das Freimaurertum.

Die niederen Götter (gemeint sind Dämonen)
waren die Herrscher des Zeitalters, und Männer (sowie Frauen),
*die wußten, wie man sie anruft, konnten ihre Hilfe
für alle möglichen Zwecke erlangen.
Die Götter konnten Menschen an sich ziehen,
die Wunder vollbrachten, um viele zu täuschen.*

MORTON SMITH (aus *Jesus – The Magician*,
zitiert nach RAPPOPORT, S. 190)

Illuminaten

Betrachten wir eine große Gruppe von Menschen, die mindestens seit zweihundert Jahren als Drahtzieher von Weltverschwörungen zur Erlangung möglichst absoluter und natürlich geheimer Macht gelten: die Illuminaten. In amerikanischen Untersuchungen heißen sie übrigens – ihrer Herkunft entsprechend – »bayerische Illuminaten«. Während die später behandelten Asuras wenig fassbar und eher den mythischen oder astralen Ebenen zuzuordnen sind – die allerdings auch sehr machtvoll wirken können –, können wir bei den Illuminaten greifbare Fakten und historisch überprüfbare Daten vorlegen.

Stellen wir zu Beginn das Offensichtliche fest: Selbstverständlich gibt es heute keine Gruppe (mehr, oder zumindest noch nicht wieder), die sich offiziell »Illuminaten« nennt. Der Begriff bedeutet »die Erleuchteten«. Über den Gründer des Illuminatenordens und seine Schöpfung kann man ganz nüchtern zunächst einmal die folgenden Tatsachen rekapitulieren.

Am 6. Februar 1748 wurde in Ingolstadt Adam Weishaupt geboren. 1772 erhielt er eine außerordentliche Professur der Rechte, 1775 die Professur des »Natur- und kanonischen Rechts«. Vorher war diese Professur immer mit Klerikern besetzt worden. Weishaupt, ehedem ein Zögling der Jesuiten, betrachtete die Bigotterie in der Kirche und bei den Jesuiten höchst kritisch, bildete eine antiklerikale Partei an der Universität, wurde nach Aufhebung des Ordens zum Gegner der Kirche allgemein und der Jesuiten speziell. Diese Faktoren führten natürlich dazu, dass die Geistlichkeit ihn stark anfeindete.

Miers schreibt über ihn:

Weishaupt trat mit anderen Geistesverwandten in Verbindung und suchte sie für ein Ideal der Ausbildung der Menschen zu reiner Sittlichkeit empfänglich zu machen. Sein Hörsaal wurde die Pflanzschule des Kosmopolitismus, für dessen Pflege er den Illuminatenorden stiftete. (MIERS, S. 428)

Die Gründung erfolgte am 1. Mai 1776. Da Anhänger selten blieben, wurde dem Orden das Mäntelchen der »wahren« Freimaurerei umgehängt, die damals vor allem die gebildeteren Menschen stark faszinierte. Weishaupt wurde erst nach Gründung seines Ordens 1777 in München in die Freimaurer-Loge »Theodor zum guten Rath« aufgenommen.

In seinen Ideen zum »Kosmopolitismus« sehen manche einen geistigen Vorläufer der Globalisierung. Daraus sollen sich später nicht nur humanistische Ideale weiterentwickelt haben, sondern auch die rein materialistische Ausdrucksform dieses Gedankens, die technische und wirtschaftliche Beherrschung der ganzen, vereinheitlichten Erde. Ob Weishaupts Motive redlich waren oder nicht, bleibt laut Miers umstritten. Unstrittig ist jedoch sein Organisationsschema, aus dem sich der Ansatz eines Strebens nach Macht zweifelsfrei ablesen lässt:

Ich habe zwey unmittelbar unter mir, welchen ich meinen ganzen Geist einhauche, und von diesen zweyen hat wieder jeder zwey andere, und so fort. Auf diese Art kann ich auf die einfachste Art tausend Menschen in Bewegung und Flammen setzen. Und auf diese Art muss man die Ordres ertheilen, und im Politischen operieren.
(Quelle: Faksimile-Abdruck bei MIERS, S. 206f)

Ursprünglich nannte Weishaupt seinen Orden die »Perfectibilisten«, und baute ihn auf Prinzipien auf, die er während seiner jesuitischen Ausbildung erfahren hatte. Sein Ziel war erklärtermaßen, durch gegenseitigen Beistand seiner Mitglieder den höchstmöglichen Grad an Moral und Tugend zu erreichen und das Fundament für die Reformation der Welt zu legen durch Zusammenschluss von Menschen guten Willens, die sich dem Fortschreiten des moralisch Bösen entgegensetzten.

Zu den Gründungsmitgliedern zählten Professor Adam Weishaupt, Baron Adolph von Knigge, der Richter Zwack, der Buchhändler Nicolai, Professor Westenrieder, Kanonikus Hertel, Baron von Bassus, Bürgermeister Dietrich, Rechtsanwalt Bode, Baron von Bussche. Als Mitglieder und/oder Gründer werden in der Literatur auch der geheimnisumwitterte Graf von Saint Germain, der Herzog de Constanzo, Herzog Ferdinand von Braunschweig sowie Herzog Ernst von Gotha genannt. Zu einer späteren Zeit waren auch hohe Adlige, sogar Mitglieder von Herrscherhäusern, sowie berühmte Dichter und Künstler Mitglieder sowohl in Freimaurerlogen als auch bei den Illuminaten. Der deutsche Nationaldichter Johann Wolfgang von Goethe ist hier zum Beispiel zu nennen und der geniale Komponist Wolfgang Amadeus Mozart.

Mozart: Freimaurer und Illuminat

Dieser wurde am 14. Dezember 1784 zunächst in die Freimaurer-Loge »Zur Wohltätigkeit« aufgenommen und erlangte wenig später einen hohen Meistergrad. Die »Rede bey der Aufnahme der Herren ** und M....t« begann mit den Worten:

Heilig sey dir dieser Tag, o Menschheit. Es haben sich zu Beförderung deines Wohls zwey Glieder an die groß Maurerkette angeschlossen; an der Stuffe des feyerlichen Altars zween deiner Söhne den unverbrüchlichen Eyd abgelegt, mit uns vereint, sich ganz der Tugend und Weisheit zu weihn! – Welche selige Ahnungen erfüllen meinen Geist! Welche süße, welche trostreichen Verheißungen!

Mozart nahm auch an den Zusammenkünften der Loge »Zur wahren Eintracht« teil und stellte seine musikalische Gaben in den Dienst beider Logen. Zur Einweihung neuer Mitglieder komponierte er »Gesellenreise« (KV468) und zu Ehren von Ignaz von Born, der die Funktion eines Groß-Sekretärs der österreichischen Logen bekleidete, schrieb er »Die Maurerfreude« (KV471). Weitere Musikstücke, die ausdrücklich für die Freimaurerbewegung geschrieben wurden, sind: »Maurerische Trauermusik« (KV477, 479a), »Dir, Seele des Weltalls« (KV429/468a), »Die ihr des unermeßlichen Weltalls Schöpfer ehrt« (KV619), »Kleine Freimaurer-Kantate: Laut verkünde unsre Freude« (KV623).

Mozart galt in seiner Zeit durch seine aktive Beteiligung an der Logenarbeit und sein musikalisches Genie, durch seine »brüderliche Liebe« und »Wohltätigkeit« als einer der hervorragendsten Freimaurer. Die Loge »Zur neugekrönten Hoffnung« (zu der er dann gehörte) schrieb nach seinem Tod, »Halb Europa verehrte ihn, die Großen nannten ihn ihren Liebling, und wir – wir nannten ihn unserer Bruder«.

Da die Wiener Logen zum überwiegenden Teil von Illuminaten gebildet und geführt wurden, wie MAYNARD SOLOMON im Einzelnen schildert, bezeichnet er Mozart als Freimaurer *und* Illuminat. Im 21. Kapitel seiner außerordentlichen Mozart-Biographie weist er auf die Vernetzung zwischen Illuminaten und Freimaurern hin. Auch andere Forscher gehen davon aus, dass Mozart Illuminat war (was immer das für ihn persönlich bedeutet haben mag).

Ob er auch zu anderen Geheimgesellschaften und Orden gehörte, ist nicht zweifelsfrei belegt. Zumindest pflegte er den persönlichen Kontakt zu den »Asiatischen Brüdern« und den »Rosenkreuzern«, zu denen übrigens auch der preußische König Friedrich Wilhelm II. zählte. Solomon zitiert Frances Yates mit einer Aussage über die Rosenkreuzer, die so sicher für fast alle Geheimorden stimmt: »Die normale Praxis der Rosenkreuzer war, dass sie sagten, dass sie selbst keine Rosenkreuzer waren und auch nie jemals welche gesehen hätten.« Nach Auskunft seiner Frau Constanze an seine Verleger Breitkopf&Härtel wollte Mozart übrigens eine neue, eigene, noch geheimere Loge namens »Die Grotte« gründen.

Solomon widmet der Verbindung Mozarts mit den Logen zu Recht ein ganzes Kapitel. Da die Illuminaten in Bayern ab 1785 verboten wurden, wegen angeblich staats- und christenfeindlicher Umtriebe, musste auch in Wien etwas geschehen. Kaiser Joseph II. erließ am 11. Dezember 1785 das »Freimaurerpatent«, das aus acht Wiener Logen zwei machte, die Logen der herrscherlichen Kontrolle unterstellte, die Mitgliedszahlen einschränkte, die Mitgliedslisten dem Staat öffnete, und sogar neue Logenmeister staatlich einsetzen ließ.

Was als Vorstufe der Unterdrückung und vielleicht sogar Auslöschung gemeint war, vermochte seine volle Wirkung nicht zu entfalten. Denn da zumindest die Wiener Logen eng mit der kaiserlichen Hofgesellschaft, mit führenden Adelshäusern, Kaufleuten und angesehenen Bürgern verbunden waren, hätte ein komplettes Verbot zu größten politischen Problemen geführt.

Der Erlass diente einer Partei innerhalb der Logen sogar als Hebel, um eine andere auszuschalten und wurde auch von Freimaurern ausdrücklich willkommen geheißen. Der Illuminat und spätere Jakobiner Aloys Blumauer schrieb ein Gedicht mit dem Titel

»Joseph der Zweyte, Beschützer des Freymaurerordens«, in dem er den Erlass verteidigte.

Solomon schreibt über den kaiserlichen Erlass:

... da die führenden Wiener Illuminaten in intellektuellen und Freimaurerkreisen hoch geschätzt wurden, (und sogar) weithin bekannt gemachten Respekt als Alliierte von Kaiser Joseph gewonnen hatten, und Machtpositionen in jeder Sphäre des Habsburger Lebens besetzten, wurde der Orden – und der rationalistische Flügel der Freimaurer allgemein – als ein potenzielles alternatives Machtzentrum wahrgenommen, oder sogar als Staat im Staate. Die Wirkung des Erlasses bestand darin, aus Freimaurer-Logen quasi offizielle kaiserliche Logen zu machen, ein innerer Widerspruch für eine Bewegung, die sich der Gedankenfreiheit verschrieben hatte, für eine Geheimgesellschaft um so mehr. Es stellte natürlich auch einen Widerspruch in sich dar, dass eine kaiserliche Regierung, und sei sie noch so aufgeklärt, auf die Dauer in ihrer Mitte Geheimorganisationen tolerieren sollte, die der Verschwörung fähig wären.

(Quelle: MAYNARD SOLOMON,
Mozart – A Life, New York 1995, S. 321)

Halten wir fest: Der Illuminatenorden entstand zwar später als die Freimaurerei. Er war aber zeitweise in der Lage, zahlreiche europäische Logen zu durchsetzen. Zahlreiche Mitglieder der herrschenden Kreise gehörten der einen oder anderen Geheimgesellschaft an. In den meisten Fällen werden es vermutlich eher Themen der geistigen Aufklärung und des sozialen Humanismus gewesen sein, welche die Gemüter beschäftigten. Es ist jedoch nicht auszuschließen, dass hier zumindest Grundsteine für die Durchdringung staatlicher Stellen seitens eines Ordens gelegt wurden, so wie es Weishaupt in seinem Organisationsschema *Ich habe zwey unmittelbar unter mir ...* darlegte. Die Tatsache, dass Kaiser Joseph weder Illuminaten noch Freimaurer ganz verbieten konnte, sondern sie nur einer direkteren Kontrolle unterstellen konnte, mutet seltsam an. Könnte es sein, dass die Übernahme von Teilen der Strukturen von Geheimgesellschaften und zahlreichen ihrer Mitglieder in den Staat nicht Mittel der Disziplinierung war, sondern umgekehrt Ausgangspunkt für eine »stille Missionierung«, die nun sogar amtlich geduldet wurde?

Hier einige weitere Stimmen über die Rolle der ursprünglichen Illuminaten für Geschichte und Politik und für das Freimaurertum, dem die Illuminaten ja durch Doppelmitgliedschaften und sowohl inhaltliche wie rituelle Ähnlichkeiten verbunden waren.

Die offizielle Ansicht aus Freimaurerkreisen lautet, dass die Illuminaten weder während ihres Bestehens eine positive Rolle für die Freimaurer spielten, noch eine negative Rolle, als sie aufgelöst wurden. Damit soll wohl eine neutrale Distanz suggeriert werden, als ob die beiden Bewegungen nie etwas miteinander zu tun gehabt hätten. Die Recherchen von Solomon belegen allerdings das Gegenteil.

Eine andere Bewertung sieht die Illuminaten einem Meteor gleich strahlend an den geistigen Himmel emporschießend, dessen Leuchtkraft aber nur kurz aufglüht, bevor sein Lebenslicht wieder verlischt. Manche halten die Illuminaten neutral für eine lediglich »kontroverse« Ordensgesellschaft, andere für eine Gemeinschaft mit unlauteren Absichten.

Weishaupts eigene Erklärungen zeichnen ein lauteres Bild von Motiven und Zielen der Illuminaten. So beschreibt er in blumigen Worten die Voraussetzungen zur Aufnahme in den Illuminatenorden nach einer Überlieferung etwa folgendermaßen:

Wer seine Ohren den Klagen der Notleidenden nicht verschließt noch sein Herz dem zarten Mitleid; wer der Freund und Bruder des Unglücklichen ist; wer ein Herz besitzt, das zu Liebe und Freundschaft fähig ist; wer in Widrigkeiten standfest bleibt und unbesorgt weiter ausführt, was er einmal unterfangen hat, unbeirrt in der Überwindung von Schwierigkeiten; wer die Schwachen nicht verlacht oder verachtet; wessen Seele fähig ist, große Pläne zu empfangen, im Wunsche, über alle niederen Motive hinauszuwachsen, und sich durch Akte der Wohltätigkeit auszuzeichnen; wer Nichtstun vermeidet; wer kein Wissen, das er die Gelegenheit zu erlangen im Stande ist, als unwesentlich erachtet und das Wissen der Menschheit als sein Hauptstudium betrachtet; wer immer, wenn Wahrheit und Tugend in Frage gestellt werden, die Zustimmung der Massen verachtet und mutig genug ist, den Diktaten seines eigenen Herzens zu folgen – ein solcher Mensch ist ein geeigneter Kandidat.

Der Dichter Adolph Freiherr von Knigge (1752–1796), dessen »Bestseller« *Vom Umgang mit Menschen* nach Miers' Meinung als Vorlage für DALE CARNEGIES Weltbestseller *Wie man Freunde gewinnt* gedient haben mag, spielte eine wesentliche Rolle für den Erfolg des Illuminatenordens in seiner Zeit. Er war zunächst in Kassel in einer Freimaurer-Loge und wurde dann 1780 in den Illuminatenorden unter dem Namen »Philo« aufgenommen. Knigge organisierte die Struktur des Ordens neu. Die vierten, fünften und sechsten Grade der Illuminaten entsprachen in etwa den drei Graden der symbolischen Freimaurerei, den Johannes-, Templer- und inneren Graden. Knigge führte insgesamt zehn Grade ein. Grade bezeichneten (bezeichnen) in solchen Orden ursprünglich die Stufe der Bewusstseinsentwicklung des Ordensmitglieds. Eigentlich werden sie nicht verliehen, sondern »erarbeitet« und durch das Alltagsleben »verwirklicht«. Vielerorts hat sich hier ein Wandel zur rein rituellen Verleihung vollzogen. Logen des Illuminatenordens breiteten sich weit über Deutschland hinweg aus, nach Frankreich, Belgien, Holland, Dänemark, Schweden, Polen, Ungarn und Italien.

Dem Illuminatenorden wurde in seiner »offiziellen« Zeit und auch nach seinem Verbot oftmals vorgeworfen, das Christentum abschaffen zu wollen. Diese Vorwürfe finden ihren Kern an Wahrheit in der Kritik Weishaupts, die dieser an der Kirche übte – jedoch nicht am Christentum. Es ist schwierig genug, auseinander zu halten, was fragwürdige Kritik an einer Religion und was berechtigte Kritik an manchen ihrer Vorbeter ist. Knigge, ein tief religiöser Mensch, wäre sicher in keiner Organisation Mitglied gewesen, noch viel weniger hätte er sie aktiv vorangebracht, wenn sie wirklich die Abschaffung des Christentums zum Ziel gehabt hätte. Damals und heute verstehen sich ja viele Menschen als Bewahrer des echten Christentums, wie es von Jesus in den mystischen Teilen der kanonischen Bibeln, mehr noch aber in den Essener-Evangelien, im Thomas-Evangelium und in den Schriftrollen aus Qumran trotz aller Fragmentierung hervorscheint.

Eine kurzes Abschweifen von unserem Thema: Ist es nicht merkwürdig, dass eine Religion als zentrales Motiv die schwerste Stunde ihres Gottessohnes am Kreuz in den bildlichen Mittelpunkt der Anbetung und Verehrung rückt? Dass also die tiefste Dunkel-

heit thematisiert wird, nicht jedoch der Sieg über den Tod, die Auferstehung und die Erlösung zum wichtigsten Symbol wird, das auch entsprechend dargestellt und verehrt wird? Und ist es nicht auch sonderbar, dass eine Religion als wichtigsten »Kronzeugen« einen Menschen hernimmt, der Jesus nie selbst begegnete, jedoch meinte, dessen Weisheit dogmatisieren zu können und zu sollen?
(Mehr zu diesem Thema bei PINCHAS LAPIDE, *Paulus zwischen Damaskus und Qumran*, und ROHR, *Was lehrte Jesus wirklich?*)

Der bayerische Kurfürst erließ 1784 und 1785 Edikte, mit denen der Illuminatenorden verboten und unterdrückt werden sollte. Der Großteil an Informationen über Rituale und Ziele des Ordens entstammt Funden bei einer illegalen Durchsuchung von Papieren und Korrespondenzen des Xaver Zwack 1786 und des Schlosses Sondersdorf des Baron von Bassus 1787. 1785 wurde Weishaupt seiner Professur enthoben und – mit einer Pension – des Landes Bayerns verwiesen. Er zog nach Gotha, wurde dort zunächst Legationsrat, dann Hofrat. Dort starb er 1811.

Die *Encyclopaedia Britannica* spricht von »Zellen« bei den Illuminaten in Italien im 18. Jahrhundert, die sich dort als »Freidenker« nach einem Muster organisierten, wie es in Bayern von Adam Weishaupt eingeführt wurde. In einem Absatz über den römischen Katholizismus werden die Illuminaten im selben Werk als eine »rationalistische Geheimgesellschaft« erwähnt. Siehe weiter unten auch einige Informationen über die italienische P2-Loge, die jedoch eindeutig eine kriminelle Organisation war, die lediglich unter dem Feigenblatt einer Freimaurer-Loge agierte.

Je nach Sichtweise mag man den Mangel an konkreten Informationen über die Illuminaten in einem der wichtigsten und seriösesten Nachschlagewerke unserer Zeit zwei Gründen zuschreiben: Entweder sind sie für den Verlauf der Geschichte einfach nicht bedeutsam genug, um detaillierter auf sie einzugehen, oder sie haben es geschafft, dass wenig Handfestes über sie an die Öffentlichkeit dringt.

Manche Forscher meinen, dass die Illuminaten die erste Geheimgesellschaft bildeten, welche politische Ziele unter dem Deckmantel der in der Regel geheimen Freimaurerlogen verfolgten. Andere glauben, dass die Illuminaten in ihrer Bedeutung überschätzt würden.

Autoren aus Freimaurerkreisen spielen die Verbindungen zwischen Freimaurer-Logen und Illuminatenorden – von denen es immer wieder neue gab, und die sich in viele Länder ausbreiteten – meistens herunter. Aus dem legitimen Interesse heraus, nicht mit ihren humanitären Anliegen mit dunklen Machenschaften von Illuminaten verwechselt oder in diese hineingezogen zu werden?

Verschwörungsfanatiker sehen eine Verknüpfung zwischen Illuminaten und Freimaurern und zwischen diesen und den weiter oben erwähnten amerikanisch dominierten Organisationen sowie dem »Internationalen Zionismus« (was immer sich hinter diesem antisemitischen, rassistischen Begriff an Vorurteilen und Wahnvorstellungen verbergen mag). Diese sollen auch mit der (inzwischen wohl endgültig mangels Erfolg zerbrochenen) kommunistischen Weltbewegung »unter einer Decke stecken«. Dahinter schließlich soll der Vatikan stehen, mit einem »Antichristen« an der Spitze, also mit einem Agenten Luzifers, der die Papstrolle usurpiert habe.

Es ist nur zu verständlich, dass die Mitgliedschaft in einem Orden, dessen Treffen im Wesentlichen hinter verschlossenen Türen stattfinden und dessen Mitgliedslisten keineswegs öffentlich sind, zu der Besorgnis Anlass gibt, dass Interessen eines solchen Ordens in Staatsangelegenheiten einfließen. Das gilt nicht nur für Freimaurer, sondern für alle irgendwie geheimen Gesellschaften ganz allgemein.

Es scheint auch sicher zu sein, und gibt ebenfalls Anlass zum Nachdenken, dass zahlreiche Personen Mitglieder in mehreren geheimen Bünden und Orden sind, die unterschiedliche Ziele verfolgen. Es ist offensichtlich, dass hier schon über die Personalunion eine Vernetzung stattfindet, die bestimmten Kreisen eine Macht gibt, welche sie ohne diese im übrigen ja immer undemokratischen Organisationen gar nicht hätten.

Und schließlich ist ja nicht jener Geheimbund am gefährlichsten, der kriminelle Handlungen im Schilde führt, weil man immerhin hoffen kann, dass diese eines Tages ans Licht der Sonne kommen und beendet und geahndet werden. Am gefährlichsten sind vielmehr solche Geheimgesellschaften, die sich einbilden, dass sie der Volksbeglückung und dem höheren Wohl der Menschheit dienen, die aber leider noch nicht reif genug sei, ihr Schicksal in die eigenen Hände zu nehmen, sondern durch weise Führer zu ihrem Besten geleitet werden muss.

Nicht jene Geheimniskrämer sind wirklich gefährlich, die esoterischen Spinnereien nachhängen und sich an bedeutungsschwangerem okkultem Unfug delektieren oder sich mit vermeintlichem Geheimwissen raunerisch prahlend in Szene setzen. Vielmehr sind jene Personen eine echte Bedrohung für Freiheit und Gleichheit, für Demokratie und Volkswohl, die ganz rational globale Szenarien entwerfen und durchsetzen wollen, welche erst Millionen von Menschen und dann die ganze Welt in ein einziges Denk-, Glaubens-, Handlungs-, Wirtschafts-, Kultur- und Gesellschaftssystem führen wollen – und dafür auch noch gute »soziale« und »humanitäre« Gründe präsentieren. Zurück zu den Verbindungen zwischen Illuminaten, Freimaurern und anderen Gruppen, die zumindest in der Vergangenheit nachweislich existiert haben.

Im weitesten Sinne werden beziehungsweise wurden auch folgende Gruppen zu den »Illuminaten« gezählt. Dabei wird der Begriff im eigentlichen Sinne verwendet, nicht als Hinweis auf fragwürdige Machtinteressen. Manche der aufgeführten Bewegungen gehören eigentlich ins nächste Kapitel zu jenen Gruppen, die als Boten der Lichtkraft gelten können. Da sie jedoch meist im Zusammenhang mit den Illuminaten genannt werden, hat der Verfasser sie an dieser Stelle erwähnt.

Hesychiasten

Der *Hesychiasmus* ist eine Form des mönchischen Lebens der Ostkirchen. Im Mittelpunkt steht das ununterbrochene Gebet. Entstanden im 13. Jahrhundert, wurde diese Art der Bemühung um Erleuchtung von der Orthodoxen Kirche im 14. Jahrhundert dreifach bestätigt und 1782 durch die Veröffentlichung der *Philokalia* etwas stärker popularisiert. In seinem Buch *In dir ist das Licht* schreibt K. O. Schmidt auf bewegende Art über *Serafim von Ssarow*, einen russischen Mystiker des 18. Jahrhunderts, der Hesychiast war. Kein passives Stillesein, schon gar nicht irgendwelche Geheimordensgeschäfte, sondern das Lauschen auf das innere Wort, mit dem das Aufflammen des inneren Lichtes einhergeht, steht im Mittelpunkt des Lebenswegs der Hesychia. Aus Schmidts Darstellung wird deutlich, dass der Hesychiasmus eine Zuordnung in den »Dunstkreis« der Illuminaten, wie andere Autoren sie vornehmen, nicht verdient hat.

Alumbrados

Ein spanischer Ausdruck für »Erleuchtete«, die im Spanien des 16. Jahrhunderts Mitglieder einer mystischen Bewegung waren. Diese »Brüder des gemeinsamen Lebens« gelten als pietistische spanische Vorläufer jener bayerischen Illuminatenbewegung, die sich nach und nach eher den Geheimwissenschaften und der Machtpolitik als der wahren Religion zuwandten. Ignatius von Loyola war ein Schüler dieser Gruppe mit dem Hauptsitz in Alcalà und lernte dort ein System wirksamer Exerzitien kennen. Die »Brüder« wurden vom Vatikan in Rom als Sekte verfolgt; Loyola, der Gründer der Gesellschaft Jesu 1534, musste ihr später abschwören. (Nach MIERS, S. 21; andere widersprechen dem.) Seither wird der Begriff Alumbrados in Spanien für teils innerkirchliche, teils sektiererische Mystiker gebraucht. Im Wesentlichen gehörten ehemalige Jesuiten und Franziskaner dazu. Sie glauben daran, dass die Seele in den direkten Austausch mit dem Heiligen Geist treten könne. Ihre Berichte über Visionen und Offenbarungen brachten ihnen drei Edikte der Inquisition ein.

Wenn jeder Mensch eine direkte Beziehung zu Gott und Christus mittels des direkten Kontaktes und des Austausches mit dem Heiligen Geist vornehmen könnte, würden »Vermittler«, noch dazu bezahlte, ja überflüssig. Daran mag man ersehen, dass es ein ganzes Bündel von Motiven geben kann, gegen Direktoffenbarungen vorzugehen.

Geurinets

Don Antoine Joseph de Pernetti und der polnische Graf Starost Grabianca gründeten 1770 (wahrscheinlicher aber 1787) diese französische Spielart der Illuminatenbewegung in Europa, die als »Illuminaten von Avignon« bekannt wurde. 1778 zog die Gruppe als

»Akademie der Wahren Freimaurer« nach Montpellier. Es ist unklar, ob sie die Französische Revolution überdauert haben und noch 1812 existierten oder nicht.

Illuminierte Theosophisten

Die Illuminierten Theosophisten hießen auch »Chastaniers Ritus«. Sie waren eine Modifizierung des »Hermetischen Ritus«, der 1784 mit der Londoner Theosophischen Gesellschaft verschmolzen wurde (die Londoner Gesellschaft ist nicht identisch mit der New Yorker Theosophischen Gesellschaft, die 1875 von Colonel Olcott und H. P. Blavatsky gegründet wurde!).

Concordisten

Ein Geheimorden, der nach dem Zusammenbruch des »Tugendvereins« in Preußen gegründet wurde. 1790 entstand daraus eine neue Organisation, die sich an den Illuminaten orientierte. Sie wurde 1812 jedoch wegen ihrer (vermuteten oder tatsächlichen) politischen Ziele von der preußischen Regierung unterdrückt und praktisch aufgelöst.

Illuminaten von Stockholm

Das »Illuminierte Kapitel« der Freimaurer nach dem Schwedischen Ritus besteht angeblich derzeit aus ungefähr 60 früheren oder gegenwärtigen Mitgliedern der Großloge, welche ehrenhalber den 11. Grad erhalten haben.

Die Alten Erleuchteten Seher Bayerns

Soll 1947 (!) von Angehörigen einer Münchner Zeitung gegründet worden sein, als »Neuauflage« einer anderen älteren Gruppe. Es soll etwa hundert Mitglieder in Bayern, Baden-

Württemberg und Thüringen geben, die praktisch alle Riten ab-
geschafft haben und die Organisationsstruktur auf ein Minimum
beschränken.

(Quelle: Website der Großloge von British Columbia and Yukon)

Weltliga der Illuminaten

Der frühere Drogist, Opernsänger und Journalist Theodor Reuß
bemühte sich seit 1880 in München darum, den Orden der Illuminaten wieder zu beleben. Leopold Engel gründete die Weltliga 1893
in Berlin. Aus diesen beiden Ansätzen entstand später der *Ordo Il-
luminatorum*, der angeblich noch in den siebziger Jahren aktiv war.
Engel war der erste Großmeister des modernen Illuminatenordens,
unter dem Logennamen *Theophrastus*, und schrieb eine Geschichte
des Weishaupt'schen Illuminatenordens. Reuß führte Rudolf Steiner der Freimaurerei zu und gründete 1908 auf einem Kongress der
glaubensorientierten Freimaurer einen *Souveränen Generalgroßrat
des Ritus Memphis-Misraim* für Frankreich und setzte Papus als
Großmeister ein. Reuß ist auch Gründer des Theosophischen Ver-
lagshauses der Theosophischen Gesellschaft von Adyar. Man mag
an solchen Fakten ersehen, warum es durchaus begründet war (und
noch ist?), zwischen Illuminaten, Freimaurern, Theosophen und
anderen Geheimgesellschaften Verbindungen und auch Zusammenarbeit zu vermuten.

Societas Rosicruciana in Anglia (SRIA)

Das ist die älteste heute noch bestehende Rosenkreuzergemein-
schaft, die 1865 von Dr. Wentworth Little in England gegründet
wurde. Der zuvor erwähnte Reuß wollte die SRIA nach Deutschland bringen, hatte dabei jedoch keinen Erfolg. Lévi und A. E.
Waite, auch Rudolf Steiner und eine Reihe weiterer bekannter und
einflussreicher Persönlichkeiten, welche später eigene Schulen und
Orden gründeten, gehörten zu diesem Orden.

Thule-Gesellschaft

Die Thule-Gesellschaft wurde 1923 von Karl Haushofer gegründet. Ihre esoterischen Grundlagen fand sie in Schriften von H. P. Blavatsky aus der *Geheimlehre* mit dem nie aufgetauchten »Buch Dzyan« und den Lehren von G. I. Gurdjieff *All und Alles.* Mitglieder waren Prof. Morell, einer der Leibärzte Hitlers, später außerdem HIMMLER, GÖRING und ROSENBERG. Angeblich bildete die Thule-Gesellschaft so etwas wie die pseudo-geistige »Geheimakademie« der Nazi-Herrschaft und hat sich, wenn vielleicht auch nicht selbst auslösend, so doch verklärend, auch mitschuldig an den Verbrechen des Dritten Reichs gemacht. Im Zusammenhang mit den weiter unten behandelten Asuras lässt sich eine Linie von Eingebungen höherer Dunkelmächte in »offene okkulte Kanäle« à la Thule-Gesellschaft als Mittler zu real handelnden Machtpersonen ziehen.

Obwohl die meisten Freimaurer – zumindest die in unserer Zeit, das sei ausdrücklich gesagt – weder etwas mit den Illuminaten von einst noch mit ihren möglichen Nachahmern von gestern und heute zu tun haben, sind beide Bewegungen historisch doch so miteinander verwoben, dass der Verfasser wenigstens einige Aspekte des Freimaurertums gesondert beleuchten möchte.

(Quellen: LEOPOLD ENGEL, *Geschichte des Illuminatenordens*, Berlin 1906; R. W. HAGBARD, *Der Illuminatismus in Bayern ...*, Lennep 1914; FRANZ HARTMANN, *Im Vorhof des Tempels* – alle nach MIERS, S. 428; sowie www.cyberlink.ch/~koenig ; lachance@bayreuth – online.de;

außerdem: CHARLES WILLIAM HECKETHORN, *The Secret Societies of all Ages and Countries*, London 1897; J. M. ROBERTS, *The Mythology of Secret Societies*, New York 1972; CHRISTOPHER MCINTOSH, *The Rose Cross and the Age of Reason*, Leiden 1992;

sowie Website der Grand Lodge of British Columbia and Yukon A.F.& A.M; dort auch Hinweis auf eine alte Veröffentlichung: CHRISTOPH NICOLAI, *Versuch über die Beschuldigungen welch dem Tempelherrnorden gemacht worden und über dessen Geheimniss; nebst einem Anhange über das Entstehen der Freimaurergesellschaft*, Berlin 1782.)

Freimaurer

Mag vieles an Verschwörungstheorien auch blühende Fantasie sein, die jedoch nicht nur Privatsache ist, weil ihre Folgerungen nämlich zu greifbaren Wirkungen in Gesellschaft und Geschichte führen: sicher ist, dass viele Freimaurer, zumindest in Amerika, in höchsten Positionen standen und es bis heute wohl noch sind, wie die später noch mehrfach erwähnten US-Präsidenten, welche Freimaurer waren.

Um das Missverständnis zu vermeiden, dass Leser denken möchten, der Verfasser hätte irgendwelche Vorbehalte gegen *heutige* Freimaurer-Logen, wollen wir auch mit bestimmten Irrtümern aufräumen und einige Hintergründe aufzeigen.

Das Freimaurertum ist *nicht* anti-religiös. Obschon es einige kritische Sätze von Freimaurern über manche Religionen gibt, haben sie sich sehr viel mehr eindeutig positiv und öffentlich über den Wert von Religionen geäußert. Man denke nur an die meisten amerikanischen Präsidenten, die Freimaurer waren (siehe Aufstellung weiter unten). Mitglieder können jederzeit »austreten« oder nicht mehr an Treffen teilnehmen und sich anderen Interessen widmen, ohne behelligt zu werden.

Als Organisationen sind die Logen und Großlogen Religionen gegenüber neutral. Daraus ergibt sich auch, dass weder ein spezieller »Gott« angebetet wird, noch etwa gar der »Teufel«, wie manche Verleumder früher bisweilen Glauben machen wollten. Der Gebrauch des auf den Kopf gestellten Pentagramms hat ebenfalls nichts mit irgendeinem »Satanskult« zu tun. Der fünfzackige Stern geht auf die Pythagoreer zurück, wo er als Symbol von Gesundheit und Wissen galt; außerdem weist er auf die fünf Elemente hin (nicht nur vier!), nämlich Wasser, Erde, Luft, Feuer und Äther als Element des erwachenden oder erwachten Bewusstseins. Er wird auch als Einweihungszeichen gebraucht. Im Mittelalter wurde er als Schutzsymbol gegen Dämonen und böse Geister verwendet. Wenn die fünfte Spitze nach oben zeigt, weist dies auf das Streben zu höheren Sphären hin; wenn sie nach unten zeigt, dann auf das Bemühen, kosmische Kräfte auf der Erde zu manifestieren.

Auch Pyramide und Auge auf den amerikanischen Ein-Dollar-Noten sind für sich genommen keine Freimaurerzeichen. Man liest manchmal, dass die Zahl 1776 auf das Gründungsjahr des bayerischen Illuminatenordens deute. Das stimmt zwar auch, aber am plausibelsten ist und bleibt die Erklärung, dass diese Zahl an ein wesentlich bedeutenderes und rein amerikanisches Ereignis des Jahres erinnert: an die amerikanische Unabhängigkeitserklärung, die 1776 erfolgte. Keiner der am endgültigen Entwurf beteiligten Künstler war Freimaurer. Das Motto von der »Neuen Welt-Ordnung« lässt jedoch vermuten, dass Ideen der Illuminaten und anderer Bünde in die Gestaltung einflossen.

Es gibt übrigens auch keine »Freimaurer-Bibel«. Stattdessen existiert sehr wohl ein »Buch des Heiligen Gesetzes«. Da die Freimaurerei in christlichen, und einst nur in katholischen Ländern entstand, waren Mitglieder naturgemäß Christen. Die meisten waren keineswegs »Weihnachts-Christen«, die nur an den hohen Feiertagen in die Kirche gingen, sondern Christen aus Überzeugung. Deshalb gibt es in fast allen Logen selbstverständlich eine Bibel. Wenn die Mitglieder aus anderen Religionen stammen, kann die Loge natürlich auch andere heilige Schriften benutzen, wie den Koran, die Torah oder die Bhagavad Gita.

Die »Protokolle der Ältesten von Zion«

Diese offensichtlich antisemitische Fälschung, die Freimaurer und Zionisten mit Verschwörungen verquickt, geht auf den französischen Abbé Barruel zurück, der 1797 behauptete, dass Freimaurer-Logen hinter der Französischen Revolution stünden. Dass diese Behauptung ersichtlich Unfug war, da ein Großteil des französischen Adels Freimaurer war (und sie es ja waren, die in und durch die Revolution nicht nur Geld und Gut, sondern oft auch Kopf und Kragen verloren), konnte den Siegeszug dieser Idee nicht aufhalten. 1806 brachte Barruel ein Pamphlet in Umlauf, das er vermutlich von reaktionären Mitgliedern der Staatspolizei erhalten hatte, die gegen Napoleon Bonapartes tolerante Politik den Juden gegenüber waren, in dem nun den Juden die Französische Revolution zugeschoben werden sollte. Diese Fälschung tauchte später auch in Deutschland und Polen auf.

Der deutsche Antisemit Herman Goedsche, der unter dem Pseudonym Sir John Retcliffe schrieb, griff eine französische Satire über »Dialoge zwischen Machiavelli und Montesqieu« auf, die das Bild einer in der Hölle ausgeheckten Verschwörung zeichnete. Goedsche war Spion der preußischen Geheimpolizei, der seine Arbeit bei der Post verloren hatte, weil er sich 1849 an der Fälschung von Beweisen gegen den Demokraten Benedict Waldeck beteiligt hatte. Goedsche schrieb die »Dialoge« in eine konspirative jüdische Aktion um, die als Teil des Romans »Biarritz« erschienen. In einem Kapitel mit der Überschrift »Der jüdische Friedhof von Prag und der Rat der Ältesten der zwölf Stämme Israels« spinnt er die Fantasie einer mitternächtlichen Zusammenkunft von Rabbinern aus, deren Zweck es ist, die vergangenen hundert Jahre Revue passieren zu lassen und die nächsten hundert Jahre zu planen. Goedsches Roman fand den Weg nach Russland, und wurde dort 1872 übersetzt. Eine Zusammenfassung des oben erwähnten Kapitels erschien 1891 unter dem Titel »Die Rede des Rabbis« ebenfalls in Russland. Das nutzte die russische Geheimpolizei als vermeintlich echtes »Dokument«, um die Position des schwachen Zaren Nikolaus II. zu stärken und die liberalen Reformer in Misskredit zu bringen, die Sympathien für Juden zeigten. Während des berüchtigten Dreyfus-Prozesses von 1893 bis 1895 (Skandalprozeß gegen einen Offizier, der aus rein antisemitischen Gründen geführt wurde) redigierten Agenten der russischen Geheimpolizei in Paris die früheren Texte der »Dialoge« und »Biarritz« in eine neue Ausgabe, welche sie die »Protokolle der Ältesten von Zion« nannten. 1895 gelangten sie nach Russland, 1897 wurden sie im Privatdruck herausgegeben. Diese »Protokolle« wurden erst 1905 wirklich öffentlich gemacht, nach der Niederlage Russlands gegen Japan und in der Zeit der beginnenden Revolution, als die »Staats-Duma« konstitutiert wurde, das neue russische Parlament. Die reaktionäre »Union der Russischen Nation« stachelte die Meinung der Öffentlichkeit gegen Juden auf, denen sie vorwarf, hinter der Revolution und der neuen Verfassung zu stecken. Der Priester SERGIUS NILUS veröffentlichte die »Protokolle«, die damit »Rechtfertigung« der von der Geheimpolizei geführten Pogrome wurden. GEORGE BUTMI gab 1906 und dann wieder 1907 diese »Protokolle« in einer Textvariante heraus. Sie befanden sich auch in der Büchersammlung des Zaren, der sie jedoch als Fälschung erkannt haben soll.

Während Nilus später behauptete, die »Protokolle« seien insgeheim beim Ersten Zionistischen Kongreß in Basel 1897 verlesen worden, schrieb Butmi, dass sie mit der zionistischen Bewegung keine Berührung hätten, sondern vielmehr Teil einer Freimaurer-Verschwörung seien – beides Lügen. Während des Bürgerkriegs bei der bolschewistischen Revolution 1917 bediente sich die rechtsgerichtete Weiße Armee der »Protokolle«, um zu einem weit verbreiteten Abschlachten von Juden aufzuhetzen.

Russische Emigranten brachten in dieser Zeit die »Protokolle« in das westliche Europa. Dort diente die Version von Nilus ab 1920 als Vorlage für zahlreiche Übersetzungen. LUCIEN WOLF enthüllte kurz nach ihrem ersten Erscheinen dort die »Protokolle« als Plagiat der »Dialoge« und des Buches von Goedsche. 1921 wurde der Bericht über die Fälschungen in einer Artikelserie in der *London Times* abgedruckt, geschrieben von PHILIP GRAVE, Korrespondent in Konstantinopel (Istanbul). HERMAN BERNSTEIN veröffentlichte im selben Jahr ein ganzes Buch über diese üblen, verleumderischen Fälschungen, die als Vorwand gebraucht worden waren, um Tausende von Juden, von *Menschen*!, umzubringen.

Und doch wurden die »Protokolle« immer weiter verbreitet. Bis 1927 förderte HENRY FORD sogar deren Verbreitung in den USA. Schließlich bildeten sie einen wichtigen Teil der »Rechtfertigung« der Nazi-Führer, den weltweiten Völkermord an den Juden vorzubereiten und auf grauenvolle Weise auch millionenfach zu vollziehen. Das ist auch der Grund, warum wir diesen Punkt hier so detailliert darstellen. Daran zeigt sich, dass aus einer willkürlichen Mischung historischer Fakten und schlimmer Vorurteile echte Religionsanliegen mit angeblichen Verschwörungsabsichten vermengt werden (können), und dies auf unheilvolle Weise zu Ereignissen beitragen kann, welche die ganze Welt bewegen. Auch lässt sich an diesen »Protokollen« ablesen, wie Verschwörungsthesen, Freimaurer und in diesem Fall auch Juden – wenn auch völlig grundlos – in einen Topf geworfen werden.

(Quellen und weitere Informationen: ROBERT HIERONIMUS, *America's Secret Destiny* Rochester, Vt. 1989; ALBERT MACKEY, *Encyclopedia of Freemasonry*, Virginia 1966; ELIPHAS LÉVI, *Dogma and Ritual of High Magic;* www.island.net/~kmcvay/rue/RUE1-HomePage.html)

Prominente und Freimaurertum

Es gibt über zweihundert anerkannte Freimaurer-Großlogen auf der Erde, die jeweils ihre eigenen Aufzeichnungen und Mitglieder-listen führen. In diversen Büchern werden an die zehntausend be-rühmte Freimaurer als Mitglieder benannt, allerdings ist die Mit-gliedschaft nicht immer leicht wirklich hieb- und stichfest zu do-kumentieren. Da kein Individuum für »die« Freimaurerei spricht (und sprechen kann), ist die Mitgliedschaft in einer Loge noch kein solides Kriterium, um Ansichten, Meinungen, Schlussfolgerungen oder Handlungen zu bewerten.

(Eine Liste von dokumentierten Freimaurern findet man bei: http://freemasonry.bc.ca/TextFiles/famous.html)

Cagliostro

Giuseppe Balsamo Cagliostro (1743–95), war ein italienischer Abenteurer und begabter Schwindler, der ganz Europa unsicher machte bzw. für Unterhaltung sorgte, wie man es halt sieht. Er wurde im April 1776 in London in die *Esperance Lodge No. 289* eingeweiht. Seine Verbindung zum Freimaurertum münzte er rasch in persönlichen Profit um, indem er arglosen (oder dummen) Interessenten in England und auf dem Kontinent seine eigene Er-findung zur Investition andiente, nämlich einen angeblichen Ägyp-tischen Freimaurer-Orden, dessen »Groß-Kophta« er sei. Reuß baute darauf übrigens seinen *Ritus Memphis-Misraim* auf. Cagliost-ro wurde in Rom wegen dieser Geschäfte verhaftet 1789 und starb im Gefängnis.

Eliphas Lévi

Lévi (1810–1875), Pseudonym von Alphonse-Louis Constant, war einer der berühmtesten und kenntnisreichsten französischen Ok-kultisten. Sein Hauptwerk heißt »Dogma und Ritual der Hohen Magie«, das er auf Anregung des polnischen Okkultisten Wronsky schrieb. In London führte Lévi im Juli 1854 Beschwörungen von

Geistern durch, sogenannte *Evokationen*, die Johannes, Joshua und Apollonius von Tyana galten und sehr erfolgreich gewesen sein sollen. Sowohl die bekannte russische Meisterin Helena Petrowna Blavatsky (1831–1891), Mitbegründerin der modernen Theosophie, als auch der Amerikaner Albert Pike (1809–1891), Hochgradfreimaurer und Gestalter der Rituale des »Alten und Angenommenen Schottischen Ritus« (hat nichts mit Schottland zu tun), haben aus Lévis Werken frei geschöpft. Der Universalgelehrte Lévi arbeitete sogar als Kirchenmaler und für das Innenministerium und schrieb Dichtungen.

Lévi wies auf die Verknüpfungen zwischen Rosenkreuzern, Illuminaten und Freimaurern hin, die sich durch dieselben Personen, gleichartige Inhalte und Ziele sowie ähnliche Riten ergaben. Er zeigte auch auf, dass aus den Mysterien der Antike, der Magie aller Zeiten und Kulturräume und den zahlreichen gnostischen Bewegungen vor und nach Jesu Geburt Verbindungslinien zu den neueren Geheimorden führten. Diese unterschieden sich meistens im Kern nur durch ihre Zielsetzungen, nicht aber aufgrund der Traditionen, auf die sie sich beriefen. Manche Gruppen suchten nach persönlicher Erleuchtung und Erlösung, andere nach weltlichem Einfluss. Manche stellten die Erhebung der geistigen, kulturellen und sozialen Lebensumstände und Bewusstseinszustände der Menschen in den Mittelpunkt, andere die erfolgreiche Durchführung bestimmter mentaler manipulativer Experimente und die willentliche Beherrschung magischer Mittel. Lévi merkte auch an, dass es in Preußen Illuminaten gab, welche regelmäßig Geister von Toten herbeirufen konnten, lange bevor es solche medialen Séancen in Frankreich, England und Amerika gab.

Albert Pike

Pike war Rechtsanwalt und Herausgeber; Miers schreibt auch: General.

Er war einer der bedeutenden Esoteriker und »Hochgrad-Freimaurer« des 19. Jahrhunderts (1809–1891). Pike war Großmeister und *Sovereign Grand Commander* des »Southern Supreme Council« (1859). Während nordamerikanische Autoren ihn zwar wohlwollend nennen, aber eher als Epigonen früherer bedeutenderer Freimaurer bezeichnen, beschreibt Miers ihn als »Schöpfer der heutigen Rituale« und fährt fort, »Pike verstand es lange vor H. P. Blavatksy, die geistigen Zusammenhänge zwischen den verschiedensten Ritus- und Kultsystemen zu erkennen und analytisch aufzuwerten.« (Quelle: MIERS, S. 319f) Durch Pike wurde der »Alte und Angenommene Schottische Ritus« zum überzeugendsten und in sich geschlossensten, und deshalb heute am weitesten verbreiteten Freimaurersystem. Pikes Hauptwerk (von 200!) heißt *Morals and Dogmas*.

Leo Taxil

Gabriel Jogang Pages wurde 1854 in Südfrankreich geboren und zunächst von Jesuiten erzogen. Nach Betrügereien floh er in die Schweiz und nannte sich fortan Taxil. Er wollte ein Geschäft mit antiklerikalen Veröffentlichungen machen und schrieb Satiren über Kirchenleute. 1881 trat er einer Loge in Paris bei; vielleicht in der (irrigen) Hoffnung, dort mehr Material gegen die Kirche zu finden. Er wurde jedoch bald nach Erreichen des 1. Grads wieder ausgeschlossen, angeblich wegen charakterlicher Mängel. Taxil machte dann eine Kehrtwendung, bekannte seine »Sünden« gegen die Kirche, und fing an, Pamphlete gegen die Freimaurer zu verfassen. Zu seinen Titeln zählen: *Der Anti-Christ und der Ursprung der Freimaurer*, *Der Kult des Großen Baumeisters* und *Die freimaurerischen Attentäter*. Auf Taxil soll die Formel »Luzifer ist Gott« zurückgehen, die er Albert Pike in den Mund legte als dessen angebliches Bekenntnis bei einer Rede von Pike vor Freimaurern in Paris am 14. Juli 1889. Er bezeichnete Pike auch als »Souveränen Papst der Universalen Freimaurer« – ein reiner Märchentitel. Obwohl es sich bei Taxils Behauptungen über Pike um komplette Fälschungen handelte, wurde Taxil berühmt und wohlhabend. 1897 gab er bei einem großen, eigens arrangierten Treffen, an dem auch Zeitungsleute und katholische Kleriker teilnahmen, zu, dass seine Behauptungen über Teufelsanbetung der Freimaurer Fantasieprodukte gewesen waren. Der Opportunist Taxil zog danach von Paris aufs Land, wo er gut situiert 1907 starb.

Karl Marx

Auch Marx war bekennender Atheist und hätte sich nicht für eine Mitgliedschaft in einer Freimaurerloge qualifizieren können. Seine manchmal vermutete Verbindung dazu hängt wohl mit seinem Interesse für die »Liga der Gerechten« zusammen. Friedrich Engels half, diese sozialistische Geheimgesellschaft emigrierter deutscher Arbeiter in die »Kommunistische Liga« umzuformen, die ihren ersten Kongress in London im Juli 1847 abhielt. Engels und Marx wurden dort bevollmächtigt, die Grundprinzipien der Liga in einem Schriftstück darzustellen, das später als »Kommunistisches Manifest« berühmt wurde. Die Liga war jedoch auf keine irgendwie zu begründende Weise mit den Illuminaten und/oder den Freimaurern verbunden. Der Weltkommunismus sowjetischer Prägung fand allerdings nie etwas dabei, Ansprüche auf Weltmacht und Weltbeherrschung auch öffentlich zu erheben. Möglicherweise sind seine Vorläufer und einige seiner mächtigsten Protagonisten deshalb in die Nähe zu anderen Gruppen gerückt worden, die insgeheim nach Weltherrschaft trachteten.

Josef Stalin

Man hört bisweilen, dass der sowjetische Diktator Stalin ein »Martinist« gewesen sei. (Martinismus ist eine Sammelbezeichnung für eine besondere Form der »esoterischen Freimaurerei«, welche im 18. Jahrhundert entstand und auf Martinez de Pasqualis und Louis-Claude de Saint-Martin zurückgeht.) Die martinistischen Logen beschränkten zwar ihre Mitgliedschaft nicht (außer in Nordamerika), verlangten jedoch das Bekenntnis zum Glauben an ein *Höchstes Wesen*. Damit würde Stalin, ein eingeschworener Atheist, wohl kaum dazu gestoßen sein. Es gibt auch keine Dokumente über eine Mitgliedschaft.

US-Präsident George Bush

Manche haben zwar eine Mitgliedschaft vermutet, weil Bush spätestens nach dem Golfkrieg offen von einer »neuen Weltordnung« gesprochen hat. Aber es gibt nach seriösen Recherchen keine anerkannte Loge, die ihn eingeweiht hätte. Er war (und ist vermutlich immer noch) ein Mitglied von Skull & Bones, der bereits erwähnten Studentenbruderschaft an der Universität Yale. Diese Gruppe hat einige Elemente mit dem Freimaurertum gemein, was sich vor allem auch an ihrem Motto ablesen lässt, *memento mori – Bedenke, dass du sterben wirst.*

In seiner Jugend war US-Präsident Fillmore aktiv gegen das Freimaurertum tätig. In seiner Präsidentschaft nahm er zwar an zwei Grundsteinlegungen von Freimaurern teil, war aber nie Mitglied in einer Loge.

US-Präsidenten als Freimaurer

Nicht alle, aber doch erstaunlich viele amerikanische Präsidenten, nämlich sechzehn, waren jedoch nachweislich Freimaurer. Hier eine Übersicht:

George Washington, eingeweiht am 4. November 1752 in die *Fredericksburg Lodge No. 4* in Virginia;

James Monroe, eingeweiht am 9. November 1775 in die *Williamsburgh Lodge No. 6* in Virginia;

Andrew Jackson, eingeweiht in die *Harmony Lodge No. 1,* Tennessee;

James Knox Polk, am 4. September 1820 erhoben (oder »erhöht«) in die *Columbia Lodge No. 31*, Tennessee;

David R. Atchison (der »Ein-Tages-Präsident«), am 4. März 1849 in die *Platte Lodge No. 56*, Missouri;

James Buchanan, am 24. Januar 1817 erhoben in die *Lodge No. 43*, Pennsylvania;

Andrew Johnson, eingeweiht 1851 in die *Greenville Lodge No. 119*, Tennessee;

James A. Garfield, am 22. November 1864 erhoben in die *Columbus Lodge No. 20*, Ohio;

William McKinley, am 3. April 1865 erhoben in die *Hiram Lodge No. 21*, Virginia;

Theodore Roosevelt, am 24. April 1901 erhoben in die *Matinecock Lodge No. 806*, Oyster Bay;

William Howard Taft, am 18. Februar 1909 zum Freimaurer »at sight« gemacht, also nur auf den »Anblick« hin; verbunden mit der *Kilwinning Lodge 356*, Ohio;

Warren G. Harding, am 13. August 1920 erhoben in die *Marion Lodge No. 70*, Ohio;

Franklin Delano Roosevelt, erhoben am 28. November 1911
                    (keine Quellenangabe, in welche Loge);

Harry S. Truman, am 9. Februar 1909 eingeweiht in die *Belton Lodge No. 450*, und dortselbst erhoben am 18. März 1909;

Lyndon Baines Johnson, eingeweiht am 30. Oktober 1937
                    (keine Quellenangabe, in welche Loge);

Gerald Ford, am 18. Mai 1951 erhoben in die *Columbia Lodge No.3*, Grand Lodge of Washington, D.C., auf Fürsprache der *Malta Lodge No 465*, *Grand Lodge Michigan*, Grand Rapids.

Nicht nur Präsidenten, sondern auch zahlreiche führende Persönlichkeiten des öffentlichen Lebens der USA waren (und sind?) ebenfalls Freimaurer. Auch hier einige Beispiele. Von den 56 Unterzeichnern der amerikanischen Unabhängigkeitserklärung waren acht Freimaurer, darunter Benjamin Franklin; von den 55 Delegierten und Unterzeichnern der Verfassung der Vereinigten Staaten von Amerika waren 14 Freimaurer (so Washington und Franklin), sechs wurden es später, 13 behaupteten eine Mitgliedschaft, allerdings ohne sie dokumentieren zu können, und von 22 ist nachgewiesen, dass sie keine Freimaurer waren. In George Washingtons Armee waren 34 Generäle Freimaurer, unter den Präsidenten des »Kontinentalen Kongresses« (1774–1789) waren vier Freimaurer. Von den 30 Gouverneuren der dreizehn Kolonien während des Kontinentalen Kongresses waren zehn Freimaurer. Unter den Obersten Verfassungsrichtern (*Chief Justice*) waren fünf Freimaurer (darunter drei Großmeister einer Loge eines ganzen Bundeslandes), in unseren Tagen noch der berühmte Oberrichter Earl Warren. George Washington blieb sein ganzes Leben lang Mitglied, von seiner Einweihung 1752 bis zum Tage seines Todes am 14. Dezember 1799. Auf Wunsch seiner Witwe wurde er nach den Riten der Freimaurer bestattet.

(Quellen: *Masonic Membership of the Founding Fathers* von »The Masonic Service Association«, sowie www.freemasonry.org/ psoc/masonic; www.matinecock.org/masonicp.htm)

Die berüchtigte Loge P 2

Ursprünglich handelte es sich bei dieser Loge um eine Gruppe, die der Jurisdiktion des »Großen Orient von Italien« unterstand. Ihre Logenberechtigung wurde aufgehoben, eine Reihe ihrer Mitglieder wurden wegen »unmaurerischen« Verhaltens ausgeschlossen. Die Tatsache, dass sich aus der P2-Loge eine kriminelle Vereinigung entwickeln konnte, dürfte bestimmten historischen Bedingungen der Freimaurerei in Italien zuzuschreiben sein, natürlich nur neben der und zusätzlich zur persönlichen Verantwortung der einzelnen Mitglieder. Wir folgen hier im Wesentlichen der Darstellung des »Insiders« KENT HENDERSON sowie Hinweisen, die der Autor DAVID YALLOP in seinem Buch *Im Namen Gottes* vorgelegt hat.

Verständlicherweise möchten Freimaurer die Vorfälle rund um P2 gern im Kontext und als Ausfluss der politischen und »ethnischen« Geschichte Italiens sehen, nicht als einen der Freimaurerei inhärenten Faktor. Irreguläre Logen, die nicht von den Groß-Logen anerkannt wurden, betätigten sich während der revolutionären Jahrzehnte sowohl in Frankreich wie Italien ausgesprochen politisch und operierten als echte Geheimgesellschaften. Wegen der politischen Wirren und des ganz eigenen Gebarens, um es vorsichtig auszudrücken, haben vor 1972 nur wenige andere Groß-Logen Freimaurerlogen in Italien überhaupt anerkannt. Mit Ausnahme der kurzen Zeit der napoleonischen Besetzung wurden alle Bemühungen, Logen in Italien sozusagen öffentlicher zu etablieren, unterdrückt oder verhindert. Um 1860 entstanden die ersten Logen; der »Höchste Rat des Großen Orients von Italien« begann seine Arbeit in Turin und zog dann nach Rom. Amerikanische Freimaurer sprechen vom »italienischen Temperament«, was sich über die allgemein gültige Ordnung in maurerischen Logen hinwegsetzte, Politik nicht und nie zu diskutieren, als Grund für die folgenden Probleme.

1908 kam es zu einem Bruch, als der »Große Orient« eine Reihe von Mitgliedern ausschloss, weil sie sich angeblich zu intensiv der Politik gewidmet hatten. Die Ausgeschlossenen bildeten eine »Große Nationale Loge«, die allerdings bis heute nicht als regulär anerkannt ist; das Schisma dauert nach wie vor an. Zwischen 1926 und 1945 war die Freimaurerei in Italien offiziell verboten. Nach dem Zweiten Weltkrieg nahmen die beiden oben genannten Groß-Logen wieder eine führende Rolle im italienischen Freimaurertum an. Der »Große Orient« wurde von vielen amerikanischen Groß-Logen als regulär anerkannt. 1972 wurde er von den englischen, irischen und schottischen Groß-Logen anerkannt, kurz darauf von einer Reihe von Logen, die sich in der Regel an die Vorgaben der »Vereinten Groß-Loge von England« halten. Im Jahr darauf verließ eine Mehrheit von Logen, die bislang der »Nationalen Groß-Loge« angehörten, dieses »Dach« und schloss sich dem »Großen Orient« an. Das ist ein Hinweis auf die Fülle von internen Auseinandersetzungen, welche die italienische Freimaurerei in den letzten hundertfünfzig Jahren geprägt haben.

1877 erteilte der »Große Orient« einer Loge in Rom, die sich *Propaganda Massonica* nannte, das Logenpatent. Diese Loge wurde vor allem von italienischen Politikern und Amtsträgern aus ganz Italien besucht, die aufgrund ihrer Funktion in Rom keine oder nur seltene Gelegenheit hatten, ihre Heimatlogen zu besuchen. Diese Propaganda Massonica wurde als Privatloge des Großmeisters geführt, nicht als offizieller Teil des »Großen Orients«. Damit konnten Menschen Mitglieder werden, deren Namen nicht in den Verzeichnissen des »Großen Orients« auftauchten. Zum Verständnis der Verhaltensweisen, nicht als Entschuldigung für Fehlverhalten, mag dienen, dass eine Organisation, die lange verfolgt, unterdrückt oder verboten worden war, nur allzu gern Mitglieder gewann, die im Staate einflussreiche Positionen innehatten. Nach dem Zweiten Weltkrieg wurden die Logen neu benannt, nach einem Losverfahren. Propagadana Massonica zog die Zahl 2 und hieß fortan P2. Angeblich hielt sie selten Zusammenkünfte ab und war fast inaktiv.

1967 gewann »Bruder« LUCIO GELLI praktisch die Kontrolle über die P2. Er war 1965 in eine andere römische Loge eingeweiht worden und erhielt die neue Stellung im Vertrauen des damaligen Großmeisters darauf, dass Gelli ein geschickter und erfolgreicher Geschäftsmann war, der erfolgreich neue Mitglieder anwarb. In der Folge wurde tatsächlich eine Reihe sehr einflussreicher Männer von der P2 aufgenommen. Während diese Praxis in den Logen anderer Länder wohl sehr schnell als »unmaurerisch« kritisiert worden wäre und hätte eingestellt werden müssen, galt es nach den angeblich in Italien üblichen Verfahrensweisen als »normal«.

Gellis steigender Einfluss führte dazu, dass der Großmeister selbst 1974 vorschlug, die Loge P2 zu streichen. Im Dezember 1974 stimmten 400 von 406 vertretenen Logen beim Treffen des »Großen Orients« dafür, P2 zu streichen. Ein Hin und Her über Rücknahme der Streichung, Suspendierung statt Streichung und so fort bestimmte die folgenden Jahre. So unterstellte Gelli 1975 dem Großmeister finanzielle Unregelmäßigkeiten und zog die Anklagen erst zurück, nachdem dieser ein Patent zur Wiedereinführung gegeben hatte (ohne dazu im Alleingang berechtigt zu sein). Damit galt P2 wieder als anerkannt, seine Mitgliedschaft blieb nicht mehr geheim, Gelli wurde eigentlicher Meister der Loge. Auf diese Weise entzog er sich selbst und die P2 der Jurisdiktion des »Großen Orients«. Gerüchte über Finanzskandale, in die nicht nur Gelli, sondern auch andere führende Mitglieder und sogar Großmeister verwickelt waren, verdichteten sich zu Tatsachen. 1980 berichtete Gelli in einem Presseinterview, dass die italienischen Freimaurer quasi seine Marionetten seien. Ein entrüstetes Freimaurertribunal schloss ihn 1981 hochoffiziell aus allen anerkannten Logen aus und entschied, dass die P2-Loge bereits seit 1974 gestrichen war, demzufolge jede spätere Handlung in ihrem Namen angeblich illegal war.

1981 begann die italienische Polizei, Gelli wegen einer Reihe betrügerischer Geschäfte unter die Lupe zu nehmen. Sie fand ein Register mit 950 Namen von Mitgliedern der P2-Loge. Die meisten waren Prominente aus Politik und Wirtschaft, einige angeblich auch aus den Reihen des Vatikans. Dem Verfasser wurde unlängst von einem katholischen Bischof aus der südlichen Hemisphäre berichtet, dass er nach einem längeren Aufenthalt im Vatikan hatte feststellen müssen, dass die Kurie (immer noch) von Freimaurern beherrscht werde. Minister der Regierung traten zurück, die italienische Regierung brach zusammen. Gelli gelang es, das Land zu verlassen, bevor er festgenommen werden konnte. Die Rechercheergebnisse von Parlamentsausschüssen bestätigten, was man inzwischen aus der Presse wusste: Gelli galt als obskurer Opportunist und zählte Banker zu seinen Freunden, wie den (angeblichen) Betrüger CALVI, der später erhängt unter der Londoner Black Friars Bridge gefunden wurde (Black Friars bezeichnet Mönche; bei

Yallop ist mehr darüber zu lesen, wenn auch vor allem Spekulatives). Der Banker SINDONA wurde später in den USA wegen Betruges und unter Mordverdacht eingesperrt. Die Natur und die Ziele von Gellis tatsächlichen oder vermeintlichen politischen Intrigen wurden nie aufgeklärt. Er hatte aus seinem südamerikanischen Versteck mehrfach angeboten, nach Italien zurückzukehren, wenn bestimmte Bedingungen erfüllt würden. Von amtlichen Stellen gibt es keinen offiziellen abschließenden Kommentar.

Der Vorsitzende der Parlamentskommission zur Aufklärung der Vorfälle erklärte lediglich, dass die Freimaurerei Gellis erstes und hauptsächliches Opfer gewesen sei. Und obwohl drei Großmeister Geheimkassen manipuliert hatten, es geheime Mitglieder gab, geheime Entscheidungen und geheime Logen, war der Hauptstamm des italienischen Freimaurertums in der P2-Affäre weder schuldig noch haftbar zu machen.

(Quellen: DAVID A. YALLOP, *In God's Name*, New York 1997;
Website der Grand Lodge of British Columbia
and Yukon A.F. & A.M sowie KENT HENDERSON in
The Transactions of the Lodge of Research No. 218,
Italian Freemasonry and the ›P2‹ Incident, Victoria, Australia, 1987)

Jeder möge seine eigenen Schlüsse aus diesem Bericht ziehen, der – wie erwähnt – hauptsächlich die Sichtweise der Freimaurer selbst spiegelt. Dem Verfasser scheint aber zumindest ein Schluss sehr nahe zu liegen: Jede Gemeinschaft, die irgendwie im Geheimen operiert, ist daraufhin »vorprogrammiert«, selbst früher oder später in geheime Machenschaften verstrickt zu werden. Und die sind eben meistens eher negativ als positiv.

Verschwörungen und Männerwelten

Eine kurze, (selbst-)kritische Bemerkung: Die meisten Geheimbünde sind Männerorden. Es scheint ein männliches, sehr fragwürdiges Privileg zu sein, vielleicht eher eine besonders dunkle Charakterseite und Schwäche, die Menschen dazu führt, Machtwahn zu hegen, wie er in diesem Kapitel immer wieder beschrieben wurde, sich entsprechende Strukturen auszudenken und solche Pläne auszuführen.

*Manipulation funktioniert am besten, wenn sich die Manipulier-
ten nicht bewusst sind, dass sie manipuliert werden. Ansonsten würden sie sich zur Wehr setzen und könnten nur durch Zwang zur selben Tätigkeit bewegt werden. Weil jedoch freiwillige ›Rädchen‹
viel leichter zu handhaben sind als gezwungene, ist Manipulation
ein wirkungsvolleres Machtmittel als Zwang. Wenn eine Manipulation wirksam sein soll, muss sie im Bewusstsein des Menschen anset-
zen ...* (RISI, *Machtwechsel auf der Erde*, S. 17f)

George Orwell, berühmter Verfasser des einst als groteske Utopie
betrachteten Buches *1984* und Mahner vor der Allgegenwart und
Allmacht eines »Großen Bruders«, sieht die Bedeutung von geistiger Manipulation ähnlich: *Wenn sowohl die Vergangenheit wie die
äußere Welt nur im Geist existieren, und falls der Geist selbst kon-
trollierbar wird – was dann?*

Adolf Hitler, der historisch als Trichter unzähliger und unsägli-
cher Dunkelmächte wirkte und wütete, soll bemerkt haben: *Die
große Masse der Menschen werden leichter Opfer einer großen Lü-
ge denn einer kleinen.*

J. Edgar Hoover, ehedem Chef des FBI und aktiv beteiligt an
den Hexenjagden auf tatsächliche und vermeintliche Kommunisten
in der unseligen McCarthy-Ära des frühen Kalten Krieges, soll
einmal gesagt haben: *An Geheimnissen ist etwas dran, was süchtig
macht.*

Thomas Jefferson, Mitverfasser der amerikanischen Unabhängigkeitserklärung und einer der ersten Präsidenten der USA, stellte
dem zum Thema Wissen und Freiheit entgegen: *Falls eine Nation
erwartet, in einer Zivilisation leben zu können, die unwissend und
zugleich frei ist, dann erwartet sie etwas, was es niemals gegeben
hat und niemals geben wird.*

Was steckt nun hinter solchen und anderen Aktivitäten? Auf
welche Mächte gingen die Illuminaten zurück? Woher erhalten
heutige Nachfahren, negativ ausgerichtete Menschen, jene, die auf
Manipulation, Magie und Macht zielen, ihre Inspiration und ihre
Kräfte? Diese Frage bringt uns zu den Asuras, die manche als reale geistige Wesen, andere als spekulative mythische Gestalten sehen.

Asuras

In manchen esoterischen Lehren tauchen sogenannte *Asuras* auf, vor allem in indischen Schriften. Laut JOHN LASH handelt es sich um übermenschliche Wesen, die in sich das höchste menschliche Potenzial an Selbstzerstörungskräften konzentrieren. Sie gelten als Agenten eines *spirituellen Todes* und werden die Erde zu einem unbestimmten Zeitpunkt in der Zukunft heimsuchen und beherrschen. Asuras werden manchmal mit den *Titanen* der griechischen Mythologie verglichen. Blicken wir deshalb zunächst in die griechische Götterwelt, welche das kollektive Unbewusste des Abendlandes noch stark beeinflusst.

Die elf Titanen waren Kinder des Gottes *Uranos*, Gott des Himmels, und *Gaia*, Göttin der Erde. Eines der elf Kinder, *Chronos*, stürzte seinen Vater Uranos und setzte sich selbst an die Spitze der Götterwelt – bis er von seinem Sohn Zeus selbst entthront wurde.

Hintergrund solcher und ähnlicher Auseinandersetzungen sind das Auseinanderfallen aus der Einheit: Himmel (Uranos) und Erde (Gaia) müssen getrennt werden, um die Entfaltung eines weiteren Schöpfungsplans in der Zeit überhaupt erst möglich zu machen.

Erst die Dualität, die sich zur Polarität entwickelt, bringt die Schöpfung immer tiefer hinein in endliche und zeitliche Formen. Nur ein materielles Licht kann auf einer materiellen Erde Schatten werfen.

Parallelen zur griechischen Trennung von Himmel und Erde finden wir in der babylonischen Schöpfungsgeschichte, wo die süßen und die bitteren Wasser genauso voneinander getrennt werden; auch polynesische Mythen beschreiben die Scheidung von Himmel und Erde.

Die griechische Mythologie ist voll der Eingriffe der Götter in das Leben auf der Erde mit unmittelbaren Auswirkungen für die Menschen. Man denke nur an das Ausmaß der Folgen, welche die Entscheidung des *Paris* hatte, der *Aphrodite* den Apfel als Zeichen überragender Schönheit zu geben und ihr damit den Vorzug vor *Hera* und *Athene*. Wie es überhaupt dazu kam, ist ein kleines Lehrstück darüber, wie negative Kräfte wirken. Bei der Hochzeit von *Peläus* und *Thetis* warf *Eris*, eine »böse Fee« und Verkörperung von Streit und irdischen Unbilden des Lebens, die nicht zur Feier eingeladen war, einen goldenen Apfel unter die Gäste. Dieser Apfel trug die Inschrift »Der Schönsten«. Drei Göttinnen meinten, dass ihnen der Apfel zustehe und ein listig beabsichtigter Streit mit unabsehbaren Folgen hob an.

Da war Athene, die jungfräuliche Krieger-Göttin und Tochter des Zeus, die aus seinem Kopf geboren wurde, nachdem dieser seine eigene Frau *Metis* verschlungen hatte (um zu verhindern, dass sie ihm einen Sohn gebären würde, der ihn vom Götterthron stoße). Athene geht wohl auf eine vorgriechische Gottheit zurück und wird als eine Verkörperung der Muttergöttin betrachtet.

Als Nächstes meinte auch Hera, die Frau des Zeus, dass ihr der Apfel zukomme. Der Mythologie nach ist sie sowohl Schwester wie Frau des Zeus, im Kult galt sie als Göttin der Ehe und des erfüllten Frau-Seins. In ihren ständigen Auseinandersetzungen mit Zeus scheint wohl noch die Auseinandersetzung zwischen weiblichen Urgottheiten und den späteren indogermanischen Männergöttern um die Vorherrschaft in den Himmeln auf.

Auch Aphrodite erhob Anspruch auf den Apfel. Sie, die »Schaumgeborene«, entstand aus den von Chronos ins Meer geworfenen Genitalien des von ihm gestürzten Vaters Uranos. Aphrodite galt als Göttin der Liebe und der weiblichen Schönheit. Nach einer anderen Genealogie war Aphrodite die Tochter von *Zeus* und *Dione*. Sie scheint eher aus dem Orient denn aus Griechenland zu stammen, und ist womöglich eine anatolische Gottheit, vielleicht auch die semitische Astarte. In Syrien wurde sie während der Zeit der römischen Herrschaft in Form eines Fisches als syrische Göttin verehrt. Aphrodite wurde auch die erste bekannte Statue einer nackten Göttin gewidmet; in Rom wurde sie zur Göttin Venus.

Zwischen diesen dreien also – Athene, Hera und Aphrodite – soll Paris entscheiden, welcher der goldene Apfel gebühre. Athene verspricht ihm Weisheit und militärische Macht, Hera bietet ihm die Herrschaft über Asien, Aphrodite verlockt ihn mit der Liebe der schönsten Frau (nicht Göttin!) der Welt. Paris wählt die Liebe einer Frau, *Helena*. Leider ist sie aber bereits verheiratet. Paris raubt sie dennoch und flieht mit ihr in seine Heimat Troja. Athene und Hera sorgen dafür, dass dieser Raub nicht ungesühnt bleibt, der Krieg um Troja beginnt und endet mit der völligen Zerstörung Trojas, mit Mord und Totschlag, sinnlosem Blutvergießen (falls es ein »sinnvolles« überhaupt geben sollte), trotz all der rechtzeitigen Mahnungen der Schwester von Paris, *Kassandra*, die aber von den Göttern verflucht war, mit ihren Worten kein Gehör zu finden.

Auch wenn sich hier Mythos und Geschichte stark vermischen (es ist bekanntlich nicht etwa alles »nur« Mythos: denn Troja gab es und es ging wirklich unter), auch wenn hier nicht deutlich unterschieden werden kann zwischen überirdischen und irdischen Motiven und Handlungen, scheinen zwei Dinge doch ganz klar zu sein:

1. Das Leben auf der Erde wird nicht nur durch Menschen bestimmt und nicht nur von Menschen ausgeführt, sondern andere, übernatürliche, jenseitige Kräfte sind ebenfalls im Spiel in unserem diesseitigen Leben. Ob diese Kräfte »Einbildung« sind oder, vornehmer ausgedrückt, »Mythos«, oder ob es sich tatsächlich auch im realen, physikalischen Sinne um überirdische Mächte handelt, die aber irdisch wirken, spielt keine Rolle. Denn die Tatsache bleibt unbestritten, dass sowohl die Beweggründe als auch die Taten der handelnden Personen der Geschichte nicht nur von rationalen Interessen, sondern eben auch von irrationalen Ideen, Idealen und Idolen geleitet (vielleicht womöglich sogar veranlasst?) worden sind (und noch werden?). Auch ein Hitler konnte seine Macht ja nicht nur mit schlimmen diesseitigen Motiven wie Neid und Rassenhass, verletzter nationaler Ehre und dem Widerstand gegen unberechtigte horrende Reparationszahlungen erringen. Auch er bedurfte jenseitiger Kräfte und kam nicht ohne eine angebliche »Vorsehung« aus, nicht ohne das vor allem der asiatischen Antike entliehene Hakenkreuz als Symbol des ewigen Lebens, ohne eine okkulte Thule-Gesellschaft, die geopolitische »Offenbarungen« verwaltete, ohne einen Sitz hoch auf dem Obersalzberg bei Berchtesgaden mit Blick auf den sagenumwobenen Untersberg, in dem Kaiser Karl der Große sitzen und darauf warten soll, als der Eine Europas und der Welt wiederzukommen (als welcher Hitler sich ja selbst betrachtete).

2. Das Böse, die Mächte des Unglücks und der Zerstörung, des Leids und des Todes, haben ihren Erfolg vor allem deshalb, weil man sie anfangs als solche überhaupt nicht erkennt. Auch hier spielt es keine Rolle, ob die Motive wirklich übernatürlichen, paranormalen, jenseitigen oder »göttlichen« Ursprungs sind, oder ob eigene Motive nur dafür gehalten werden, obwohl sie durchaus ganz irdischer Natur sind. Es reicht offenbar aus, dass wir meinen, etwas – eine Stimme, eine Eingebung, ein Auftrag, ein Ziel – käme aus einer höheren, überirdischen Ebene, um daraus zu schließen, dass diese Anleitung, irgendetwas zu tun, auch »gut« oder »positiv« sei.

Auch hier möge uns das Nazireich als Mahnung dienen: Wenn praktisch kein Mensch Hitler die »Vorsehung« abgenommen hätte, wenn das Hakenkreuz als Ersatzsymbol für das Kreuz des Christentums abgelehnt worden wäre, wenn genügend viele Menschen 1938 beim »Anschluss« Österreichs, bei der »Kristallnacht« oder 1939 beim Einmarsch in Polen Auschwitz und Stalingrad, Dresden und Volkssturm, Hiroshima und Nagasaki und alle Abermillionen von Toten und ungezählte menschliche Leiden vorhergesehen oder auch nur erahnt hätten – wäre es dann dazu gekommen?

Wenn Paris gewusst hätte, dass er Helena nur um den Preis der Zerstörung seiner eigenen Heimat und seines eigenen baldigen Todes gewinnen würde, hätte er sich von den drei Göttinnen zum Richter ihrer Schönheit machen lassen?

Hätten die Göttinnen gewusst, dass ihr alberner Wettstreit um den goldenen Apfel unermessliches Leid auf Erden bringen würde, hätten sie dem Apfel dann überhaupt Beachtung geschenkt? Oder war ihnen das Schicksal sterblicher Menschen praktisch gleichgültig?

Sind wir alle nur Spielbälle von unreifen Göttern und Göttinnen, die sich mehr um ihre Stellung und Vorlieben im Olymp oder in irgendeiner Astralebene scheren, als um eine Fortentwicklung der Menschheit zum Licht? Steckt hinter alledem doch ein großer Plan? Wessen Plan? Ein Plan der Dunkelmächte oder ein Plan der Lichtkräfte?

Weil sich das Böse zunächst als Gutes darzustellen vermag, kann es sich ausbreiten, bis man es fast nicht mehr zu bezwingen vermag. Und es kann sich nur deshalb unangefochten ausbreiten, weil man es als »höhere Gabe« empfindet. Es ist wie ein Giftpille mit schönem, farbigem Zuckerüberzug, die, erst nachdem man sie hoffnungsfroh geschluckt hat, ihre verderbliche Wirkung spüren lässt.

Die Weisen der Antike wussten schon, dass aus einem kleinen Samenkorn ein mächtiger Baum erwachsen kann, dass kleine Ursachen große Folgen zeitigen und ein Unkraut am leichtesten zu jäten ist, solange es klein ist.

Zurück zu den Asuras, die durchaus auch in den oder durch die griechischen Götter gewirkt haben mögen. Die Asuras entsprechen etwa auch den Herren von *Xibalba*, einer Unterwelt, die im *Popol Vuh* beschrieben wird. Das *Popol Vuh* ist ein Buch, welches der mündlichen Überlieferung der *Quiché-Maya* entstammt und eine mythische Schöpfungsgeschichte voller übernatürlicher Ereignisse und magischer Abenteuer berichtet, die einem häufig genug die Haare zu Berge stehen lassen. Die Asuras sind allem Anschein nach also Verkörperungen real bestehender Kräfte des Dunkels, wenn sie auch nicht immer oder sogar nur höchst selten in körperlich greifbarer und sichtbarer Form auf der Erde existieren, sondern vor allem in feinstofflichen Formen in astralen Ebenen.

Zahlreiche Mythen berichten, so Lash, von misslungenen Versuchen der Götter (nicht des Einen Gottes!), die menschliche Gestalt zu schaffen, die zu monströsen Kreaturen führten. *Sphinx* und *Minotaurus*, *Zentauren* und *Zyklopen*: die Mythologie der Antike ist voll von Fabelwesen, die aus der Verbindung von Himmel und Erde, Göttern und Welten entstanden sind. Obwohl diese Versuche nicht weiter verfolgt wurden, können die nun einmal geschaffenen Formen doch nicht völlig ausgelöscht werden. Sie kehren eines fernen Zukunftstages zurück, um die menschliche Rasse mit deren schlimmsten Anlagen zu konfrontieren. Manche modernen vermeintlichen Comics der Heavy-Metal-Szene zeigen Aspekte dieser missratenen Geschöpfe.

In der indischen Sichtweise sind die Asuras Kinder des Schöpfergottes *Brahma* – der zur hinduistischen Götterdreiheit Brahma=Schöpfer, *Vishnu*=Erhalter, *Shiva*=Auflöser gehört –, die ähnlich wie Luzifer und dessen himmlisches Gefolge aus dem Himmel gestürzt seien. Beim Fall aus den erhabenen Sphären des Lichts in die Reiche der so genannten Dunkelheit handelt es sich nicht um ein Dunkel nach unseren irdischen Maßstäben, sondern immerhin noch um überirdische Astralebenen des inneren schattenlosen Lichts, wie es zum Beispiel auch das *Tibetische Totenbuch* als Übergang in höhere geistige Welten beschreibt. Die Asuras bewohnen nach indischer Auffassung die sieben unterirdischen Reiche. Ursprünglich waren sie zwar in den oberen Sphären beheimatet. Da sie sich jedoch evolutionshemmend betätigten, wurden sie am Ende des ersten Zeitalters (am Ende des *Sat-Yuga*, des ersten *Goldenen Zeitalters*) bei der Erschaffung eines neuen Erdenzustandes »unter die Erde« geworfen (geistig, nicht räumlich zu verstehen!). Ihr Lehrer ist der feurige Genius des Planeten Venus, der *Rishi Shukra*. Die Asuras erbauten eine goldene Stadt an der Grenze des Himmels, eine silberne Stadt in der Aura der Erde, und schließlich eine eiserne Stadt auf der Erde. Weder »Grenze des Himmels« noch »Aura der Erde« sind dreidimensional-räumliche Orte, sondern feinstofflich-geistige Ebenen, die zeitgleich und ortsungebunden bestehen. Mit einem einzigen Pfeilschuss soll Shiva alle drei Städte getroffen haben, die zu einer verschmolzen, bevor sie in Flammen aufgingen. Ist das rätselhafte *Shambhala* vielleicht eine späte Erinnerung an eine dieser Städte, die – trotz aller Hoffnungen – eben kein Brennpunkt des Lichts, sondern ein Hort des (relativen) Dunkels war?

ARMIN RISI bezeichnet in *Machtwechsel auf der Erde* Asuras als Wesen der Dunkelmacht. Seiner Darstellung nach, die auf vedischen Schriften beruht, gab es in der indischen Kosmologie keinen »Engelsturz«, sondern vielmehr ganz allgemein universale negative Kräfte, die eben Asuras genannt werden.

Die Asuras sind, so Risi, in einer vielfältigen Form von Rassen erschaffen, die in eigenen Welten leben, aber immer wieder versuchen, auf die irdischen Geschicke Einfluss zu erwirken. Einen obersten Herrscher dieser gottabgewandten Welten gäbe es nicht, während die Lichtwelten durchaus ein Oberhaupt in Brahma hätten. Im Verlauf der universalen Devolution oder »Ausfaltung« der schöpferischen Kräfte in Formen von Sein kommt es – noch vor der Erschaffung der Erde und der irdischen Menschen – zu einer

Trennung der Entwicklungswege. Die Asuras werden aktiv, es entstehen Dunkelwelten mit einer entsprechenden diabolischen und gottabgewandten Gesinnung. Zwischen den Lichtsphären und den Dunkelwelten entsteht am Tief- und Wendepunkt der materiellen Verdichtung schöpferischer Kräfte die Erde.

(Nach RISI, S. 33f)

Die Veden berichten, dass im Goldenen Zeitalter noch keine negativen Wesen auf der Erde lebten. Im Verlauf des dritten großen Zeitalters, des Bronzenen oder Atlantischen Zeitalters, nach dem Goldenen und dem Silbernen und vor dem *Kali-Yuga*, unserem gegenwärtigen Eisernen Zeitalter – vergaßen viele inzwischen herabgestiegene Lichtwesen ihre wahre Identität und ursprüngliche Aufgabe der »Erleuchtung« der Erde und begannen stattdessen, sich in die irdischen Dinge einzumischen und der Entwicklung dieser äußeren Formen des Lebens mehr Beachtung zu widmen als den geistigen Zielen.

Dadurch entstanden negativ gefärbte Elementarideen, die den geistigen Raum schufen, dass auch Seelen aus der Dunkelwelt in die Zivilisationen des Bronzenen Zeitalters hineingeboren wurden. Sie lebten zunächst isoliert in eigenen Gesellschaften ohne Zugang zu den gottzugewandten Kulturen. Aber schließlich kam es zu einem Kontakt zwischen drei Gruppen von Wesen: den reinkarnierten herabgestiegenen Lichtwesen, den in der geistigen Entwicklung aufwärts strebenden »normalen« Erdenmenschen und den herabgefallenen Seelen aus der Dunkelwelt.

Diese drei Gruppen vermischten sich, obwohl es immer wieder Menschen gab und gibt, die behaupten, einer rein göttlichen Linie zu entstammen. Das muss als Wunschdenken, Vortäuschung oder diabolische Einflüsterung abgetan werden.

Die verschiedenen natürlichen und vor allem übernatürlichen Fähigkeiten vermischen sich ebenso wie die drei Gruppen, ursprüngliche Ziele – vor allem jene der Lichtwesen – werden unklar, vermengen sich mit anderen, dienen schließlich nur noch als Feigenblatt für Motive im Hintergrund. In den anschwellenden Auseinandersetzungen um Macht und Mächte, um Vorherrschaft und Herrschaft baute sich ein latentes Gruppen- und Völkerkarma auf, das sich immer wieder in Gewalt gegen Menschen entlud. Risi meint, dass viele der Eskalationen von Gewalt, wie wir sie im 20. Jahrhundert als Phänomen einer »Endzeit« erfahren haben, ihre Wurzeln in Wahrheit in den Auseinandersetzungen haben, die in grauen vorgeschichtlichen Zeiten entstanden und ihre Schatten in unsere Zukunft vorauswarfen. Über eine Art »Weltuntergang« am Ende des Bronzenen oder Kupfernen Zeitalters, wie er am Ende jedes Yugas stehen soll, schreibt er:

Vor langer Zeit also – in Ländern, die heute zum Teil gar nicht mehr existieren – kamen rivalisierende Wesen zusammen und verstrickten sich in ein kompliziertes Täter-Opfer-Muster. Am Schluss des damaligen Zeitalters war die Kluft zwischen den Lagern so groß, dass nicht einmal die Katastrophe der Vernichtung sie zu überbrücken vermochte. Wut und Verbitterung über den Misserfolg prägten das Unterbewusstsein jener, die den Niedergang verursacht hatten. Frustration und Gefühle der Ohnmacht hingegen waren die Bewusstseinsmuster jener, die versucht hatten, den Niedergang mit allen Mitteln aufzuhalten, und nun meinten, versagt zu haben. Andere natürlich zogen ihre Lehren aus diesem Rückschlag; sie bereuten und erkannten die Ursache: das Vergessen ihres Lebenssinns und ihres Ursprungs. Wieder andere – einige der Wissenden – folgten dem Pfad der Weisen und verließen die Erde ebenfalls endgültig, um in die höheren Welten oder in die spirituelle Welt zurückzukehren.

(RISI, S. 510ff)

Die überwiegende Mehrheit der Menschen, welche die damalige Katastrophe überlebt hatten, verloren jedoch den Kontakt zu höheren Dimensionen immer mehr in dem Maße, wie sie das Leben als rein materielle und notvolle Erfahrung betrachteten. Die Übergänge in andere Dimensionen wurden schwierig, wenn nicht unmöglich, die Zugänge versiegelt. Auf der Erde begann das Kali-Yuga, das Eiserne Zeitalter oder die Zeit der Dunkelheit.

Nun wurden Seelen auf die Erde geboren, die als Entwicklungsaufgabe oder zur Sühnung vergangener Schuld ein Leben in der dichtesten Materie führen wollten oder mussten. In diesem Zeitalter der Dunkelheit – also jetzt, in unserer Epoche – konnten, so die aus den Veden abgeleitete Schlussfolgerung von Risi, sehr viel mehr Seelen aus der Dunkelheit auf der Erde geboren werden.

Jetzt ist unsere Erde, salopp gesagt, derart tief im Schlamassel, dass auch Menschen, die Schlamassel als Lebenselixier brauchen und lieben, in Scharen hierherkommen. Ein anderes Bild: Wenn in einem Garten Eden ein kleiner, notwendiger Misthaufen immer größer wird, weil die Gärtner den Garten nicht mehr pflegen, wenn Unrat und Abfälle überall herumliegen und vor sich hin verrotten, zieht das natürlich immer mehr Würmer und Käfer an, die den Mist lieben und zum Leben brauchen. Bienen und Schmetterlinge werden seltener, bald ist der Garten nicht mehr als solcher zu erkennen.

Sie (die Asuras oder Seelen aus der Dunkelwelt) *wurden karmisch zu jenen Dynastien hingezogen, die ohnehin schon am tiefsten in den Aggressionen steckten. Durch das Erscheinen dieser Seelen* (eben der Asuras), *die sozusagen auf ›den bereits fahrenden Zug‹ aufsprangen, wurde die geladene Spannung noch intensiviert und das Tempo* (der geistigen Verdunkelung und sowohl seelischen wie materiellen Zerstörung) *verschärft. Sie wurden zu den treibenden Kräften auf der Erde. Gleichzeitig aber bekamen sie durch ihr Leben auf der Erde auch eine Chance, wieder mit dem göttlichen Licht in Kontakt zu kommen.«*

(RISI, S. 510ff)

Wir wollen nicht versäumen, auf eine große Gefahr dieser Argumentation hinzuweisen: wenn manche Seelen gar keine »richtigen« Seelen sind, dann scheinen Tür und Tor der Diskriminierung geöffnet zu sein, nun nicht aus Rassenwahn, sondern aus vermeintlich »spirituellen Gründen«. Bei Risi findet sich eine solche Tendenz übrigens überhaupt nicht. Unbedarfte Menschen aber, die sich mit solchen »elitären« Entwürfen beschäftigen, könnten auf eine gefährliche Fährte gelockt werden, wenn sie nicht wach bleiben.

Luzifer

Bevor wir auf dem Gedankenweg über lichte und dunkle Kräfte vor und hinter den Kulissen der Welt weiterreisen, scheint es angebracht, sich noch einmal mit Luzifer zu beschäftigen, sowohl mit dem Begriff als auch mit dem, was dahinter stehen mag. Das Dilemma, in dem wir uns befinden, wenn wir aus der Froschperspektive des eben noch keineswegs »Erleuchteten« das Leben betrachten, zumal, wenn es um »letzte Wahrheiten« gehen soll, besteht darin, dass es keineswegs immer eindeutig ist, was »gut« und was »böse« überhaupt ist. Auf die verzwickte Ambivalenz von Dingen und ihren Namen treffen wir auch bei dem, was mit dem Begriff Luzifer alles gemeint sein kann und dem, was einst dahinter gestanden hat und wie wir heute Luzifer begreifen. Immerhin gab es einen Bischof Lucifer von Calaris oder Calaritam, den Papst Lucius zu Kaiser Konstantin sandte, um diesen für ein Konzil zu gewinnen. Der Name hatte also ursprünglich keinen negativen Klang! Lesen wir in der Bibel, was oft als Urbild für Luzifer gilt. Beim Propheten Jesaja finden wir im vierzehnten Kapitel ein »Triumphlied über den Sturz des Weltherrschers«:

Wie bist du vom Himmel gefallen, du schöner Morgenstern! Wie wurdest du zu Boden geschlagen, der du alle Völker niederschlugst! Du aber gedachtest in deinem Herzen: ›Ich will in den Himmel steigen und meinen Thron über die Sterne Gottes erhöhen, ich will mich setzen auf den Berg der Versammlung im fernsten Norden. Ich will auffahren über die hohen Wolken und gleich sein dem Allerhöchsten.‹ Ja, hinunter zu den Toten fuhrest du, zur tiefsten Grube. Wer dich sieht, wird auf dich schauen, wird dich ansehen und sagen: ›Ist das der Mann, der die Welt zittern und die Königreiche beben machte, der den Erdkreis zur Wüste machte und seine Städte zerstörte und seine Gefangenen nicht nach Hause entließ?‹

(JES 14,12–17)

Was sich einerseits auf den König von Babylon bezieht und seine jüdischen Gefangenen, ist andererseits auch eine symbolische Darstellung vom Los des Menschen in der Welt, der so lange in der wüsten Welt gefangen bleibt, bis sich die Kraft Gottes als »heiliger Geist« in einem Gottessohn manifestiert, der zum Christus wird.

Ursprünglich ist Luzifer als Wort der Name der Römer für die Venus, wenn sie als Morgenstern aufging (je nach Stand der Venus zur Sonne kann sie Morgen- oder Abendstern sein). Der Begriff *luciferus* ist die lateinische Entsprechung für das griechische *phosphorus*.

Er bedeutet Lichtbringer und war ein Name, der (nach Miers) sogar von einem der frühen Päpste getragen wurde.

Im 16. Jahrhundert wird Luzifer (noch) nicht als reiner »Teufel« betrachtet, sondern als höchster Richter der Hölle, also als Wesen, das das göttliche Gesetz vollzieht. Beim Dichter und Philosophen Milton ist Luzifer der Dämon des Stolzes. Bei Lévi (und auch in der Kabbalah) ist Luzifer kein verfluchter Engel, sondern jener Engel, der Licht bringt, indem er »verbrennt« – und sich selbst dabei auch erneuert, wie der legendäre Phönix, der aus der Asche zu neuem Leben ersteht. Der Phönix verbrennt sich der antiken Sage nach alle fünfhundert Jahre selbst in seinem Nest, um dann verjüngt emporzusteigen. Bei den Alchimisten stand der Phönix für den Stein der Weisen und bei den frühen Christen war er das Symbol der Wiedergeburt.

Der hl. Jérome sprach von Luzifer, der holländische Dichter Vondel nimmt Luzifer als Titel und Hauptfigur in einem seiner epischen Gedichte, der englische mystische Maler Blake stellt Luzifer mit Dante zusammen dar. In der römischen Dichtung »Metamorphosis« ist Luzifer der Morgenstern. Dort reitet er auf einem weißen Pferd und sein Antlitz scheint voll der Freude.

Die Venus als Abendstern hieß *Hesperus, Cesperugo, Vesper, Noctifer*, oder *Nocturnus*. Die Töchter der Hesperus, die *Hesperiden*, bewachten den Baum mit den goldenen Äpfeln – letztlich erfolglos, weil Herakles, den die Erdmutter Gaia der Göttin Hera zu ihrer Vermählung mit Zeus gegeben hatte, sie trickreich entwendete. Als Venus-Abendstern=Luzifer läge das Verführerische seines Wesens darin, dass er einerseits »Vater« der Wächterinnen der goldenen Äpfel ist und andererseits auch dafür verantwortlich, dass sie in die Hände der Irdischen fallen. Er symbolisiert somit die Leuchtkraft und die Verlockung des weltlichen Goldes, das er benutzt, um den Geist der Menschen daran festzuhalten. Da dieser Baum mit den goldenen Äpfeln jedoch jenseits des normalen Erdenrunds liegt, je nach Darstellung in der Unterwelt und im Totenreich oder darüber beziehungsweise dahinter, bedeutet eine Reise dorthin immer auch eine Reise über das normale Körperleben hinaus.

Den Begriff Luzifer wollen manche Forscher auch im Zusammenhang mit den Göttinnen *Artemis* (Jagd- und Mondgöttin, manchmal auch ähnlich furchterregend wie die indische Kali), *Aurora* (römische Göttin der Morgenröte; wie ihr griechisches Pendant *Eos* ist sie ebenfalls nicht nur glückverheißend, sondern ambivalent, weil der Anbruch des Tages bereits von der kommenden Nacht kündet), und *Hekate* (kleinasiatische Göttin der »Geister« und später der Hexen und Zauberinnen; auch Göttin der Toten) schen.

Der Begriff Luzifer hat vermutlich über das hebräische Wort *heyleyl* (das Morgenstern oder genauer »das Leuchtende« heißt) Eingang in die Religionsbücher erhalten, welches in »Phosphorus« in der griechischen Septuaginta (griechische Bibel) und dann in das lateinische »Lucifer« in der Vulgata (lateinische Bibel) übertragen wurde. Im Lichte der oben angeführten Umstände wird deutlich, dass Luzifer nicht nur einseitig negativ zu sehen ist. Dasselbe gilt für »Satan«.

Der Begriff *Satan* kommt vom hebräischen *Saithan*, was Gegenspieler oder Feind bedeutet. Im Buch Hiob im AltenTestament ist Satan keineswegs der Gegner Gottes, sondern der Menschen. Er ist der von Gott beauftragte Engel, der beweisen soll, dass die Menschheit eine unwürdige Schöpfung sei. Der Erzengel Michael soll bei diesem Himmelsgericht die Menschheit verteidigen. Damit befindet sich Satan nicht in Widerstreit mit Gott, sondern erfüllt vielmehr dessen Willen!

Das Judentum absorbierte im babylonischen Exil Ideen der Dualität der Schöpfung aus der Zoroaster-Religion sowie bestimmte Vorstellungen über Engel. Das Christentum griff diese Gedanken später auf – wie ja ohnehin sehr vieles, wenn nicht sogar der Großteil seiner Elemente aus früher bestehenden Religionen stammt – und formte daraus die Ansicht, dass eine böse Macht in einer unterirdischen Welt herrsche, wo sie die Bösen bestrafe. In solchen Vorstellungen finden sich Spuren der griechisch-römischen Götter Pluto, Vulkan, Hephaistos und deren Unterwelt sowie sogar nordisch-teutonische Mythen.

Der Ausspruch im Neuen Testament, »Er aber sprach zu ihnen: Ich sah den Satan vom Himmel fallen wie einen Blitz« (Lk10,18), wird oft auf den »gefallenen Morgenstern« in der zitierten Textstelle bei Jesaja bezogen. Daraus wird dann das Oberhaupt aller gefallenen Engel. Luzifer als Synonym für den Morgenstern ist der Name vor dem »Abfall«, das Wort Satan ist der Begriff nach dem Fall dieses Engels beziehungsweise nach dessen »Rebellion gegen Gott«, je nach Lesart.

Auch die Johannesoffenbarung greift dieses Thema auf und schreibt »ich sah einen Stern, gefallen vom Himmel auf die Erde; und ihm ward der Schlüssel zum Brunnen des Abgrunds gegeben«. (OFF9,1) Damit wurde der Gleichsetzung von Luzifer und Satan vor allem im Mittelalter weiter Grund gelegt. Allerdings spricht die Johannesoffenbarung im weiteren nicht ausdrücklich davon, dass es »Satan« sei, der alle Menschen verderbe bis auf jene, die das Siegel Gottes auf ihrer Stirn trügen.

Immerhin heißt es am Ende dieses Textes, »Ich, Jesus, habe gesandt meinen Engel, solches euch zu bezeugen für die Gemeinden. Ich bin die Wurzel und das Geschlecht Davids, der helle Morgenstern« (in anderen Übersetzungen »ein heller Morgenstern« oder »ein heller und Morgenstern). (OFF 22,16)

Dass die Symbolik des Morgenstern unklar ist, ergibt sich auch aus dem zweiten Brief des Petrus: *Und wir haben desto fester das prophetische Wort, und ihr tut wohl, dass ihr darauf achtet als auf ein Licht, das da scheint an einem dunklen Ort, bis der Tag anbreche und der Morgenstern aufgehe in eurem Herzen.* (2 PETR 1,19)

Das Streben nach geistigem Wissen und geistiger Freiheit zeichnete von jeher solche Seelen aus, die sich der Suche nach dem Licht, der Erfahrung des Lichtes und seiner Verbreitung sowie dem Kampf gegen das Dunkel verschrieben hatten. Von ihnen, die im positiven Sinne Meisterschaft anstrebten und lehrten, handelt das nächste Kapitel. Die Leser mögen bitte beachten, dass diese Zuordnung nicht bedeutet, dass alle nun genannten Gruppen oder Personen immer nur »positiv« und »lichtvoll« waren und immer nur das »Gute« erstrebten. Auch wäre es ein Irrtum zu meinen, dass die zuvor behandelten Gruppen und Personen nur »negativ« und »dunkel« gewesen seien und immerzu nur das »Böse« wollten. Anhand des Exkurses zu Luzifer dürfte klar geworden sein, dass wir es – der Verfasser betont das erneut – aus der »Froschperspektive« schwer haben, das ganze Bild des Lebens zu sehen und richtig zu erkennen. Menschen (im Zusammenhang mit den Templern und Katharern spielt das eine Rolle), die sich außerhalb einer Kirche stellten, weil sie mehr als nur feste Dogmen glauben, sondern eben mehr von der Wahrheit aufnehmen wollten, gelangen selbstverständlich mit Kräften in Berührung, die – weil sie nach der Ganzheit der Wahrheit suchen – auch das Luziferische im positiven oder zumindest neutralen Sinne einschließen. Und Menschen, die ganz fest in Dogmen bleiben, weil sie sich davon Sicherheit im Glauben und im Leben erhoffen, können sehr wohl Opfer einer letztlich satanischen Macht werden, welche die starrköpfigen und ichsüchtigen Motive von »Schafen« und vor allem von ihren quasi amtlich bestellten »Hirten« benutzt, um Übles zu verbreiten. In diesem Sinne wenden wir uns also Vertretern der Kräfte des Lichts zu.

4. Kapitel
Vorkämpfer für die Kräfte des Lichts

Von aufgestiegenen Meistern der Weißen Bruderschaft zu
Gralsrittern und Katharern, vom Avatar Rama zu Shambhala,
von Lao Tse über Mevlana Rumi, Baalschemtow und Meister
Eckehart zur *Prieuré de Sion* und den *People of the Secret*

Der Vogel des Lebens ist nur ein Gast im Garten der Welt.
Die Trommel des Abschieds erklingt schon in der
Morgendämmerung;
Bereite dich auf die Weiterreise vor.

BABA FARID

Komme nicht zu uns, ohne Musik zu bringen.
Wir feiern mit Trommel und Flöte,
mit Wein, der nicht aus Trauben gemacht wird,
an einem Ort, den du dir nicht vorstellen kannst.

RUMI

Sendboten des Lichts gab es zu allen Zeiten. Selbst wenn es sich bei den uns bekannten Heiligen, Weisen, Sehern und Propheten nicht immer um Erleuchtete gehandelt haben mag, deren geistiger Rang einem Buddha oder Jesus Christus vergleichbar wäre (aber wer will das immer so genau wissen?), so haben sie sich doch immer durch selbstlosen Dienst oder geistige Klarheit, durch Streben nach Wahrheit oder durch das Leben der Liebe ausgezeichnet – oder durch all das zusammen. Wir werden vielleicht nie wissen, bis zu welchen Stufen sie sich erhoben haben und wie weit sie ihre Schüler führen konnten. Aber sie sind ein Zeichen der Hoffnung, dass es auch uns Normalsterblichen möglich ist, höheres Bewusstsein zu erlangen und auf dieser Grundlage einen Beitrag für eine bessere Welt zu leisten. Während die Vertreter des Fürsten der Welt die Macht über Menschen zum Ziele haben, verfolgen die Künder des Himmels die Erhebung der Seelen.

Avatare

Über den Begriff Avatar gibt es im Westen ziemlich viele Missverständnisse. Kein Wunder, dass der Begriff inzwischen sogar als Warenzeichen angemeldet worden ist. Eigentlich ist es ganz einfach: Avatare sind in Asien Verkörperungen von einem der drei Gottesaspekte Brahma, Vishnu oder Shiva. Es sind Geistwesen, die mit einem konkreten Auftrag aus der Ebene dieser Trinität (das ist die Kausalebene oder *Brahmand*) kommen, um mehr Gerechtigkeit und Harmonie auf die Erde zu bringen. Die Missverständnisse beginnen, wenn man meint, dass sie »Gott« seien. Auch eine Gleichsetzung mit Buddha oder Jesus Christus wäre ein Missverständnis. Denn sie sind *per definitionem* keine »Erlösermeister«, keine »Messiase«. Sie können die Seele nicht vom karmischen Gesetz befreien, sie nicht aus der Verstrickung in der Welt lösen und zu Gott bringen. Das können nur Heilige, die aus Ebenen kommen, die weit höher als die Kausalebene sind, auch höher als die Suprakausalebene (oder indisch *Par-Brahmand*). Avatare haben keinen Erlöserauftrag, sie haben dazu weder die eigene Verwirklichung noch den Auftrag Gottes. Sie sollen Seelen nicht aus den drei Welten herausführen, sondern hier mehr Ordnung stiften. Sie könnten ohne-

hin höchstens bis dorthin führen, woher sie nach der übereinstim-
menden Aussage aller Literatur und persönlichen Berichte stammen, nämlich bis zur Kausalebene. Und dennoch können sie
selbstverständlich als Lichtboten wirken. Sie können die Sehnsucht
der Seelen wecken, die allerhöchste Wahrheit zu erfahren und zur
Quelle der Schöpfung zu gelangen. Zu einem Avatar, *Rama*, wollen
wir einige Bemerkungen machen. Dabei folgt der Verfasser ausdrücklich nicht den bekannten Mythen des berühmten indischen
Dichtwerks *Ramayana*, sondern der Deutung von Edouard Schuré
aus seinem Werk *Die großen Eingeweihten*.

Rama

Nach Schuré soll Rama nicht in Indien, sondern im Land der Sky-
then geboren worden sein. Dieses erstreckte sich vier- oder fünf-
tausend Jahre vor unserer Zeit vom Atlantik zum Polarmeer. Die
vorherrschende Religion wurde von Druidenpriestern und -pries-
terinnen und Prophetinnen ausgeübt. Ihr Kult war blutig, es gab
nicht nur Tier-, sondern auch Menschenopfer. Ihr Tierzeichen war
der Stier, Inbild von Kraft und Beharrung. Rama wurde zum Be-
gründer einer neuen Religion, der Frieden unter den Menschen
verkündete, der Blutopfer ablehnte, der sein Wirken unter das Zeichen des Widders stellte. Der Widder (im Namen Rama ist das
Wort für Widder enthalten) symbolisierte den mutigen und fried-
fertigen Führer der »Menschenherden«. Rama schaut in Visionen,
wie die Schicksale von Menschen und Völkern »in den Sternen stehen« und entdeckt die Bedeutung des Tierkreises. Er erkennt, dass
es eine Versöhnung zwischen den Prinzipien geben muss, die der
Trennung von Menschen in zwei Geschlechter zugrunde liegen. Er
sieht, wie der Mann die lichte Fackel des Geistes trägt und die Frau
den Kelch des Lebens und der Liebe. Aus den Prophetinnen, die
ihres Amtes nur walteten, wenn am Altar Menschenblut vergossen
wurde, machte er Frauen, welche das heilige Feuer des Geistes in
der Geborgenheit von Heim und Heimat hüteten.

Da Rama einen Krieg zwischen den Anhängern seiner neuen
Lehre und den Vertretern des alten Stierkultes vermeiden wollte,
rief er zu einer großen Völkerwanderung auf. Sie führte ins heutige

Persien, später nach Vorderindien, also über Afghanistan ins heutige Pakistan und nach Nordindien in das Fünfstromland, den *Punjab* oder *Panchshabd*. Auf Rama und seine Völkerwanderung sowie die Zivilisationen und Religionen, die sich daraus später entwickelten, soll die Zusammengehörigkeit des »indogermanischen« Kultur- und Sprachraums zurückgehen, so Schuré.

Rama wird allenthalben als weiser Führer und glücklicher Monarch besungen. Es wird ihm trotz oder wegen seines hohen Alters die Oberherrschaft über ein großes Reich angeboten, die er jedoch nicht annimmt.

Behaltet eure Kronen und folgt meinem Gesetz. Meine Aufgabe ist beendet. Ich ziehe mich auf immer mit meinen eingeweihten Brüdern zurück auf einen Berg des Aryana-Vaeja. Von dort werde ich über euch wachen. Hütet das göttliche Feuer. Wenn es verlöschen würde, würde ich als Richter und furchtbarer Rächer unter euch erscheinen! (SCHURÉ, S. 55)

Danach soll er sich auf einen Berg zurückgezogen haben, der allein den Eingeweihten bekannt war. Der Verfasser sieht in diesem frühen Mythos der Menschheitsgeschichte übrigens den geistigen Ursprung für den späteren Mythos von Shambhala. Von diesem Rückzugsort des Rama sollen die Geheimnisse der Eingeweihten und die Symbole der von Rama begründeten neuen Religion, die in Indien in den heiligen Schriften der Veden ihren Niederschlag fanden, auch nach Ägypten gekommen sein. Das Feuer wurde zum Symbol der göttlichen Einheit der Dinge, Hörner wurden Insignien der Einweihung (wie sie auf vielen ägyptischen Gräbern zu finden sind, und selbst die päpstliche Tiara soll nach Schuré zwei solche Hörner tragen) und dann Zeichen geistlicher und irdischer Macht.

Bleiben wir im vorder- und zentralasiatischen Raum und werfen wir einen Blick auf den Mythos eines inzwischen unsichtbaren geistigen Reiches, aus dem Weltgeschicke gelenkt werden sollen.

Shambhala

Shambhala ist nach tibetisch-buddhistischen Lehren, die auch von etlichen anderen geistigen Schulen in diesem Punkt geteilt werden, ein mythisches Königreich, das im Nordosten Indiens liegt. Manchmal wird es auch in die Mongolei, nach China oder sogar an den Nordpol verlegt. Es heißt, dass der *Welterretter* aus Shambhala kommen wird, wenn Kriege und andere Zerstörungen die gesamte menschliche Zivilisation in ihrer schieren Existenz bedrohen. Das durch den jetzigen Dalai Lama auch im Westen recht offen bekannt gemachte esoterische System der *Kalachakra*-Lehren soll angeblich aus Shambhala stammen. Der Tradition zufolge regierte ein sagenhafter König namens *Suchandra* über Shambhala und erhielt die Kalachakra-Lehren direkt von *Buddha*. Der König schrieb die Lehren nieder, und sie gingen auf sechs spätere Könige auf 25 *Verkünder* über, die noch nicht alle auf der Erde erschienen sind. Wenn der 25. Lehrer kommt, ein gewisser *Rigden Pema Karpo*, soll ein goldenes Zeitalter anbrechen und Shambhala zum universellen Weltreich werden.

Die ältesten und wichtigsten *Tantras* (das bedeutet: tantrische Lehren; Tantra heißt wörtlich Gewebe) befinden sich derzeit nicht auf der Erde, sondern »oben« bei den Göttern im Ätherbereich der Erde, im Reiche Shambhala, sowie »unten« im unterirdischen Bereich der *Nagas*, der *Schlangengeister*. Ihr Reich wird auch *Agarthi* genannt. Dort herrscht ein König der Welt über ein Heer von Totenseelen.

Mein verstorbener Großonkel HANS-HASSO VON VELTHEIM-OSTRAU, wohl der kundigste spirituell ausgerichtete deutschsprachige Asienforscher des 20. Jahrhunderts, hat sich ebenfalls eingehend mit dem Shambhala-Mythos befasst. Er schreibt:

»Über das Wunderland Shambhala ist viel geforscht und vermutet worden. Alle asiatischen Mythen und Angaben stimmen darin überein, dass es sich, wie das biblische Paradies, als ein ätherischer Zustand den irdischen Augen vor langer Zeit entzogen hat, aber einst sich wieder der Erde nähern und vom schauenden Bewusstsein der Menschen wiedergefunden und erkannt werden wird. Manche der indischen Gurus, die ich über den Zeitpunkt befragte, halten diese Zeit bereits für angebrochen. Tibetaner und Nepalesen wussten meistens von diesem Märchenlande, verlegten es aber örtlich nach Russisch-Zentralasien oder in die Gegend der lamaistischen Burjäten. Für alle asiatischen Esoteriker ist Shambhala ein seelisch-geistiges Heimatland, der Seinszustand des ungeteilt-geöffneten Lebens, aus welchem dem Eingeweihten Lebenskraft zuströmt. Es ist ihnen Land der fernen Vergangenheit und nahen Zukunft, in welchem Novalis seinen Heinrich von Ofterdingen die ›blaue Blume‹ pflücken lässt.«

(VELTHEIM-OSTRAU, *Tagebücher aus Asien*, S. 372f)

Der Dichter Novalis (Dichtername von Friedrich von Hardenberg, 1772–1801) schildert in dem oben genannten *Heinrich von Ofterdingen* das Land Shambhala mit den Worten: »Hier ist die christliche Religion mit der heidnischen ausgesöhnt. Die Geschichte des Orpheus, der Psyche und anderer werden besungen.« Er spricht davon, dass alles vor der Wiederentdeckung von Shambhala »Tod, letzter Traum und Erwachen« gewesen sei. In einem Gedicht über den Kirchhof im Klostergarten lässt der Dichter die Hingeschiedenen über das Land Shambhala sagen, dass sie erst dort, nach dem Tode, das wahre Leben gefunden hätten. Er spricht von der »alten Welt«, welche die Heimat der Seelen sei, die viel heller als das »bleiche Dasein« auf der Erde sei.

Die Schilderungen von Shambhala und die Beschreibungen eines himmlischen Jerusalems durch Johannes und die apokalyptischen Visionen ähneln einander derart, dass der Autor HEINRICH VON SCHWEINITZ in einer Untersuchung über Buddhismus und Christentum 1955 schrieb:

Bis in die Vorstellung der heiligen Zwölfzahl und bis in die Bilder vom Edelstein und durchscheinendem Glas, vom lauteren Gold und vom Licht der göttlichen Herrlichkeit gleichen sich buddhistische und christliche Apokalypse. (Zitiert nach VELTHEIM-OSTRAU, Tagebücher aus Asien, S. 372) Im 6. Kapitel befassen wir uns näher mit den inneren Lehren von Buddha und Jesus und wie sehr sie einander ähneln.

Ein ganz anderes, nämlich weniger helles Bild, zeichnet Risi, wenn er einen Autor namens ELIA und dessen *Legende von Atlantis* sowie eine Autorin McCloud und deren Buch *Die schwarze Sonne von Tashi Lhunpo* zitiert:

»Es entstanden zwei große Bruderschaften auf Erden, die von Shambhala und Agarthi beeinflusst wurden. Zusammen bezeichnet man sie als die ›Bruderschaft der Schlange‹. Die außerirdischen Lichtbringer [hier sind die luziferischen Asuras gemeint] gaben den überlebenden Priestern von Atlantis genaue Anweisungen, die ›Bruderschaft der Schlange‹ neu zu gründen. Als dritte unbekannte Macht [neben Shambhala und Agarthi] inspirierten sie die jeweiligen Bruderschaften und deren weltliche Könige, um die Weltreiche zu bauen. Alle Kriege waren ein Mittel, um neue Geschichtsepochen und Zeitalter einzuleiten. Es war das alte Spiel – wenn zwei sich streiten, dann bleibt der Dritte und seine Ziele im Verborgenen. So wurden alle weltlichen Führer von der dritten Macht verführt.« …

»Die beiden Gruppen aber, Agarthi und Shambhala, stehen seit Jahrtausenden im Kampf gegeneinander. Und das unterschiedliche Schicksal, das sie den Menschen zugedacht haben, ist der Grund dafür. … Dann haben wir es mit zwei miteinander rivalisierenden Gruppen zu tun: Da ist die eine Ausprägungsform Agarthi-Gruppe, der Thule-Orden. Und da ist eine andere Ausprägungsform der Shambhala-Gruppe, die Freimaurerei. Beide stehen im Kampf gegeneinander, in einem Kampf, der sich dem rationalen Zugang über weite Strecken entzieht, ein Kampf, der sich vielmehr auf esoterisch-religiöser Ebene abspielt.«   (RISI, S. 502f, 570)

Die weiße Bruderschaft

Es soll sich um so genannte »aufgestiegene Meister der weißen Bruderschaft« handeln, die El Morya, Dwal Khul, der Tibeter und so fort heißen, und auf telepathischem Wege sozusagen Menschen leiten und lenken, die dafür offen und bereit sind. Die »weiße Bruderschaft« wird manchmal auch als Teil von Shambhala angesehen. Sie soll mit der geistigen Evolution der Menschheit beauftragt worden sein. In den Schriften der so genannten »Arkan-Schule«, die im Lucis Trust erschienen sind, findet sich zu diesem Thema eine Fülle von Material aus Alice Baileys Feder. Auch Helena Blavatsky hat von diesen Geistlehrern gesprochen. Der legendäre

St. Germain gehört nach Ansicht mancher Beobachter ebenfalls in ihre Reihe. Heutzutage behaupten zahlreiche Menschen, diese Meister zu »channeln«. Das Problem »aufgestiegener Meister« ist, dass man sie nicht beliebig besuchen und befragen kann, und dass sogar ihre Existenz eigentlich nur geglaubt werden kann (oder soll). Damit lassen sie sich mit anderen historisch gesicherten Heiligen, Meistern, Weisen und Lehrern nicht wirklich vergleichen. Der Verfasser ist nach gründlicher Prüfung dieser Frage der Ansicht, dass lebende Meister greifbarer und hilfreicher sind als aufgestiegene. Zumindest möchte er aber auf diese hingewiesen haben.

Gralsritter und Katharer

Mit an Sicherheit grenzender Wahrscheinlichkeit geht der Gralsmythos auf Legenden über das Geschehen nach Jesu Kreuzigung zurück. Der amerikanische Philosoph und Esoteriker MANLY PALMER HALL meint dazu: *So, wie die zeitliche (sichtbare) Macht des Heiligen Stuhls von St. Peter begründet wurde, so wurde die spirituelle (oder unsichtbare) Essenz des Glaubens der »Geheimen Kirche des Heiligen Grals« anvertraut, in einer apostolischen Nachfolge, beginnend mit Joseph von Arimathäa, dem die Symbole des Bundes übergeben wurden – der ewig quellende Kelch und der blutende Speer.* (HALL, S. CLXXX)

Diese wundersamen Gegenstände gelangten von Jerusalem entweder direkt nach Glastonbury (so eine Meinung), und bildeten dann die Grundlage für spätere Artus- und Gralsmythen. Oder sie kamen mit der Familie Jesu zunächst nach Südfrankreich, waren in der Obhut von Templern und/oder Katharern, und wurden später, als diese Orden verfolgt und ausgelöscht wurden, entweder nach Großbritannien oder anderswohin gebracht, um sie sichern.

Die Suche nach diesen heiligen Reliquien bildet den Kern der Suche nach dem Gral. Diese Suche auch ist es, was die edlen Gralsritter der Artusrunde umtreibt. Allerdings meist vergeblich, denn nur wenigen Sterblichen ist es vergönnt, sie zu sehen. Ihrer ansichtig zu werden bedeutet so viel wie ein europäisch-christliches Pendant zur östlichen »Erleuchtung«.

Die *Katharer* waren eine Ordensgemeinschaft, manche sagen, eine Sekte, die vom 10. bis zur Mitte des 15. Jahrhunderts in den meisten westlichen und südlichen Ländern Europas verbreitet war, oft auch unter anderen Bezeichnungen. Der Name Katharer stammt von einem griechischen Wort, das »Die Reinen« bedeutet. Sie wurden in der Mitte des 15. Jahrhunderts praktisch ausgelöscht. Ihre Weisheiten, vielleicht auch ihre Schätze, haben sie aber überlebt. Es mag auch heute noch oder wieder Katharer unter uns geben, die im Verborgenen die alten Lehren und Geheimnisse weitertragen.

Die Templer oder der Orden der Tempelherren wurde 1188 in Frankreich gegründet, 1389 durch Papst Clemens V. verdammt. Sie galten als der »militärische Arm« der Katharer und waren im Mittelalter während der 190 Jahre ihres offiziellen Bestehens einer der wichtigsten geistigen und weltlichen Machtfaktoren der Zeit. Auch und gerade bei den Kreuzzügen und der Eroberung Jerusalems spielten sie eine bedeutende Rolle.

Sowohl Katharer wie Templer pflegten nach allem, was man heute weiß, Glaubensüberzeugungen der Gnosis, die wir gleich kurz beschreiben werden, die in vielem von der offiziellen Kirchendoktrin abwichen. Dies wurde zum Hauptgrund für ihre Verfolgung.

Kurz und vereinfacht gesagt, waren die Katharer der Ansicht, dass ein »guter Gott« die himmlische Welt und den himmlischen Menschen geschaffen habe, und ein »böser Gott« die materiellen Elemente und daraus alle sichtbaren Dinge geschaffen habe. (Eine Parallele zu dieser Auffassung vom indischen Weisen Kabir wird in den nächsten beiden Kapiteln dargelegt.) Damit schlossen sich die Katharer einer Gruppe der Gnostiker an, die unter sich in dieser Frage durchaus gespalten waren.

Der *Demiurg* (»Baumeister«, Schöpfergeist der Erde) war der Schöpfer der niederen Welten. Er schuf mit Hilfe seiner sechs Söhne, die er aus sich selbst bildete, das physikalische Universum. Eine Gruppe unter den Gnostikern meinte nun, dass der Demiurg die Ursache für alles Leid und deshalb ein böses Geschöpf sei. Er hatte demnach durch den Bau der niederen Welten die Seelen der Menschen von der Wahrheit getrennt, indem er sie in sterblichen Körpern einschloss.

Die andere Gruppe der Gnostiker betrachtete den Demiurg als göttlich inspiriertes Wesen, das lediglich die Aufträge des unsichtbaren Herrn ausführte. Manche meinten, dass der jüdische Gott Jehova der Demiurg sei. Das fand später übrigens offensichtlich Eingang in die Vorstellungen der Rosenkreuzer, die in Jehova den Herrn der irdischen Welten, aber nicht die höchste Gottheit sahen.

Für die Gnostiker war Christus die Verkörperung des göttlichen Geistes, *Nous*. Er kam aus den höheren spirituellen Äonen. Zum Zeitpunkt der Taufe durch Johannes kam Christus nach dieser Vorstellung in den Körper Jesu – und verließ ihn vor der Kreuzigung! In der Bibel steht, dass Johannes der Täufer Zeuge wird, dass im Augenblick der Taufe Jesu durch ihn, Johannes, der Heilige Geist auf Jesus »herniederfuhr wie eine weiße Taube.«   (MT 3,16)

Die Gnostiker unterteilten die Menschheit in drei Teile: in solche »Wilden«, welche nur die sichtbare Natur anbeteten; in jene wie die Juden, welche den Demiurg anbeteten; und schließlich sie selbst, die wie einige andere ähnliche Kulte und bestimmte christliche Sekten Christus und das wahre spirituelle Licht der höheren Äonen anbeteten.   (HALL, S. XXVI)

Zurück zum Gral, zu König Arthur. Was war oder ist nun der Gral, dem manche Ritter der Artusrunde ihr ganzes Leben widmeten? Ist der Gral der Stein der Weisen, der ewiges Leben auf Erden verheißt? Ist es der »Rote Löwe«, über den Maria Szepes so wunderbar geschrieben hat? Oder ist es die Schale, in der das Blut Jesu aufgefangen wurde, das aus seiner Seite floss, nachdem ihm ein römischer Soldat mit einer Lanze hineingestochen hatte? Ist es also das Blut, das von Sünden reinwäscht und die Auferstehung zu einem geistlichen Leben bewirkt?

Oder ist der Gral, dieser mystische Gegenstand, kein irdischer Kelch, der wie ein großer Schatz gehütet wird und dessen nur Eingeweihte ansichtig werden dürfen, sondern ein geistiger Kelch? Handelt es sich dabei in Wahrheit um das »dritte Auge« als magisches Tor der Einweihung in innere Welten? Ist die Sehnsucht und Suche, die Pilgerfahrt der Gralsritter über die ganze Erde, nur symbolisch zu verstehen als Hinweis auf eine innere Reise? Liegt die fast unüberwindliche Schwierigkeit dabei, den Gral zu finden, darin begründet, dass er eben nur in der Innenschau, nicht aber im Außen der Welt existiert? Der Verfasser hat zwar eine eigene Meinung zu diesen Fragen, will aber die persönliche Orientierung der Leser nicht präjudizieren. »Wer suchet, der findet; wer anklopft, dem wird aufgetan«, steht in der Heiligen Schrift. Immer aber heißt es, sorgfältig zu prüfen, was man gefunden zu haben glaubt.

Allzu oft werden Mythen für pseudoesoterische Zwecke missbraucht. 1893 wurde ein *Orden vom heiligen Gral* gegründet, 1921 mit dem Namen *Neuer Grals-Orden* reformiert, von dem sich 1923 der *Gralshort Montsalvat* abspaltete. 1928 wurde in Vomp in Tirol die *Gralsgemeinschaft* von einem Mann etabliert, der sich selbst als »Gottes Sohn« ausgab.

War Arthur nun ein keltischer Messias, ein Priesterkönig, der sowohl spirituell wie gesellschaftspolitisch zeitweise die höchste Autorität ausübte und vorübergehend eine echte Gottesherrschaft auf Erden begründete? Nein! GEOFFREY ASHE weist in seinem erstaunlichen Buch *The Discovery of King Arthur* (Die Entdeckung von König Arthur) nach, dass der vermeintliche nur auf Legenden beruhende Mythos auf einen historisch dokumentierten Hochkönig zurückgeht, auf *Riothamus*. Nach Ashes detaillierten Darlegungen lesen sich die gesicherten Lebensdaten so:

454 beginnt die Regentschaft von Arthur/Riothamus, was ihn in die Zeit der Goten, Hunnen und Vandalen stellt. Während der Herrschaft von Ägidius in Gallien, 461–464, ist Arthur König und schließt mit Ägidius Abkommen. Zum Zeitpunkt des Todes von Papst Leo 461 sowie während Hilarius von 461–468 Papst ist, ist Arthur ebenfalls noch König. Er führt militärische Kampagnen in Gallien durch von 469–470, während der Herrschaft von Kaiser Leo I. 470 »verschwindet« er aus der Geschichte. Warum? Ashe meint, weil er sich im heutigen Frankreich aufhielt, während seine Machtbasis im heutigen England unter den Angriffen von Feinden zerbrach, und Arthur=Riothamus deshalb dort blieb, als König ohne weitere größere historische Wirkung. (Nach ASHE, S. 110)

Wie weiter oben bereits erwähnt, hat man in Mitteleuropa vielleicht darauf gewartet, dass der im Kyffhäuser »schlafende« Kaiser Barbarossa zurückkehrt, um das Heilige Römische Reich wieder zu errichten, wenn die Raben aufhören, um den Berg herum zu fliegen. Oder man hat gehofft, dass Kaiser Karl der Große, der im Untersberg beim Großgmain ruht, wieder hervorkommen möge, um ein geeintes christliches Europa zu errichten, das von geistigen Prinzipien durchdrungen ist. Ähnlich hat man vor allem in England darauf gewartet, dass König Arthur von der mythischen Insel Avalon zurückkommen möge, um wieder Wahrheit und Gerechtigkeit, Menschenliebe und Gottesverehrung an die Stelle einer materialistisch verderbten Gesellschaft zu setzen. Ashe schreibt:

Hier haben wir ein faszinierendes, unzerstörbares Thema, das zwar national begründet ist und doch über die Nationalität von Menschen hinausgeht. Es hat, zum Guten oder Schlechten, die Geschichte des Landes, in dem es begann (Großbritannien) *beeinflusst. Dieses Thema hat Finsternisse und Zerstörungen überlebt, und man kann sich Britannien nicht ohne dieses Thema denken. Und doch könnte keine irgendwie vorstellbare Bewegung und keine Regierung* (diesen Mythos) *in einem Programm »gefangen nehmen«. Das zeigt die Grenzen von Bewegungen und Regierungen auf. Der unsterbliche König ist eine eigenartig machtvolle Erinnerung daran, dass es etwas anderes auch noch gibt. Indem es diese Bewusstheit und einen suchenden Geist nährt, mag sein Ruhm Wirkung auf das Denken der Menschen ausüben. Es könnte die Geschichte wieder beeinflussen ...* (ASHE, S. 192f)

Sicher ist, dass König Arthur und seine Gralsritter, mögen sie mythische Gestalten oder reale Personen gewesen sein, ebensolche Lichtboten waren wie die bald zahl- und namenlosen Katharer, die um Wahrheit rangen und dafür oft mit ihrem Leben bezahlen mussten. Wir können keine umfassende Darstellung über die Lichtboten der Zeiten bringen und auch nicht mehr an Zitaten vorstellen. Uns ist jedoch nun wichtig, beispielhaft an wenigen ausgewählten Menschheitslehrern aufzuzeigen, wenn auch nur skizzenhaft, dass es in allen Kulturräumen, Epochen und Religionen Boten des Lichts gegeben hat und weiterhin gibt, die weit über ihre unmittelbare Gesellschaftsform als Werkzeuge einer höheren Kraft gewirkt haben und noch wirken. In diesem Sinne sollen vier bedeutende Persönlichkeiten erwähnt werden, aus China, Vorderasien und Europa, aus dem Taoismus, dem Islam, dem Christentum und dem Judentum.

Lao Tse

Historisch gesichertes Wissen gibt es über diesen Meister des Tao leider nicht. Gern wird er als alter Mann dargestellt, der auf einem Ochsen über die Felder reitet. Sein Name kann »alter Meister«, aber auch »alter Junge« bedeuten. Wir wissen nicht, ob er Staatsdiener oder Lehrer, Kaufmann oder Einsiedler war. Sein berühmtes Werk *Tao te king* soll der Legende nach entstanden sein, weil der Zöllner, als Lao tse auf dem Ochsen über die Grenze außer Landes ritt, ihn gebeten hatte, den Kern seiner Weisheit doch der Nachwelt zu hinterlassen. Der Weise soll danach spurlos verschwunden sein.

Im Mittelpunkt seines Lehrgedichts steht die Aufforderung, den Dingen ihren natürlichen Lauf zu lassen. Dabei gilt es, nicht etwa untätig zu sein oder fatalistisch, sondern zu wirken, ohne wirken zu wollen, also ohne Ego zu leben. Darin liegt eines der wirksamsten Mittel, den Kräften des Dunkels zu widerstehen: indem man noch nicht einmal gegen sie ankämpft, kann man sich ihrem Einfluss entziehen! Das kommt auch im folgenden Vers zum Ausdruck.

> *Wenn du erkennst, dass sich alle Dinge wandeln,*
> *Gibt es nichts mehr, das du festhalten willst.*
> *Wenn du dich nicht mehr vor dem Tode fürchtest,*
> *Gibt es nichts mehr, das du nicht erreichen kannst.*
> (Verse zitiert nach BENEDIKT, S. 71)

Das, was wir im Westen meist Gott nennen, in einem geistigen, nicht im anthropomorphen Sinne, heißt bei Lao Tse *Tao*.

> *Es gibt etwas formlos Vollendetes*
> *Bevor Himmel und Erde entstanden.*
> *Es ist still und leer, all-eins und unveränderlich,*
> *Unendlich und ewig gegenwärtig.*
> *Es ist die Mutter aller Schöpfung.*
> *Ich weiß nicht seinen Namen*
> *Und nenne es deshalb das TAO.*
> *Es fließt durch alle Dinge, innen und außen,*
> *Und kehrt zum Ursprung aller Dinge zurück.*
> (Übersetzung aus mehreren englischen Quellen durch den Verfasser.)

Mevlana Rumi

Der Sufismus bildet bekanntlich die Mystik des Islam. Mevlana Rumi (auch Deschelal-ed-din Rumi) war sein bedeutendster Dichter, der mit dem *Diwan* und dem *Masnavi* der Mystik islamischer Prägung gültigen Ausdruck verlieh. Er lebte im 13. Jahrhundert, die Familie stammte aus Zentralasien, war vor kriegerischen Wirren geflohen und hatte in Konya, im Hochland von Anatolien in der heutigen Türkei, eine neue Heimat gefunden. Sein Meister Shamas von Täbriz (auch Schems-ed-din Täbrizi) war nur seinetwegen aus Bagdad gereist, um ihn in die Mysterien des Jenseits einzuweihen. Er soll einmal gesagt haben, »Ich bin die Sonne, Rumi ist der Mond. Niemand kann direkt in die Sonne blicken, aber das Sonnenlicht wahrnehmen, wie es vom Mond gespiegelt wird.« Damit spielte er darauf an, dass Rumi geachtet, er selbst als Rumis geistiger Lehrer aber verleumdet, abgewiesen und sogar verfolgt wurde. Rumi, der vor seiner Einweihung und auch danach als weithin berühmter Theologe wirkte, galt bereits zu Lebzeiten – anders als die meisten der Heiligen und Gottesboten – als *Pir*, als erleuchteter Weisheitslehrer. Rumi vereinte islamische Mystik mit indischer Theologie und Religiosität, griechische Philosophie, und dort vor allem die des Pythagoras, der ebenfalls von der »Musik der Sphären« berichtete, mit dem Urchristentum. Die nur äußerlichen Formen jedweder Religion verwarf er. Er rief ausdrücklich im Stile eines Jesus aus, »Kommt, gleich, wie oft ihr gesündigt habt, kommt, ob ihr Türke (Muslim), Hindu oder Christ seid, kommt alle zu mir, ich werde euch aufnehmen.« Über blinde Schriftgläubigkeit, der er auch einmal angehangen war, schrieb er:

> *Mich wundert's nicht, dass, die im Dunklen geh'n,*
> *nichts im Koran als nur den Wortsinn seh'n.*
> *Der Blinde spürt ja auch vom Sonnenlicht*
> *die Wärme nur, den Glanz erkennt er nicht.*

(SCHMIDT, *In dir ist das Licht*, S. 182)

Die Bedeutung eines spirituellen Führers, eines Meisters, auf dem Wege ins Urlicht beschrieb er mit den Worten:

Mit Deiner Seele hat sich meine
gemischt wie Wasser mit dem Weine.
Wer kann den Wein vom Wasser trennen?
Wer Dich und mich aus dem Vereine?
Du bist mein großes Ich geworden,
und nur mehr will ich sein dies kleine.
Du hast mein Wesen angenommen,
soll ich nicht nehmen an das Deine?
Auf ewig hast Du mich bejahet,
dass ich Dich ewig nie verneine!

(SCHMIDT, S. 184)

Um dem Dunkel auf immer zu entfliehen, bedarf es der Liebe. Die Kraft der Liebe ist die stärkste Macht der Schöpfung. Sie siegt, wo alles andere versagt. Sie ist das unsichtbare Wunderschwert, um der vielköpfigen Hydra der Welt alle Köpfe abzuschlagen:

Von allem, was nicht göttlich ist, zieht den Blick,
wem dieses Lichtes Kunde ward, zurück.
Doch dieser Kunde der nur sich erfreut,
der sich umgürtet mit der Liebe Kleid.

(SCHMIDT, S. 184)

Meister Eckehart

Der »Buddha des Westens« wird dieser Dominikanermönch genannt, der von 1260 bis 1327 gelebt hat. Er war nacheinander Prior von Erfurt, Vikarius der Ordensprovinz Thüringen, Lehrer an der Hochschule Paris, erster Ordensprovinzial von Sachsen mit über sechzig Klöstern unter seiner Aufsicht, später zusätzlich Generalvikar der böhmischen Ordensprovinz, Leiter der Theologenschule in Straßburg und Prediger dortselbst, bis er schließlich den ersten theologischen Lehrstuhl in Köln erhielt. Dort bildete er seinen Entwurf eines »Innengottes« aus, den er wortgewaltig und ans Herz rührend, aber oft auch mystisch und eher intuitiv als intellektuell erfassbar verkündete. Zwangsläufig wird ein Inquisitionsverfahren gegen ihn eingeleitet, vom Kölner Erzbischof Heinrich von Werneburg, dessen Ausgang er allerdings nicht mehr erlebt. Einige seiner Lehrsätze werden als ketzerisch verworfen. Wurde er zwar nicht Opfer des fanatischen und dogmatischen Religionswahns, so mussten doch etliche seiner Anhänger, die weniger berühmt waren, ihr Leben für ihren Glauben lassen, gemordet von ebenjenen Kirchenvertretern, die angeblich die wahre Lehre besaßen. Gerade an solchen Beispielen lässt sich deutlich darstellen, dass sich die Macht des Bösen allzu oft des vermeintlich Guten und Erhabenen bemächtigt, nämlich der Religion, um in ihrem Namen Angst und Schrecken zu verbreiten, Grauen zu säen und auch nicht vor Massenmord zurückschreckt.

Die Verfolgung von Menschen im Namen der Religion, die Unterdrückung, Ausgrenzung, Vertreibung und Niedermetzelung in allen Geschichtsepochen, von und gegen nahezu alle Religionen (besonders, wie wir aus der jüngeren deutschen Geschichte voller Entsetzen, Abscheu und Scham wissen, gegen Juden), war und ist immer noch so sehr »Programm«, dass wir nicht umhin können, das Böse und die Bösen dahinter zu vermuten.

Meister Eckehart verteidigt seine angeblichen Irrlehren in einer Rechtfertigungsschrift, die er in Köln öffentlich verliest und reist zu einem Tribunal nach Avignon. Einen Widerruf lehnt er ab und verlangt stattdessen einen persönlichen Vortrag beim Papst, nach dem ja entschieden werden könne, ob seiner Lehre Irrtümer anhafteten. Vor seiner Abreise stirbt Eckehart jedoch.

Eckeharts Weise, sich dem Fürsten der Erde zu widersetzen und Licht ins Dunkel der Welt zu bringen, bestand darin, sein Herz für die innere Schau des ewigen Lichtes zu öffnen und seinen geschärften Geist einzusetzen zur mutigen Predigt über die Wahrheit und den Weg zu ihr. Er verbindet »Minne«, wie er die göttliche Liebe nannte, mit eigener Schau, das fließende Licht der Gottheit mit überströmender Liebe und der Klarheit eines Wortes, das in der Wahrheit wurzelt und aus ihr emporwächst, ungeachtet der Stürme des Bösen, die es umtosen mögen.

Ich habe es schon oft gesagt und wiederhole es, dass eine Kraft in der Seele ist, die für Gott empfänglich ist, eine Kraft, die nicht von Fleisch und Zeit abhängt, sondern aus dem Geiste fließt, in dem Geiste bleibt und völlig geistig ist. In dieser Kraft ist Gott ohne Unterlass und glimmt und brennt in ihr mit seiner Fülle und Wonne. (SCHMIDT, S. 195)

Alles, was Gott Vater seinem eingeborenen Sohn in der menschlichen Natur gegeben hat, das hat er völlig auch mir gegeben. Hiervon nehme ich nichts aus, weder die Einigung noch die Heiligkeit, sondern er hat mir alles ebenso gegeben wie ihm. (BENEDIKT, S. 39)

In beiden kurzen Texten finden wir die Gewissheit, dass jeder Mensch berufen ist, ins Licht zu gelangen. Wir nehmen hier auch zur Kenntnis, dass der Vorgang der Öffnung für das Göttliche jenseits der Körperwelten stattfindet. Es handelt sich also erneut nicht um einen Kampf *gegen* das Böse, sondern um ein Streben, sich dem Licht zu öffnen. Wir gehen in den letzten beiden Kapiteln darauf noch weiter ein.

Baalschemtow

Von den semitischen Kulturvölkern des Altertums besteht nur noch das jüdische, obwohl gerade ihm die scheinbare Voraussetzung dauerhafter Existenz, das eigene Land, abhanden kam. Babylonier, Assyrer, Chaldäer und Phönizier, die Mächtigsten vom Stamme *Sem* vergingen; aber die schwachen Juden überlebten. Als Fremde zu Babylon schrieben sie in der Bibel ihren Glauben und ihre Geschichte nieder und in diesem Spiegel erkannten sich selbst. Eine scheinbar nur literarische Arbeit, die Umkleidung einer Glaubenslehre und eines Ahnenkatalogs, wurde die wichtigste politische Tat zur Erhaltung ihres Volkes und ihres Glaubens.

Das wichtigste spirituelle Ereignis für die Erhaltung des Glaubens in der neueren Zeit war die Wiederbelebung der jüdischen Mystik durch Rabbi Israel ben Eliser, der unter dem Meisternamen *Baalschemtow* oder »Träger des guten Namens« beziehungsweise »Vertrauensmann des Volkes« bekannt wurde. Er lebte von 1698 bis 1760 und begründete die Entstehung dessen, was heute als Chassidismus bezeichnet wird. Die Meister dieser Rückbesinnung auf eigenes mystisches Erleben und aktives geistiges Wirken für die Lichtkräfte in der Welt nennt man *Zaddikim*, Mehrzahl von *Zaddik*; ihre Schüler heißen *Chassidim*. Der Baalschemtow begann eine Bewegung, die bis in unsere Tage andauerte und immer mehr vom »Himmel auf die Erde« brachte. Er wirkte wie nahezu alle Heiligen zwar auch weltliche »Wunder«, zeichnete sich jedoch vor allem durch selbstloses Dienen und die Lösung von Seelen aus der irdischen Gebundenheit und deren Erhebung in höhere Gefilde aus. Sein Sohn berichtete:

Nach dem Abscheiden meines Vaters sah ich ihn einmal in der Gestalt eines Feuerbergs, der sich in unzählige Funken teilte. Ich fragte ihn: Warum erscheinst du in solcher Gestalt? Er antwortete mir: So habe ich Gott gedient.　　　　　　　　(BENEDIKT, S. 23)

Der Chassidismus war im frühen 18. Jahrhundert auch so etwas wie ein geistiger Aufstand der armen und ungelehrten Juden gegen die religiöse Vormundschaft durch die Schriftgelehrten. Spontanes und intuitives religiöses Erleben war ihnen wichtiger als theologischer Intellektualismus und Dogmatismus. Eine weltoffene, fröhliche Frömmigkeit brach sich Bahn. Wie MARTIN BUBER einmal sagte: »Glaube allein macht bigott. Humor allein macht zynisch. Glaube und Humor zusammen aber ergeben jene rechte Haltung, mit der das Leben zu bewältigen ist.« (MOSER, S. 43) Umso erstaunlicher ist es, festzustellen, dass jene, die sich am Beginn dieser Bewegung vor einem Viertel Jahrtausend gegen die üblichen starren Formen der jüdischen Religion stellten und zur lebendigen Ergriffenheit an Seele und Leib inspirierten, heute überwiegend als eher stark orthodox eingeschätzt werden (müssen). Jenseits der äußeren Formen jedoch hat sich ein mystischer Geist erhalten, der vermutlich am ehesten in der *Chabad*-Bewegung zum Ausdruck gelangt. Durch den erst 1994 verstorbenen Rebbe Menachem Mendel Schneerson dauert die chassidische Bewegung bis in unsere Tage an. Sein Schüler Rabbi TZVI FREEMAN schreibt:

Viele wurden zu Führern, weil sie andere dazu brachten, an sie zu glauben. Der Rebbe war ein großer Führer, weil er so sehr an uns glaubte! Es ist eine lange Tradition bei den Rebbes von Lubawitsch, das Monster, das die Welt vorgibt zu sein, zu verachten und sich ihm zu widersetzen. Es gab niemals Anhänger des Rebbe, es gab keine Gefolgschaft – Anhänger hätten mit ihm gar nicht Schritt halten können, sie hätten ihm gar nicht folgen können. Der Rebbe hatte nur Anführer. Solche, die mit ihm rebellierten. Von den Chassidim wurde erwartet, dass sie die Initiative ergriffen und taten, wovon sie glaubten, dass es funktionieren würde.

Die chassidische Weise des Umgangs mit der Welt besteht darin, sich weder im Dunkel zu verlieren noch es wirklich ernst zu nehmen, sondern sogar im tiefsten Dunkel noch einen göttlichen Funken des schöpferischen Lichtes zu entdecken, eben »den Himmel auf die Erde zu bringen«. Da Gott allgegenwärtig ist, ist er auch dort zu finden, wo es überhaupt nicht danach aussehen mag. Ein jüdischer Meister, ein Zaddik, deckt diese verborgenen Funken auf und erlöst sie. So entreißt oder entwindet er dem Fürsten der Welt Stück um Stück Seelen, die wie betäubt von der Illusion der Welt sind, bis die Zeit endlich reif ist, dass der *Moschiach*, der Erlöser kommt, um die gesamte Schöpfung zu erlösen.   (FREEMAN, S. 14ff)

In den Büchern *Die großen Eingeweihten* von EDOUARD SCHURÉ (1841–1929; schrieb auch *Die Kinder des Luzifer*), mit einem Vorwort von RUDOLF STEINER, in K.O. SCHMIDTS *In dir ist das Licht*, in MARTIN BUBERS *Die Erzählungen der Chassidim*, sowie in den Anthologien *Die Quelle aller Liebe* von DARSHAN SINGH und *Das große Lesebuch der Mystiker* (das 2001 wieder neu aufgelegt werden soll) sind ausführliche Beschreibungen von Leben und Aussagen von Lichtboten aus verschiedenen Epochen und Kulturen nachzulesen. In *Erinnert euch an eure Menschlichkeit*, Hrsg. JOHANN BENEDIKT, sind an die siebzig Kurzbeschreibungen enthalten.

Kommen wir nun zu zwei Gruppen von Lichtboten, die im Verborgenen wirken, angeblich auch heute und auch bei uns, zur *Prieuré de Sion* und zu den *People of the Secret*. Die Hinweise werden kursorisch ausfallen, sie sollen dennoch erfolgen, um gewissermaßen einer selbst auferlegten Chronistenpflicht zu genügen.

Prieuré de Sion

Nach LINCOLN, BAIGENT und LEIGH, den Autoren des sehr aufschlussreichen, wenn auch umstrittenen Werkes *Der heilige Gral und seine Erben – Ursprung und Gegenwart eines geheimen Ordens. Sein Wissen und seine Macht*, existiert auch heute noch ein Orden, der *Prieuré de Sion* heißt. Er geht auf etwas zurück, was

hier in einem geistigen Parforceritt knappest-möglich als Hypo-
thesen dieser Autoren nacherzählt wird, ohne damit zu bewerten,
ob die Aussagen ihres Werkes zutreffen oder nicht.

Jesus war verheiratet und hatte Kinder, wie praktisch jeder Rabbi
seiner Zeit. Seine Frau (Maria Magdalena?) und seine Kinder fanden nach ihrer Flucht aus Jerusalem Zuflucht im südlichen Gallien.
Dort pflanzte sich eine ganze jüdische Gemeinde fort. Im fünften
Jahrhundert verbanden sich die leiblichen Nachfahren Jesu durch
Heirat mit der fränkischen Königslinie und begründeten die Dynastie der Merowinger.

Diese schlossen in der Folge (496) ein Abkommen mit der Kirche, der die Blutsverwandtschaft der Merowinger mit dem königlichen jüdischen Hause Davids bekannt gewesen sein dürfte. Die
Kirche verriet später das merowingische Königshaus, beteiligte
sich an der Ermordung ihres Königs Dagobert und in der Folge an
der Vertuschung der Verbindung zum Hause Davids.

Aber die Nachkommenschaft Jesu beziehungsweise der Merowinger hat alle Versuche überlebt, sie gänzlich auszurotten. Wilhelm von Orange zählt dazu, er wurde Herrscher über das judäi-
sche Fürstentum von Septimanien. Auch Gottfried von Bouillon,
der König von Jerusalem wurde. Ein immerhin deutlich erkennba-
rer Anteil des europäischen Adels ist mit den Merowingern irgendwie verwandt. Die Kreuzzüge waren nicht nur geistlich motiviert,
sondern es ging auch um die »Rückeroberung« eines »Königreichs
Juda« von Nachfahren königlichen Geblüts. Templer und Katharer
bezogen einen Großteil ihres Antriebs zur Ausprägung einer ganz
besonderen Form der christlichen Religion aufgrund des Wissens
um eine Familiengeschichte Jesu und Dokumenten sowie mündlich überliefertem Geheimwissen aus diesen Kreisen im südlichen
Gallien.   (Nach LINCOLN/BAIGENT/LEIGH, S. 381ff)

Der Orden mit dem Namen Prieuré de Sion (Zion) verfügte zwischen 1300 und 1500 über zahlreiche Komtureien, mindestens
neun, vielleicht sogar bis zu siebenundzwanzig. Dokumente darüber sowie über den Gesamtkomplex einer Familie Jesu und eines
andauernden Anspruchs auf königliche Würden im geistigen und
irdischen Sinne sollen der Hintergrund der Vorgänge um den Ort

Rennes-le-Château gewesen sein, über die auch verschiedene andere Autoren relativ übereinstimmend berichten. Die Katharer von Monségur, über deren Ende JEAN MARKALE in seinem gleichnamigen Buch unnachahmlich fundiert schreibt, sollen als größten Schatz weder Gold und Juwelen noch das »sprechende Haupt des Johannes« besessen haben, sondern ebenjene Dokumente, welche die Zuflucht der Familie Jesu in Südfrankreich und deren Fortpflanzung und Verbindung mit den Merowingern bewiesen. Das soll der wirklich Grund für ihre Verfolgung wie auch für die Auflösung des mit ihnen verbundenen Templerordens gewesen sein. Um ihrer aller Erbe zu sichern, wurde die Prieuré geschaffen.

In der Vergangenheit wollten Sprösslinge der Merowinger und die Prieuré immer wieder in Geschichte und Politik eingreifen. Im 19. Jahrhundert soll die Prieuré versucht haben, über Freimaurer und andere »Kanäle«, ein erneuertes Heiliges Römisches Reich zu errichten als eine Art theokratischer »Vereinigter Staaten von Europa«, das von den Habsburgern und einer radikal reformierten Kirche gemeinsam regiert werden sollte. Die Autoren schreiben wörtlich:

... sind wir überzeugt, dass die Prieuré die theokratischen Vereinigten Staaten von Europa anstrebt – eine trans- oder paneuropäische Föderation, geeint in einem modernen Reich und regiert von einer Dynastie, deren Herkunft auf Jesus zurückgeht. Dieses Geschlecht würde nicht nur einen auf politischer Macht basierenden Thron beanspruchen, sondern unter Umständen auch den Stuhl Petri. ... Die Regierungsgewalt ginge vermutlich von der Prieuré de Sion aus – vielleicht in der Form eines europäischen Parlaments mit exekutiver und legislativer Gewalt.

(LINCOLN/BAIGENT/LEIGH, S. 394f)

Am Schluss ihres Buches sprechen die Autoren von der Sehnsucht nach etwas Heiligem, was viele Menschen bewegt, von der Blüte immer neuer Kulte und Sekten, vom Fundamentalismus in den USA und anderswo und meinen, dass sich immer stärker der Wunsch nach einer weisen und gütigen Führergestalt rege. Diese Gestalt werde oder könnte zumindest den Hunger nach mehr als materieller Erfüllung auf ihrem Banner tragen und seelische und geistige Bedürfnisse erfüllen. Dann schreiben sie:

Zion könnte eine Alternative zu den existierenden sozialen und politischen Systemen anbieten. Diese Alternative wäre sicherlich kein Utopia und kein neues Jerusalem, aber soweit es Bedürfnisse stillt, von denen die bestehenden Systeme nicht einmal Kenntnis nehmen wollen, könnte sie sich als äußerst attraktiv erweisen.

Es gibt viele gläubige Christen, die sich die Apokalypse als nuklearen Holocaust vorstellen. Wie würden sie wohl die Ankunft eines direkten Nachkommen Jesu interpretieren? Für empfängliche Seelen könnte es eine Wiederkunft Christi sein.

(LINCOLN/BAIGENT/LEIGH, S. 397)

The People of the Secret

Geschichte passiert nicht zufällig. Sie wird von Intelligenzen geschrieben, die größer sind als die einzelnen handelnden Personen. Aus der Sicht der »Weißen Bruderschaft« – oder wie immer man Geistwesen nennen will, die lenkend in die Evolution des Planeten eingreifen – gibt es bestimmte Entwicklungsschritte, die innerhalb einer bestimmten Erdzeit vollzogen werden müssen. Richtung, Geschwindigkeit und Vollendung dieses Vorgangs ist ein Ausdruck von Gottes Willen.

Das Wirken der geistigen Intelligenzen mag jenen Menschen, die unbewusst sind, als Zwang erscheinen. Menschen, die bewusst sind, erleben es als Überzeugung. Die Menschheit ist der »Rohstoff«, um den ein Kampf zwischen Licht und Dunkel entbrannt ist. Die Kräfte des Lichts wollen diesen Rohstoff buchstäblich aus der Erde heben, ihn säubern, schmelzen und in höchste göttliche Formen geben. Sie tun dies, indem sie Möglichkeiten schaffen, in denen eine Höherentwicklung als wünschenswertes Ziel zur Willensentscheidung des Einzelnen werden kann. Die Kräfte der Dunkelheit wollen den Rohstoff Mensch für ihre eigenen Zwecke gefangen halten und missbrauchen, was sie meist mittels Verführung erreichen.

In diesem Kampf zwischen Licht und Dunkel existiert ein undurchschaubares Spiel zwischen Vorherbestimmung und Freiheit, zwischen Karma und freiem Willen. Wir erleben unsere irdischen Umstände deshalb auf eigentümliche Weise abwechselnd als feindlich oder glücklich, als zufällig oder zwangsläufig.

Die Verantwortung für die weiterhin positive spirituelle Evolution der Menschheit liegt nach der Auffassung mancher beim *Hidden Directorate*, beim »Verborgenen Direktorat«. Es bleibt derzeit offen, ob es sich dabei um ein Einzelwesen handelt, um eine Gruppe von Intelligenzen, oder um eine aus verschiedenen Geistwesen neu geformte einheitliche Intelligenz.

Unter dieser geheimen Leitung gibt es eine *Hidden Executive*, eine verborgene oder geheime Exekutive. Das sind fortgeschrittene Menschen, die als Adepten und Meister, als Gurus und Lehrer, als Initiierte und Boten hier auf der Erde seit Anbeginn der Zeiten jeweils eine gewisse Spanne lang gewirkt haben. Vor rund 12 000 Jahren soll sich die sichtbare Leitung der Evolution zurückgezogen und diese »Exekutive« beauftragt haben, die weiteren Geschicke der Menschen in der rechten Weise zu leiten.

Es mag verschiedene Zentren geben, von wo aus die Exekutive operiert. Eines war (und ist vielleicht sogar jetzt noch) in Afghanistan. Es war in östlichen Legenden als *Markaz* bekannt, ein Begriff, der »Kraftwerk« bedeutet.

Die Aktivitäten der Exekutive, um die Vorgaben des Direktorats zu verwirklichen, erfolgen auf einer außersinnlichen Ebene – durch »Eingebungen«, die manche Individuen plötzlich erhalten, sowie durch eine Veränderung der geistigen Schwingung auf der Erde. Die Exekutive arbeitet auch auf der Ebene des gewöhnlichen Lebens, durch Menschen, die auf ganz alltäglich anmutende Weise Anteil nehmen an dem, was sich in den Ländern und Gesellschaften als Geschichte vollzieht. Diese ebenfalls fortgeschrittenen Seelen nennt man *The Secret People* – sinngemäß eher *Die verborgenen Seelen* als *Die geheimen Leute*. Sie mögen eines Tages in die Reihen der Exekutive aufgenommen werden, wenn sie das *magnum opus*, das »Große Werk«, vollbracht haben. Wenn »die Sonnenwinde blasen« (wie es jetzt im Herbst 2000, als diese Zeilen niedergeschrieben werden, bekanntlich auf geradezu dramatische Weise durch die Sonnenstürme und die Veränderung des Magnetfeldes passiert), beginnt eine großer neuer Abschnitt in der Evolution der Seelen, in ihrer Bewusstwerdung. Als Ergebnis dessen können relativ viele Menschen in einer einzigen Generation einen Großteil des »magnum opus« verwirklichen, und eine kleinere Anzahl Vollendung erlangen. Das Wissen um diese Dinge war immer vorhanden, wenn auch in Mythen und Allegorien verborgen. Die Gralslegenden, die Minnelieder der Troubadore, die mystische Dichtung sind in Wahrheit poetische Umschreibungen dieses Sachverhalts. Ein solcher neuer Abschnitt bedeutet aber auch, dass eine Zeit zu Ende gehen muss, bevor die neue beginnen kann. Wir möchten an dieser Stelle ERNEST SCOTT zu Wort kommen lassen, der über diesen Sachverhalt ein besonders kundiges und aufschlussreiches Buch verfasst hat.

»Es gibt Anzeichen, dass sich gerade eine ›Gelegenheit‹ entwickelt und dass sich ihre Möglichkeiten hauptsächlich für den Westen ergeben. Es ist unmöglich zu spekulieren, ob dies ein größeres oder kleineres Ereignis sein wird. … Man mag einwenden, dass (die Erklärungen darüber) kaum deutlich genug sind, um denen, die bereit sein könnten, (auf diese kosmische Gelegenheit) einzugehen, anzuzeigen, wie sie handeln sollten. Möglicherweise werden diese Dinge nie deutlicher ausgesprochen, und dass eine erfolgreich bis zum Ende gebrachte Suche nach einer Quelle der Mindestpreis ist, um angenommen zu werden, den man zu entrichten hat (und auch früher immer zu entrichten hatte).

(ERNEST SCOTT, *The People of the Secret*, S. 253)

Wie kann man Kontakt aufnehmen mit Vertretern der beiden letztgenannten Gruppen? Das muss der individuellen Suche überlassen bleiben, welche den »Mindestpreis« darstellt, wie Scott schrieb. Aber welche Kräfte stecken hinter einem auf Jesus zurückgehenden europäischen »Orden von Zion« oder einem verborgenen »Direktorat«. Wie wissen wir, ob Avatare und Adepten, Meister und Zaddikim zwar zu hohen Ebenen führen können, aber nicht doch auch bestimmten spirituellen Grenzen unterliegen?

Befassen wir uns mit einer Sicht der Schöpfung, die zunächst alles vielleicht noch komplizierter zu machen scheint. Sie wird aber doch mehr Klarheit in die geistige Sicht bringen, wenn wir uns einmal hindurch gearbeitet haben – ganz im Sinne eines »Mindestpreises« für die höhere Erkenntnis.

5. Kapitel
Kal, Maya und Karma

Die heimlichen Herrscher der drei Welten des Scheins und ihre
fünf unheimlichen Diebe des Lebens. Nicht der Eine »Gott«,
sondern eine andere Kraft hat die Formen der sichtbaren äußeren
und der meisten unsichtbaren inneren Welten geschaffen.
Diese Kraft führt im Hintergrund des Weltgeschehens und des
Lebens jedes Einzelnen einen Kampf um die Erhaltung ihres
Machtbereichs. Eine völlig neue Schöpfungssicht aus der Sicht
Kabirs, 1. Teil.

So spricht Gott der HERR:
Du warst das Abbild der Vollkommenheit, voller Weisheit und
über die Maßen schön. In Eden warst du, im Garten Gottes,
geschmückt mit Edelsteinen jeder Art …
Du warst ein glänzender schirmender Cherub, und auf den
heiligen Berg hatte ich dich gesetzt, ein Gott warst du und
wandeltest inmitten der feurigen Steine. Du warst ohne Tadel
in deinem Tun von dem Tage an, als du geschaffen wurdest,
bis an dir Missetat gefunden wurde. Durch deinen großen Handel
wurdest du voll Frevels und hast dich versündigt. Da verstieß ich
dich vom Berge Gottes und tilgte dich, du schirmender Cherub,
hinweg aus der Mitte der feurigen Steine.

(HES 28, 12–16)

Der Teufel ist der Feind Nummer eins,
der Versucher schlechthin. Wir wissen, dass es dieses dunkle,
Verwirrung stiftende Wesen tatsächlich gibt,
und dass es noch immer mit mörderischer Schlauheit
am Werk ist.

Papst Paul VI.
(Nach KNOPP, S. 195)

Kabir

Kashi, einer der angeblich heiligsten Orte Indiens, der am angeblich heiligsten Fluss Indiens liegt, dem *Ganges*, ist uns im Westen besser vertraut unter dem englischen Namen *Benares*. Es hieß eine Zeit lang auch *Varanasi*. Pilger aus ganz Indien ziehen hierher, um einmal in den Wassern der »Mutter Indiens« einzutauchen. Wasser, die nach westlichen Verhältnissen unsäglich verschmutzt sind, verunreinigt von ungeklärt hineinfließender Kloake vieler Gemeinden, von reichlichen Industrieabwässern und durch tote Tiere und Überreste menschlicher Leichname, die auf ihrem Weg ins Meer den Ganges hinuntertreiben. Wundersam und wissenschaftlich ungeklärt ist und bleibt derzeit, dass diese schmutzige Brühe keineswegs zu Epidemien führt, sondern im Gegenteil zur subjektiven seelischen Erhebung. Ein Nebengedanke: Wenn das Wasser des Ganges wirklich Erlösung bringen sollte, müssten dann nicht alle Fische und Flusskrebse ebenfalls erlöst werden?

An diesem Ort tauchte 1398 ein Neugeborenes auf, das von einem kinderlosen muslimischen Ehepaar, *Nima* und *Niru*, an Sohnes statt angenommen und aufgezogen wurde. Er erhielt den Namen *Kabir* und sollte zum bedeutendsten Meister Indiens werden. Auch heute noch wird das Auftauchen von Kabir zumindest in Indien als Wendepunkt des *Kali Yuga*, des dunklen Zeitalters, betrachtet und sein Wirken, sein Leben und seine Lehren, als Auftakt zur Ära der modernen Spiritualität.

Obwohl es offiziell im Islam keine Kasten gibt, blieben nach den Massenübertritten von Hindus, die von den Mogulkaisern erzwungen wurden, die Hindukasten oft bestehen. Kabir gehörte zur *julaha*-Kaste, der Kaste der Weber. Diesen Beruf erlernte er auch von seinem angenommenen Vater und übte ihn zeitlebens aus. Er selbst sagte über sich, »Ich stamme aus einer niederen Gemeinschaft, meine Kaste ist julaha; ich habe nur einen Vorzug, und das ist *Naam*.« (»Naam« bedeutet so etwas wie »heiliger Geist«, der Begriff wird später eingehend erläutert.)

Dieser Kabir offenbarte sich im Verlauf seines Lebens immer mehr als ein großer Geist und Weiser, der von Hindus und Muslimen gleichermaßen als Prophet und Heiliger erkannt und anerkannt wurde. Die Geschichten über ihn sind Legion. Sie erzählen einerseits von Wundern über Wunder, andererseits berichten sie davon, wie Kabir die dogmatisch erstarrten Religionen mit ihren sinnentleerten Ritualen anprangerte und die nur auf Reichtum und Ruhm bedachten Priester als eitle Hohlköpfe bloßstellte.

Kabir wandte sich gegen Idolverehrung und äußerliche Riten, gegen das bezahlte Priestertum und den geistigen Vorrang von vermeintlich weltabgeschiedenen Wegen zur Erleuchtung. Sein Weg zur höchsten Spiritualität war (und ist) der Weg der Erweckung der Seele für ihren göttlichen Ursprung, für ihr ganz eigenes Bewusstsein und ihre ganz eigene Wahrnehmungsfähigkeit ohne die begrenzten Sinnesorgane und weit über sie hinaus, sowie der Rückweg dieser erwachten Seele über alle irdischen und überirdischen Formen in die rein geistige Heimat der Schöpferkraft. Sowohl Erweckung der Seele wie Rückkehr in die Heimat ist nur in Verbindung mit *Naam*, *Shabd*, *Bani*, *Wort*, *Sphärenmusik* oder *Heiligem Geist* möglich, wie immer man diese unsichtbare, jedoch höchst machtvolle Kraft nennen möge. Die Verbindung mit ihr erhält man durch eine andere Seele, die bereits voll erwacht oder »erleuchtet« ist, und die als Lehrer, Meister und »Reiseleiter« durch die inneren Ebenen fungiert. Auch Kabir hatte übrigens der Tradition entsprechend einen eigenen Meister, nämlich *Ramananda*.

Kabir war mit *Loi* verheiratet, die auch als seine Schülerin galt; sie hatten den Sohn *Kamal* und die Tochter *Kamali*. Er lebte vor, dass Familienleben und Beruf, um den Lebensunterhalt zu sichern, der spirituellen Selbstverwirklichung und Gotterkenntnis nicht widersprach. Während in Indien weithin der (Aber-)Glaube gilt, dass »automatisch« Erlösung derjenige erlange, der in Kashi sterbe, legte Kabir Wert darauf, vor seinem Tod 1518 in das berüchtigte *Magahar* zu ziehen und dort seine sterbliche Hülle abzulegen. Nicht nur gab er damit die so begehrte »Chance« auf, in Kashi hinzuscheiden, sondern durch sein Sterben in Magahar führte er den damals ebenfalls verbreiteten Aberglauben *ad absurdum*, dass wer in Magahar sterbe, geradewegs in die Hölle marschiere.

Kabirs Lehren und Aussprüche, oft in Gedichtform, wurden von ihm selbst, der aller Forschung nach selber gar nicht lesen oder schreiben konnte, mündlich überliefert. Man findet sie heute vor allem in zwei Niederschriften, dem *Guru Granth Sahib* oder *Adi*

Granth, dem heiligen Buch der Sikhs, und im *Anurag Sagar*. Die
»Bibel« der Sikhs ist übrigens in vielerlei Hinsicht ungewöhnlich,
vor allem darin, dass sie Lehren und Aussprüche von Heiligen aus
unterschiedlichen Religionen enthält und auch von solchen Weisen, die keiner Religion angehörten.

Der Anurag Sagar

»Anurag Sagar«, das »Meer der Liebe«, so eine Übersetzung des
Begriffs, ist die göttliche, unwandelbare, unbegrenzte und ewige
Wirklichkeit. Gleichzeitig ist es der Titel des Hauptwerks von Kabir, im dem dieser aus seiner eigenen inneren Schau darlegt, wie die
Schöpfung entstand, wer »Gott« ist, wer der »Teufel« ist, warum
dieser überhaupt wirken kann, wer die Seelen sind und was der
Sinn des menschlichen Lebens ist. Es existieren zahlreiche schriftli-
che Überlieferungen dieses zunächst, wie erwähnt, nur mündlich
weitergegebenen Berichts. Die bekannteste ist im *Braj*-Dialekt des
Sanskrit niedergeschrieben. Auf deren englischer Übertragung beruht die folgende Darstellung.

»Anurag Sagar«, das »Meer der Liebe«, ist also die ewige göttliche
Wirklichkeit. Dort jedoch, wo *Kal* oder »Zeit«, eine begrenzte
Wirklichkeit, welche aus dieser Ewigkeit geschaffen und von ihr
selbst zugelassen ist, die Ewigkeit berührt, entsteht *bhav sagar*, das
»Meer der Welten«. Unsere irdische Welt, welche mit den physi-
schen Sinnen wahrnehmbar ist, ist jene, die wir üblicherweise für
die einzige halten. Es ist eine Welt der Körper und Formen, von
Raum und Zeit.

In Wahrheit ist das uns bekannte physische Universum jedoch
nur ein winziger Teil der gesamten sichtbaren und unsichtbaren,
der gesamten stofflichen und geistigen Schöpfung. Die ursprüngliche, ewige und auch jetzt gleichzeitig mit unserer Welt weiter bestehende göttliche Schöpfung unterscheidet sich deutlich von den
»drei Welten« die von Kal geschaffen wurden. In den höheren
göttlichen Regionen oberhalb des Herrschaftsbereichs von Kal
oder Zeit vollzieht sich der Schöpfungsplan in der von der Schöpferkraft vorgesehenen Weise.

In den drei »gefallenen« Welten jedoch regiert Kal – das, was im jüdisch-griechisch-christlich-islamischen Gedankengut wohl Satan, Diabolos, Luzifer oder Iblis genannt würde – auf seine Weise: vermittels *Maya*, der Illusion (manchmal auch *Maja* geschrieben), dass die Welten der Formen die einzigen und höchsten seien, und vermittels des Karmagesetzes, das besagt, dass jede Aktion zu einer Reaktion führt, jede Ursache zu einer Wirkung. In den drei gefallenen Welten herrscht der »Fürst der Welt« über die Seelen und sucht sie mittels Verführung oder Bedrohung zu seiner Anbetung zu bringen und tut alles, um sie von der Hinwendung zum wahren Schöpfer, zum Einen Gott, abzuhalten.

Erst wenn Gottessöhne, Propheten und Heilige von Gott selbst gesandt werden, im Erbarmen für die Knechtschaft der Seelen unter der Herrschaft des Fürsten der Welt und als reiner Gnadenakt, vermögen berufene Seelen aus der Begrenzung der Welt in die grenzenlose Wirklichkeit des reinen Geistes erhoben werden.

Wie kam es überhaupt zum »Fall« der Welten? Warum ist die relative, begrenzte Schöpfung der Formen aus dem absoluten, unbegrenzten Sein überhaupt entstanden? In seinem *Anurag Sagar* versucht Kabir, diese und weitere grundlegende Menschheitsfragen mit den Mitteln der Sprache zu beantworten.

Sein Bericht über die Schöpfung der Welt erscheint als Lehrgespräch beziehungsweise als Lehrgedicht, mit Fragen, die *Dharam Das*, Kabirs Schüler und späterer Nachfolger, an Kabir stellt. Zunächst als Kostprobe eine Hymne in direkter Übertragung aus der englischen Übersetzung mit Erklärungen des Verfassers dazu in Klammern. Die späteren Seiten fassen dann wesentliche Kernaussagen in Prosa zusammen.

»Oh Dharam Das, höre auf die Geschichte der Schöpfung der höchsten spirituellen Ebenen, die keiner kennt. Da die Schöpfung der irdischen Welt mit ihren Schriften erst nach diesen Ereignissen geschah, welchen Beweis könnte ich dafür geben?

Die vier Veden *(heilige indische Schriften)* kennen diese Geschichte von *Sat Purush* (Gott) nicht. Da es die Veden damals nicht gab, wie könnten sie das Unbeschreibliche beschreiben? Die Veden wissen nichts über die damalige Schöpfung, noch verstehen sie das

Formlose: Die Welt folgt dem Pfad der Veden, der *Gyani* (Erleuch-tete) verdammt sie und zeigt den richtigen Pfad.

Als Gott in latenter Form lebte, hatte er weder Körper noch Materie geschaffen. Wie Öl im Lotos verborgen ist, lebte Gott ver-borgen *(Lotosblätter fühlen sich ölig an, obwohl man ihnen das nicht ansieht)*.

Nach Seinem Willen schuf er Seelen, und als er sie betrachtete, fühlte er sich sehr glücklich. Aus dem ersten *Shabda* (Wort, Heili-ger Geist, erster göttlicher Energiestrom), den er schuf, wurden die Welten und das Meer geschaffen, in dem er lebte *(damit sind nur die höchsten spirituellen, also nicht-materiellen Welten gemeint)*. Er machte den Thron der vier Welten und saß auf dem Lotos *(die vier Welten sind* Sat Lok *oder* Sach Khand, *die »Heimat der reinen See-len«, sowie* Alakh, Agam *und* Anami, *was noch höhere geistige Ebenen sind)*. Wo Gott saß, wurde sein Erschaffungswille geschaf-fen. Nach dem Willen von Gott wurden achtundachtzigtausend Inseln geschaffen. Alle Welten sind von seinem Willen durchdrun-gen. Sein Wille ist sehr subtil und wohlriechend.

Vom zweiten göttlichen Energiestrom wurde sein Sohn *Kurma* geschaffen, der seinem Willen nach zu seinen Füßen blieb. Als Gott den dritten Energiestrom hervorbrachte, wurde ein Sohn na-mens *Gyan* geboren. ... Als Gott den fünften Energiestrom her-vorbrachte, wurde *Kal Niranjan* (Luzifer) inkarniert. Er wurde vom herrlichsten Teil des Körpers von Gott geschaffen – deshalb beschwert er die Seelen *(da er eben auch eine Schöpfung Gottes ist und noch dazu einen Teil seines Lichtes trägt, vermag Luzifer die Seelen wirklich zu bezaubern)* ... mit dem vierzehnten Energie-strom wurde Liebe geschaffen, ... mit dem sechzehnten Geduld. Mit dem siebzehnten Energiestrom wurden Yoga und die Heiligen geschaffen; sie stammen alle aus demselben Ursprung. Der göttli-che Energiestrom (bzw. das »Wort«) schuf alle Söhne, er schuf alle Welten und Meere. In jeder Welt wurden Teile seines Wesens – die *jivas* (Seelen) – niedergelassen und ihre Nahrung war Nektar. Die Schönheit der Seelen ist endlos und dort gibt es ewig währende Glückseligkeit. Die Herrlichkeit der Seelen ist endlos und dort gibt es ewig währende Glückseligkeit. ... Die grenzenlose Schönheit der geschaffenen Welten kann man nicht beschreiben. Es ist eine wunderbare Schöpfung; ihre Schönheit ist so groß, dass man sie nicht in Worten beschreiben kann. Alle Welten erhalten Licht vom LICHT von *Sat Lok (der Wohnstatt des ersten Schöpfergottes Sat Purush)*. Sogar die Sonne und der Mond erstrahlen mit dem Licht eines Haars von Sat Purush.«

(KABIR, S. 20ff; Übersetzung durch den Verfasser)

Zur Einordnung von Begriffen

Alle Erwähnungen von Welten, Sonne und Mond im Zitat oben beziehen sich auf höhere geistige Welten, noch nicht auf die drei gefallenen Welten. Wie es nun nach Angaben Kabirs zur Abspaltung von Kal=Luzifer und diesen Welten kam, folgt in einer vom Verfasser stark gekürzten Prosaversion. Dabei wird an die Stelle des indischen Begriffs *Sat Purush* der deutsche Begriff *Gott* gesetzt, wie auch schon oben, an die Stelle von Kal das Wort *Luzifer*, und auch andere indische Begriffe werden nach ihrer ersten Erwähnung vereinfacht deutsch übertragen. Vielleicht ist auch von Interesse, dass alle geistigen Wesen oberhalb der Kausalebene ohne Geschlecht sind; Gott ist sowohl Vater wie Mutter. Die Aufspaltung in geschlechtliche Unterscheidung erfolgt erst in den drei unteren Welten. Bereits an dieser Stelle lohnt es zu überlegen, inwieweit die Auseinandersetzungen zwischen den Geschlechtern unter Umständen nur »Stellvertreterkämpfe« sind, deren wahre Ursachen in zwar unsichtbaren geistigen, aber dennoch höchst machtvollen Ebenen liegen.

Wir sollten ebenfalls in Erinnerung behalten, dass »Kal« auch Zeit bedeutet, nicht nur Luzifer, und Kal damit die begrenzte Relativität repräsentiert, welche Zeit erst hervorbringt. Kal=Zeit ist von Gott selbst geschaffen. Dass Gott Kal=Zeit aus sich hervorbringt und damit auch aus sich herauslöst oder ablöst, gibt Kal=Zeit ein zumindest relativ eigenständiges Sein. Überall, wo Zeit die absolute göttliche Schöpfung berührt, bringt sie Begrenzung mit sich, nämlich die »Illusion«, dass das Unendliche nicht unendlich, sondern begrenzt ist, dass es kein ewiges Leben gäbe, sondern nur ein zeitliches, das mit dem Tode ende, dass die zeitlichen Formen keinen überzeitlichen formlosen Ursprung hätten. Schwierige Überlegungen, gewiss, aber im Rahmen der Suche nach den wahren Meistern der Welt kommen wir nicht umhin, auch darauf einzugehen. Man kann später ja wieder hierher zurückblättern und das Gesagte noch einmal nachlesen.

Noch eine Vorbemerkung zur Entsprechung Kals in unserem Kulturraum, die im Begriff Teufel zu finden ist. Teufel leitet sich aus dem griechisch-lateinischen Wort »diabolos« ab. »Diabolos« meint sowohl »Gegner« wie »Ankläger«, was erst später zu »Verleumder« wurde. Andere Bezeichnungen für den »Teufel« sind Satan=»Widersacher«, sowie »Luzifer«=»Lichtbringer« oder »Lichthalter« oder »Leuchtender«. Wenn wir dies im Sinn behalten, während wir die folgende östliche Schöpfungsgeschichte lesen, werden uns zahlreiche sinnfällige Parallelen zu Mythen unseres Kulturraums auffallen.

Kals Fall

Kal-Zeit-Luzifer betet Sat Purush-Gott siebzig Zeitalter lang an, hält also eine unvorstellbare lange Zeit hindurch seine Aufmerksamkeit nur auf Gott gerichtet. Wer von uns einmal zu beten oder zu meditieren versucht hat, weiß, wie schwierig es ist, auch nur einige Minuten lang die Aufmerksamkeit regungslos gesammelt zu halten, ohne durch irgendetwas außen in der Umwelt, im Körper oder in Gefühlen und Gedanken abgelenkt zu werden. Luzifer hat nun seine Aufmerksamkeit nur auf Gott gerichtet, die indische Mythologie spricht davon, dass er es durch alle Zeitalter auf einem Fuße stehend gemacht habe – was die Vorstellung eines Geistwesens in menschlicher Gestalt bedingt. Gott ist erfreut über diese Hingabe von Luzifer und fragt ihn, warum er das gemacht habe. Luzifer beantwortet das nicht direkt, sondern bittet um einen eigenen Ort für sich. Gott schickt ihn zum *Mansarovar*-See, ein geistiges Zwischenreich unterhalb der rein göttlichen Ebenen und oberhalb der später von Luzifer geschaffenen materiellen Ebenen.

Dieser Mansarovar-See spielt sowohl im tibetischen Buddhismus wie im Sikhismus eine Rolle. Im Himalaya gibt es einen irdischen See gleichen Namens, den Pilger aufsuchen und umkreisen, um Erhebung, Erlösung und Erleuchtung zu finden. Der künstlich angelegte See am Heiligtum der Sikhs in Amritsar hat dieselbe symbolische Bedeutung; der Name der Stadt im nordwestindischen Punjab ist gleichzeitig auch der Begriff für einen »See des himmlischen Elixiers« oder »Nektars«. Kabir hat den Nutzen einer äußeren Pilgerschaft an irdische Orte bekanntlich in Abrede gestellt und stattdessen dazu aufgerufen, den inneren, geistigen Mansarovar-See zu entdecken.

Luzifer begibt sich also willentlich in die Ferne von Gott, in den äußersten Bereich des noch von Gottes Energieströmen selbst geschaffenen geistigen Universums. Dort, am spirituellen Mansarovar-See, fühlt sich Luzifer zunächst sehr glücklich, weil allein. Er erinnert sich jedoch seines Schöpfers und vollzieht erneut siebzig Zeitalter hindurch die Anbetung Gottes »auf einem Fuß«.

Gott spürt »Mitleid« mit Luzifer und sendet einen seiner anderen Söhne zu ihm, um ihn zu fragen, warum er sich dieses Mal Gottes erinnert und Ihn angebetet habe. Luzifer beantwortet erneut die Frage nicht direkt und bittet stattdessen um ein größeres Reich als Mansarovar. Gott gewährt die Bitte und erlaubt Luzifer, die »große Leere« zu gestalten und dort seine eigenen drei Welten zu erbauen. Luzifer weiß aber nicht, wie man Welten erschafft. Gott sendet deshalb einen weiteren Sohn aus, von dem Luzifer das Wissen dazu erbitten soll.

Der hier ungeduldige Luzifer – Luzifer-Kal-Zeit kann geduldig sein, wie in der Anbetung, um etwas vom Höchsten zu erlangen, oder ungeduldig, wenn sie sich etwas Gleichrangigem oder vermeintlich Niederen gegenübersieht – bittet jedoch nicht, sondern entreißt seinem Bruder und Boten Gottes dessen Wissen auf gewalttätige Art. Er hat sich jetzt zwar die Elemente des göttlichen Schöpfungswissens zum Bau von Welten angeeignet, kann sie jedoch nicht anwenden, weil er sich gegen den göttlichen Geist der Liebe vergangen hat.

Erneut vollzieht Luzifer viele Zeitalter hindurch die Anbetung Gottes, jedoch nun aus offensichtlich eigensüchtigen Motiven, nämlich um die notwendige Anleitung zum Gebrauch des göttlichen Wissens zu erlangen. Er erhält diese Anleitung schließlich, muss aber feststellen, dass ihm der »Same der Unsterblichkeit« fehlt, um seine sonst völlig leeren Welten von lebendigen Seelen bevölkern zu lassen.

Schließlich schafft Gott eine Frau, *Adhya*, die im *Anurag Sagar* auch unter den Namen *Ashtangi* und *Bhavani* fungiert. Gott gibt der Urfrau den »Samen der Seele«, *Sohang*, und fordert sie auf, zu Luzifer zu gehen und zusammen mit ihm die dichteren Welten zu erschaffen. Gott gibt dieser Urfrau den »Wurzelsamen der 8,4 Millionen Geburten«, also jene Anzahl von Lebensformen, in denen sich Seelen der indischen Reinkarnationslehre nach verkörpern können (und müssen).

Luzifer verhält sich jedoch erneut gewalttätig und »verschlingt« die ihn durch ihre (gottgegebene!) Schönheit bezaubernde Urfrau. Luzifer führt also einen Auftrag Gottes wiederum nicht in der rechten Weise aus – nämlich zusammen mit der Urfrau Adhya drei Welten zu gestalten und bevölkern zu lassen –, sondern will sich diese Tochter Gottes untertan machen. Daraufhin entzieht Gott ihm die Herrschaft über die »große Leere« und verflucht ihn. Wie das passiert, zeigt die folgende Originalpassage:

Dann dachte Sat Purush, »Wie kann ich Kal fertigmachen? (sic!) *Er ist sehr gefährlich und wird die Seelen ruhelos machen.*

Ich kann ihn nicht zerstören oder ihn stoppen; er ist mein wertloser Sohn. Falls ich ihn in mich selbst wieder hineinziehe, muss ich alles (die gesamte Schöpfung und alle bis dahin geschaffenen Seelen und Geistwesen) *zurückbringen. Dies ist mein unveränderliches Wort: Ich werde Kal von hier entfernen* (aus den höheren geistigen Regionen). *Er wird niemals in meine Region eintreten dürfen! Ich werde mein Wort halten. ...*

Er darf nicht (mehr) *in Mansarovar leben, und in diese Ebene von Sat Lok* (Wohnstatt der Wahrheit, »Gottesthron«, quasi noch weit oberhalb von Mansarovar) *darf er nie gelangen.*

Im Bauch von Kal ist diese Frau (Adhya). *Möge sie sich an mein Shabda erinnern, und gehen, um im Himmel* (der unterhalb von Mansarovar befindlichen Kausalwelt) *zu leben, in der sterblichen Welt und der Welt darunter, deren König Kal ist. Sie soll aus dem Bauch von Kal herauskommen und sie wird die gute Frucht für diese gute Tat erhalten* (dass sie als Gottestochter sich »opfert«, zusammen mit dem »Fürsten der Welt« die niederen Welten zu schaffen, und sich damit in die Herrschaft von Zeit und Raum zu begeben).

(KABIR, S. 32ff)

165

So geschieht es, Luzifer wird »geschlagen« und in die gottesfernen Welten verbannt, deren Existenz er selbst von Gott erwünscht und erbetet hatte. Die Urfrau wird dort aus seinem »Bauch« befreit. Auch hier eine Originalpassage, welche das Wesen von Luzifer und dem uns bekannten Universum enthüllt und erhellt:

Kal sagte, »Höre, Frau! Gib deine Angst vor mir auf. Sat Purush hat dich für mich geschaffen, nun lass uns das (niedere) Universum zusammen erschaffen. Ich bin dein Mann und du bist meine Frau: gib deine Angst auf!«

Die Frau sagte, »Warum redest du auf diese Weise? Du bist mein älterer Bruder!« Weiter sagte sie, »Höre, Vater, warum sprichst du so, da du doch unsere Verwandtschaft kennst? Ich bin jetzt deine Tochter, weil du mich in deinen Bauch getan hattest. Vorher warst du mein älterer Bruder – nun bist du mein Vater. Schaue mich mit reinen Augen an, sonst wirst du eine Sünde begehen! Wenn du mich mit Lust begehrst, wirst zu einem Sünder.«

Kal sagte, »Höre, Adhya, ich werde dir die Wahrheit sagen: Ich habe keine Angst vor Sünden und Tugenden, denn ich selbst bin deren Schöpfer. Alle Sünden und Tugenden sind aus mir geboren, und mich wird niemand vor Gericht stellen. Ich werde Sünden und Tugenden verbreiten, und jeder, der sich darin verfängt, wird unser. Deshalb sage ich dir, dass du meine Worte verstehen und annehmen sollst. Sat Purush hat dich mir gegeben, Adhya! Gehorche meinem Wort!« (KABIR, S. 35)

Luzifer und die Urfrau vereinen sich danach und jetzt erst; durch den sozusagen archetypischen uranfänglichen Geschlechtsakt zwischen diesen beiden Geistwesen wird die Grundlage jener Schöpfung, wie wir sie kennen, gelegt. In der Betrachtung von Adhya als Frau anstatt als jüngerer Schwester oder als Tochter und durch den Vollzug des Geschlechtsaktes wird der Bruch der Einheit und die Erschaffung der Polarität oder Dualität endgültig, die sich bereits zuvor durch die Abscheidung Luzifers aus der unmittelbaren Gottesnähe angedeutet hatten.

Ist Gott wirklich allmächtig und allwissend?
Der Verfasser ist sich selbstverständlich auch darüber im Klaren, dass bereits die Schaffung Luzifers als des Wesens, das aus der Ein-

166

heit strebt, von einem allwissenden und allmächtigen Gott vorausgesehen worden sein muss. Ein weiteres Problem, mit dem praktisch alle Religionen ringen, besonders die christliche: Wie kann es sein, dass der Eine Gott, der nur »gut« ist, etwas schafft, was sich als »böse« erweist? Muss dann nicht der Keim des »Bösen« irgendwie auch im eigentlich nur »guten« Gott gewesen sein?

Da wir jedoch hier unten am äußeren Rand eines wahren Labyrinths von Schöpfungsebenen sind, wollen wir uns mit dem beschäftigen, was man vielleicht doch noch irgendwie begreifen und beschreiben kann und nicht mit der wirklich allerletzten Frage, warum eine große Kraft eine höchst paradoxe Schöpfung überhaupt geschaffen hat.

Bevor wir aber den weiteren Schöpfungsprozess nach Kabir skizzieren, lassen Sie uns innehalten und bedenken, welche fundamentalen Aussagen in den beiden gerade zitierten Originalpassagen stecken und was diese für unser Buchthema bedeuten.

Der absolute Gott schafft alles, auch die Zeit, die das Absolute zu relativieren scheint. Ein Widerspruch? Ein Paradox? Gewiss, aber die Kraft, die alles erschafft, einschließlich der menschlichen Logik, kann diese auch wieder außer Kraft setzen, um ein Wort des Rebbe Schneerson zu umschreiben.

Luzifer ist ein Geschöpf Gottes. Luzifer betet Gott an, er »dient« ihm. Durch »Dienst« lässt sich das Wohlgefallen Gottes erlangen, wie es an anderer Stelle im *Anurag Sagar* ausdrücklich heißt: »*Der gnädige Sat Purush* (Gott) *schaut nicht auf gute oder schlechte Handlungen – Er lässt sich durch Dienen bestimmen.*«

Zwei Etappen des Falls

Der Fall von Luzifer vollzieht sich in zwei Etappen. Zunächst einmal bekommt er auf seinen Wunsch hin einen »eigenen« Aufenthaltsort, nämlich Mansarovar, sowie die Erlaubnis, die »große Leere« zu gestalten. Luzifer hält sich zwar wegen dieser ihm erwiesenen Gunst für größer als jedes andere Geschöpf Gottes, jedoch nicht für größer als Gott selbst! Im Gegenteil, er weiß sehr wohl, dass seine Existenz einzig und allein von Gott abhängt. Aber er weiß auch, dass er Gott durch immer und ausschließlich auf Gott gerichtete lang anhaltende Anbetung »auf einem Fuß« dazu veranlassen und »zwingen« kann, ihm immer wieder eine neue Gunst zu gewähren.

Luzifer weiß ebenfalls, dass er selbst letztlich kein Leben, keine Seelen schaffen kann. Er vermag zwar Raum und Zeit, also den Aufenthaltsort und die Bedingungen von Lebensformen zu bestimmen, nicht aber das lebendige bewusste Sein=Bewusstsein. Das wird ja dem Anurag Sagar zufolge der Urfrau Adhya als »Wurzelsamen der 8,4 Millionen Lebensformen« mitgegeben, um die von Kal und ihr noch zu schaffenden niederen Welten zu bevölkern.

Der zweite Fall Luzifers ereignet sich, als er – gegen den zwischen den Zeilen herauslesbaren Willen Gottes, aber in Ausübung seines offensichtlich ebenfalls gottgegebenen eigenen freien Willens – sich nicht auf »friedliche« Weise mit der Urfrau zur Schaffung und Bevölkerung seiner Welten zusammentut, sondern sie ungeduldig und gewalttätig »verschlingt«. Damit wird seine rein ichhafte Natur erneut offenbart, die ihn disqualifiziert, noch länger in den höheren geistigen Regionen zu verweilen und die dort angesiedelte »große Leere« zu gestalten. Stattdessen fällt er in eine noch größere Gottesferne. Anscheinend endgültig, wie es der Text nahe legt und wie es übrigens auch die Johannesoffenbarung in einer recht parallelen Schilderung über »das Tier« oder »die Schlange« darstellt.

In dieser Gottesferne, in diesen Regionen fernab der rein geistigen Ebenen, tritt nun nicht mehr Gott als Schöpfer auf, sondern Luzifer, der »Fürst der Welt«! Luzifer ist derjenige, der »Sünden« und »Tugenden« schafft, er ist derjenige, den selbst Gott als »König« bezeichnet! Da Luzifer das System von Sünden und Tugenden ersinnt, in dem sich die Bewohner seiner Welten verfangen, tritt er selbst auch als Richter auf, als *Dharam Rai*. Über den Richter aber sitzt kein anderer zu Gericht – denn Gott lässt ihn gewähren, wenn auch in extremer Gottesferne –, da Gott sonst seine gesamte Schöpfung, also auch die höheren geistigen Ebenen, wieder in sich selbst hineinziehen müsste.

Luzifer kann zwar kein Leben schaffen, kein Bewusstsein, keine Seelen, die vom selben Geist wie Gott sind. Aber er kann die Bedingungen bestimmen, unter denen die in allen möglichen Formen verkörperten Seelen in seinem Herrschaftsbereich leben müssen – von Engeln in Himmeln und Geistern in Höllen über Menschen, Tiere und Pflanzen auf der Erde.

Auf diese Bedingungen, die sich aus der Verstrickung in Sünden und Tugenden, aus der Aufspaltung der Einheit in die Polarität ergeben, und die dann zum Gesetz des Karma und der daraus resultierenden Notwendigkeit zur Reinkarnation von Seelen in immer wieder neuen Körpern führen, kommen wir später noch zurück. Hier sei nur schon so viel gesagt: Damit Luzifer seine Welten bevölkert halten kann, braucht er Seelen, die ihren göttlichen Ursprung »vergessen« haben und die mit den Formen des Lebens, die er in seinen Welten bieten kann, vorlieb nehmen.

Diese Sicht – Luzifer ist alleiniger Herrscher der unteren Welten, er hat ihre Gesetze gemacht und überwacht gerecht, aber unerbittlich und unbarmherzig deren Einhaltung – ist revolutionär in jeder Hinsicht. Wenn sie zutrifft, dann ist die Welt, wie wir sie kennen, nicht das unmittelbare Werk Gottes, sondern das Werk Luzifers, das Werk des Fürsten der Welt. Dann ist das Böse in der Welt dem *unmittelbaren* Zugriff Gottes entzogen! Dann wäre verständlich, warum die Katharer, frühere gnostische Gemeinschaften und die Anhänger der Religion des Zoroaster davon ausgehen, dass es einen echten Kampf zwischen Gut und Böse auf dieser Erde gibt.

Und aus dieser Sicht ist dieser Kampf durchaus unentschieden, weil Kal=Luzifer hier »Heimvorteil« hat, weil fast das gesamte Publikum auf seiner Seite steht, und weil womöglich sogar die sich gegenseitig bekämpfenden Parteien – die sich selbstverständlich jeweils selbst für die »Guten« halten – ohne es zu wissen für Luzifer kämpfen und in Wahrheit nur seine Herrschaft zementieren, gleich, wer gerade die Oberhand gewinnen mag. Zurück zum Fortgang der Schöpfung nach Kabir, nachdem Luzifer und die Urfrau Adhya den ersten Geschlechtsverkehr und damit den ersten polaren oder dualen Schöpfungsakt vollzogen haben.

Brahma, Vishnu und Shiva und die drei gefallenen Welten

Luzifer schafft zunächst einmal überhaupt das Geschlechtsorgan der Urfrau Adhya, die bis dahin keines hatte. Dann vereinigen sie sich dreimal und zeugen *Brahma, Vishnu* und *Shiva* (auch: *Mahesh*). Brahma erhält neben den fünf Elementen die Fähigkeit zur Tat, Vishnu das Merkmal des Ausgleichs und Shiva den Aspekt der Trägheit beziehungsweise Auflösung (der erst später als »Zerstörung« umgedeutet wurde). Luzifer trägt der Urfrau dann auf:

Höre, o Frau! Gehorche mir. Du hast den Samen des Lebens. Benutze ihn, schaffe das Universum. Höre, meine Königin, und tue, wie ich dir sage. Ich habe dir drei Söhne gegeben. Nun werde ich meine Aufmerksamkeit in den Dienst von Gott stellen. Nimm diese drei Kinder, herrsche über die Welt, und verrate keinem etwas von meiner Existenz. Keiner meiner drei Söhne wird meinen Anblick erhalten; falls einer von ihnen nach mir sucht, wird er sein Leben verschwenden. Verbreite solche Glaubensüberzeugungen in der Welt, dass keine Seele fähig sein wird, das Wissen um den wahren Gott zu erlangen. (KABIR, S. 36f; Übersetzung durch den Verfasser)

Kabir erklärt seinem Schüler dann, was das für den Durchschnittsmenschen bedeutet:

Nachdem er diese Dinge der Göttin (gemeint ist die Urfrau!) *erklärte, wurde Luzifer unsichtbar. Er wohnte in der Höhle des leeren Bewusstseins – wer kann sein Geheimnis erkennen? Er wurde unsichtbar; erkenne nun dein Gemüt als Luzifer. Wer das Gemüt besiegt und das Wissen von Gott erlangt, in einer solchen Person wird sich Gott manifestieren. Alle Seelen sind töricht geworden und denken, dass Luzifer der Unfassbare Eine sei. Indem sie in den Gezeiten des Karmas schwimmen, leiden sie Not von Geburt zu Geburt. Luzifer peinigt die Seelen und verstrickt sie in viele Karma. Er selbst führt die Tricks aus, lässt die Seelen aber die Folgen erleiden.* (KABIR, S. 40f)

Brahma, Vishnu und Shiva fragen sich eines Tages, wer denn der Mann ihrer Mutter sei und sie beginnen natürlich, nach ihrem Vater zu suchen. Ihre Suche ist jedoch vergeblich und bringt ihnen nur Verwicklungen in noch größere Probleme ein.

Schließlich lassen sie von der Suche ab und befassen sich mit der ihnen übertragenen Aufgabe, nämlich die unteren Welten zu schaffen. Dazu werden die »Meere« aufgewühlt, die Söhne erhalten Frauen und dann werden die 8,4 Millionen Körperformen geschaffen. Die Urfrau Adhya erschafft jene, die aus Eiern entstehen (Vögel, Fische, Reptilien), Brahma solche, die aus dem schoss geboren werden (Menschen, Säugetiere), Vishnu schafft die aus »Feuchtigkeit« geborenen (Insekten) und Shiva solche, die aus Samen entstehen (Pflanzen). Nach Kabirs Bericht gibt es 900 000 Arten von Wassergeschöpfen, 1,4 Millionen Arten von Vögeln, 270 000 Insektenarten, drei Millionen Pflanzenarten und vierhunderttausend Säugetierarten, »rationale Arten«, unter denen der menschliche Körper der höchste ist, denn nur in ihm lässt sich Gott erkennen. Der Unterschied der Arten liegt nach Kabir und nach der Auffassung indischer Religionsphilosophien ganz allgemein darin begründet, dass unterschiedlich viele Elemente in ihnen aktiv sind. In Pflanzenarten ist nur ein Element aktiv, Wasser; in Insekten zwei, in aus Eiern geschlüpften Geschöpfen drei, in Säugetieren vier und im Menschen schließlich fünf Elemente, nämlich Wasser, Erde, Luft, Feuer und das Bewusstseinselement »Äther«. Kabirs Erzählung geht so weit, mitzuteilen, dass man an gewissen äußeren Merkmalen erkennen könne, in welcher Form ein Mensch im früheren Leben existiert habe.

Diese 8,4 Millionen Arten beziehen sich nur auf die irdischen Lebensformen; noch nicht inbegriffen sind die Formen der Avatare, Engel, Devas, Geister und Dämonen, also jener »Arten«, welche die Astral- und die Kausalwelt bevölkern. Darauf geht der *Anurag Sagar* auch nicht näher ein, sondern konzentriert sich auf das Erdengeschehen.

Damit begann also die Schöpfung jener Welten, von denen wir wissen, nämlich der feinstofflichen kausalen, in der sich Bewusstsein und Materie die Waage halten, der astralen darunter, in der Materie überwiegt, und der irdischen, in der es fast kein Bewusstsein mehr gibt.

Da sich Kal-Luzifer der wiederholten Anbetung von Sat Purush-Gott widmet, kann er sich den offensichtlich notwendigen göttlichen Kraftzustrom sichern. Indem er sich seiner eigenen Schöpfung entzieht und sich sogar vor seinen Kindern verbirgt, vermag er einerseits seine Existenz und damit seine Zwiespältigkeit zu leugnen. Andererseits kann er die eigentlich Gott zustehende Sehnsucht und Verehrung, welche allen ja von Gott geschaffenen *Seelen* innewohnt, auf sich ziehen und sich selbst als »Gott« ausgeben. Dazu noch einmal ein Zitat aus Kabirs Text:

Höre, Dahram Das, es ist ein solches Spiel von Kal (Luzifer), *dass noch nicht einmal Pandits* (hinduistische Schriftgelehrte) *und Quazis* (islamische Schriftgelehrte) *es verstehen können. Sie begrüßen Kal als den Herrn, und indem sie den Nektar beiseite lassen, trinken sie das Gift. Die vier zusammen* (Adhya, Brahma, Vishnu, Shiva) *erschufen diese Schöpfung und färbten die Seelen in ihrer zeitlichen* (begrenzten) *Farbe. ... Auf diese Weise wurde der menschliche Körper erst geschaffen und dann getötet; und nachdem er aufgegessen wurde* (Kals Gesetzen zufolge aufgelöst wurde, wobei die Seele dann in anderen Körpern existierte, bis sie wieder nach langer Zeit einen menschlichen Körper erhalten könnte), *wieder ins Sein gebracht. Onkar* (die Form von Om) *ist die Wurzel der Veden* (heilige Hindutexte). *In Onkar ist die ganze Welt verloren. Onkar ist Kal, begreife dies. Und Sat Purush und Sein Naam sind verborgen. ...* (Brahma und Kal) *machten die* Smritis, Shastras *und* Puranas *(weitere heilige Hindutexte), in denen alle Seelen gefangen wurden. Brahma führt die Seelen in die Irre und festigt sie in der Hingabe an Kal. Indem sie den Lehren der Veden folgten, wurden alle Seelen getäuscht und niemand wusste um das Geheimnis von Sat Purush. O Dharam Das, begreife, wie Kal dieses Drama inszeniert hat. Erst, indem er zu Dämonen, Göttern, Rishis und Munis* (Weisen) *wurde. Dann inkarniert er sich als der Beschützer und zerstört die Dämonen. Auf diese Weise inszeniert er viele Dramen für die Seelen, welche, wenn sie diese sehen, ihm vertrauen: »Er ist unser Herr und Beschützer.« Nachdem er den Seelen seine Darstellung als Beschützer gegeben hat, verschlingt er sie schließlich. Wenn sich die Seelen im Rachen Kals finden, dann* (erst) *bereuen sie.*

(KABIR, S. 74ff; Übersetzung durch den Verfasser)

Brahma schafft später Pilgerorte, Karma, Sünden und Tugenden, die zwölf Tierkreiszeichen, die siebenundzwanzig Planeten, die sieben Tage und die fünfzehn Mondtage, und so fort, bis endlich die gesamte Schöpfung Luzifers fertig ist. Alle Seelen werden im Netz Luzifers gefangen. Sie glauben zum Beispiel, einem höheren Gesetz zu folgen, indem sie sich rituellen Religionsübungen widmen, und marschieren doch nur geradewegs in den Rachen Kals. Kal »verbrennt« sie erst oder »verschlingt« sie, um sie dann wieder zurück in den Kreislauf der 8,4 Millionen Lebensformen zu werfen, in dem sie sich erneut nur verstricken. Damit sind wir beim vielleicht schwierigsten Aspekt aller Schöpfungsmythen, nämlich der Frage nach Vorherbestimmung und freiem Willen, nach Tugend und Sünde, nach Karma, Maya und Reinkarnation.

Maya, Karma und Reinkarnation – die Fallen Luzifers für die Seelen

Versuchen wir, diese drei zentralen Begriffe zu verstehen und auch, wie sie zusammenhängen und sich gegenseitig bedingen.

Maya ist der Schleier der Illusion, der auf den Augen der Seele liegt und sie daran hindert, ihre eigene Herrlichkeit wahrzunehmen, geschaffen vom göttlichem Geist. Maya ist der Eindruck der Absolutheit, welche die in Wahrheit relative Schöpfung Kals zu erwecken vermag. Wir halten die Welt der begrenzten Formen, das Leben in den Grenzen von Raum und Zeit, für das einzige Leben. Wir meinen, dass die mit den Sinnesorganen erfassbaren Phänomene real und dauerhaft seien und erkennen ihre flüchtige Natur nicht. Vielleicht ist der Begriff »täuschende Relativität« besser und genauer als das Wort Illusion, um Maya zu beschreiben. Denn die Körper, welche die Seele umhüllen, die Freuden und Leiden, die Hoffnungen und Ängste, sind ja insoweit keine Illusion, als wir sie wirklich erfahren.

Bilder mögen der Vorstellung helfen: Ein Teich ist auf seiner Oberfläche ganz von Wasserblasen bedeckt, in denen sich das Licht vielhundertfach bricht. Ein kleines Kind, das zum ersten Mal einen Teich sieht, mag die bunt glitzernden Blasen für die einzige Wirklichkeit des Teiches halten und nichts vom Wasser wissen, was darunter ist und aus dem sich die Blasen erst bilden. Das ist genau betrachtet keine Illusion, denn die Blasen bestehen ja wirklich, auch wenn sie bald zerplatzen und das Wasser darunter verdecken.

Sind dichte Wolken, welche nie einen Blick auf Sonne, Mond und Sterne zulassen – wie es sie an manchen Orten der Erde geben mag –, eine Illusion? Nein, keinesfalls, denn sie verhüllen den hohen Himmel ja wirklich. Aber dennoch sind sie keine letzte Wirklichkeit, weil sie an der Existenz von Sonne, Mond und Sternen nichts ändern können. Ein letztes Bild: Sonne oder Mond spiegelt sich auf dem Wasser. Sie sind dort wirklich zu sehen, aber die Spiegelung ist nicht Sonne oder Mond.

Maya, die Spiegelung von Projektionen Kals und des individuellen Gemüts, kann nichts daran ändern, dass es eine höhere Wirklichkeit gibt. In der Antike galt die Monade, die Einheit, als Symbol des Wissens des Einen Schöpfers, die Duade, die Zweiheit, als Symbol des Unwissens, weil in ihr die Empfindung der Getrenntheit existiert, der Anfang von Unwissen. Sich selbst als getrennt von der Schöpfung, von anderen Geschöpfen und vom Schöpfer zu empfinden, ist bereits eine Folge der Wirkung der Maya. Die Zweiheit ist jedoch auch die Mutter der Weisheit, weil Unwissen, einem inneren Naturgesetz folgend, schließlich Weisheit gebiert. Die Pythagoreer verehrten die Monade und verachteten die Duade, weil sie das Symbol der Polarität darstellt. Durch die Kraft der Duade wurden die Tiefen geschaffen, im Gegensatz zu den Höhen der Himmel.

Nach der biblischen Schöpfungsgeschichte war es Gott selbst, der Himmel und Erde schuf, das Licht von der Finsternis trennte und die Feste von den Wassern, die trockene Erde vom Meere schied, und so fort (GEN 1,1–8). Die Tiefen spiegelten die Himmel und wurden zum Symbol der Illusion, weil das Unten lediglich eine Spiegelung des Oben darstellte. Das Unten hieß Maya, Illusion, die Große Leere, das Meer. Um das auszudrücken, trugen die Weisen Persiens, die *Magi*, Spiegel. Aus der Zweiheit entstanden Dispute und Ansprüche, bevor die Monade sich der Duade zuwandte und durch den Erlöser-Gottessohn wieder ein Gleichgewicht hergestellt wurde, der die Heilige Dreieinigkeit manifestierte und als dritter zwischen zwei Dieben für die Sünden der Menschen, die er übernahm, gekreuzigt wurde. (Nach HALL, LXXII).

Maya ist also das Phänomen, die Oberfläche für das Ganze zu halten, eine vorübergehende Form als ewig anzusehen, die begrenzten Wahrnehmungen der Sinne, des Gemüts und des Verstands für letzte Wahrheit zu halten, Täuschung als Wirklichkeit zu betrachten. Maya im Sinne von Täuschung, als Vorspiegelung falscher Tatsachen und in Form des Ausgebens einer tatsächlich spürbaren und damit auch »beweisbaren« Teilwahrheit als höchste Gesamtwahrheit – das sind offensichtlich Methoden, wie wir sie aus unserem Alltagsleben kennen. Maya oder die Duade findet ihren uranfänglichen Ausdruck in Adhya, der Urfrau, die Kal-Luzifer zugesellt wird. Vergessen wir aber nicht, dass laut Kabir es Sat Purush-Gott selber war, der seine Tochter zu Luzifer gesandt hatte. Gott hatte ihr den »lebendigen Samen der Seelen« gegeben, ohne den Luzifer sein Reich nie hätte bevölkern können. Gott selbst hat also die Voraussetzungen geschaffen, dass aus Einheit Vielheit wird, aus Klarheit Täuschung. Der oben erwähnte Hall erwähnt in diesem Zusammenhang auch Isis, Astarte und andere Muttergöttinnen als Archetyp der Duade und der aus ihr entspringenden Maya.

Eine der als besonders wirksam bezeichneten Meditationen zur Auflösung von Maya besteht darin, immer weiter nach der Wahrheit zu fragen, immer weiter nach ihr zu suchen, jede Antwort als vorübergehend in Frage zu stellen und weiter in die Stille zu gehen – bis sich alle relativen Antworten und Einsichten aufgelöst haben. Ramakrishna hatte das auf Anraten seines zweiten Meisters, Totapuri, gemacht, als er immer wieder bis zur »Großen Mutter« gelangte, aber nicht darüber hinaus. Totapuri trug ihm auf, indem er ihm einen Tonscherben auf das dritte Auge drückte, Ramakrishna solle mit der wachen und klaren Schärfe der bewussten Unterscheidungskraft in seiner Meditation die Große Mutter »durchschneiden« und dahinter blicken.

Was nun ist *Karma*? Ein Apostelwort aus dem Galaterbrief lautet:
Täuschet euch nicht; Gott lässt seiner nicht spotten, denn was ein Mensch sät, das wird er auch ernten. Wer auf sein Fleisch sät, der wird aus dem Fleisch Verderben ernten, wer aber auf den Geist sät, wird aus dem Geist ewiges Leben ernten. (GAL 6,7–8)

Mit diesen Worten erfolgt aus christlicher Sicht – vielleicht ohne recht als solche erkannt zu werden – eine Bestätigung des Gesetzes von Ursache und Wirkung, von Aktion und Reaktion, von Handlungen und Folgen. Es ist das Gesetz, welches in Asien das Gesetz des Karmas genannt wird. Cicero sagte, *Der Ursprung aller Dinge ist klein*, und Augustinus stellte fest, *Die Sache haben sie gesehen, die Ursache haben sie nicht gesehen.*

Was sind die Ursachen für unsere Neigungen? Ist ein Mozart »vom Himmel gefallen«, oder hatte er in früheren Existenzen bereits eine Grundlage für die Meisterschaft der Musik entwickelt? Sind ein Hitler, ein Stalin, »vom Himmel gefallen« und sind sie, ohne ihre Untaten am eigenen Leibe erleiden zu müssen, spurlos irgendwohin verschwunden? Karma bedeutet Tat. Kein Mensch kann leben ohne zu tun. In Gedanken, Gefühlen, Worten und Handlungen. Gute Taten zeitigen gute Folgen, schlechte Taten führen zu schlechten Folgen – früher oder später. Gute Taten sind goldene Ketten, schlechte sind eiserne. Jeder ist gebunden an das Gesetz, ob er es kennt oder nicht. Keiner ist mehr gebunden als der, der sich irrigerweise für frei hält.

Karma sind die ansteckendste Art unsichtbarer Krankheiten, denen der Mensch immer ausgesetzt ist. Karma ist nicht nur individuell und persönlich, sondern auch kollektiv und gesellschaftlich wirksam. In der Gesellschaft wirken sich Karma zunächst in den Denkweisen jener aus, welche die öffentliche Meinung bestimmen. Danach beeinflussen sie die Gemütsart und Stimmung des einzelnen Menschen, verwurzeln sich in Form von »eigenen« Ansichten, welche zu Denkgewohnheiten und Verhaltensmustern führen und zur »zweiten Natur« werden. Demnach bringt gute Gesellschaft Gutes hervor, schlechte Schlechtes. Um all diesen Schwierigkeiten die Krone aufzusetzen, muss man sogar an den karmischen Rückwirkungen der eigenen Familie teilhaben, in die man hineingeboren und in welcher man aufgewachsen ist. Auf diese Weise häufen wir täglich und stündlich Karma aus unserer Umgebung an. Der einzige Weg, dem karmischen Einfluss zu entgehen, besteht darin, Heilige zu suchen und an ihnen festzuhalten, die in Gott verankert sind, die befreite Seelen sind, die weit über dem Wirkungsbereich der Karma stehen.   (Nach SINGH, *Karma*, S. 55)

Karma ist das Gesetz, dass jedes Wesen – ob Mensch oder Tier, ob Engel oder Geist – für alles, was es denkt, fühlt, spricht und tut, Rechenschaft ablegen muss. Offene Begierden drängen auf Erfüllung, und sei es nach vielen Tausenden von Leben. Ungesühnte Verbrechen werden bestraft, meistens bereits unmittelbar nach dem Tode und im folgenden Leben.

Damit kommen wir zum dritten Begriff, zur *Reinkarnation*. Die Wiederverkörperung oder Seelenwanderung ist dem Christentum nicht wirklich fremd, selbst wenn das heute offiziell oft anders klingen mag. Auch im Judentum weiß man um Reinkarnation und die mystischen Richtungen gehen wie selbstverständlich von deren Existenz aus. Reinkarnation bedeutet, dass die Seele, die durch den Körpertod einen bestimmten Leib verlassen hat oder musste, entsprechend den vorherrschenden Neigungen, unerfüllten Wünschen und offenen karmischen Konten einen neuen Körper erhält. In diesem lebt sie nun einen Teil dessen aus, womit sie sich in früheren Körperformen identifiziert hatte und was jetzt in ihr als bedeutsam wirkt. Da sie jedoch auch in diesem neuen Leben nicht nur »altes« Karma »ablebt«, sondern wieder neues verursacht, gibt es aus dem Teufelskreis von Geburt, Karma, Tod und Wiedergeburt im Reiche Luzifers keinen Ausweg aus eigener Kraft.

Vereinfacht ausgedrückt, können wir das Zusammenwirken von Maya, Karma und Reinkarnation etwa so festhalten: Gott sendet uranfänglich – aus Gründen, die logisch nicht nachvollziehbar sind und deren Erörterung ein eigenes Werk erforderte – Seelen aus sich heraus in die von Luzifer geschaffenen Reiche. Dort erlangen die Seelen Körper. Je nach der Ebene, auf welcher sie sich befinden, sind es kausale, astrale und irdische Körper. Die Seelen sind auf allen Ebenen laufend immer irgendwie beschäftigt – mit Gedanken, Gefühlen, Wünschen, Worten und Handlungen. Ihre Tätigkeit und ihre Aufmerksamkeit richtet sich aber aufgrund des Schleiers der Maya nicht auf ihren Ursprung, sondern auf jene irdischen, astralen oder kausalen Räume, Formen und Phänomene, in denen sie sich zeitweilig bewegen. Die Seelen, die sich mit ihrer vorübergehenden Existenz in Raum und Zeit identifiziert haben, können gar nicht anders, als sich mit den Dingen der jeweiligen Ebenen zu befassen. Das kann auf positive oder negative Weise erfolgen, die Seelen mögen die jeweiligen Dinge oder Ereignisse als anziehend oder als abstoßend empfinden, sie mögen manches wünschen und anderes ablehnen – aber sie sind ständig mit der Welt Luzifers beschäftigt. Die Identifizierung der Seelenbewusstheit mit dem jeweiligen Körperleben auf einer bestimmten Ebene führt dazu, dass Gemüt, Verstand und Körper ganz auf dieses Körperleben ausgerichtet sind. Das führt immer wieder zu neuen noch unerfüllten Wünschen und zu neuen noch unerledigten Problemen. So entstehen immer neue offene »karmische Konten«. Um diese Konten, die eine ganz eigene Anziehungskraft entwickeln, auszugleichen, können nicht einfach Guthaben und Schulden miteinander verrechnet werden, sondern diese müssen jeweils einzeln ausgeglichen, also »ausgelebt oder »abgelebt« werden. Das ist nur möglich, wenn die Seele nach dem Abschied aus einem Körper, in dem sie Konten eröffnet hat, in einem anderen Körper auf derselben Ebene wiederkommt – gleich, wo sie sich zwischendurch aufgehalten haben mag. Denn selbst ein Zwischenaufenthalt in irgendeinem Fegefeuer oder irgendeinem Himmel dient lediglich der unmittelbaren Erfahrung einiger Folgen des letzten Körperlebens, kann aber nicht alle karmischen Saaten des letzten und der zuvor durchlebten auslöschen.

Karma sind wie Samenkörner, die früher oder später aufgehen müssen. Reinkarnation ist der Vorgang, diese Samenkörner in neue, frische Erde zu legen und ihre Entfaltung nach dem ihnen innewohnenden Gesetz zu erfahren. Maya führt zur Täuschung über das wahre Leben; die Seele identifiziert sich aufgrund des Schleiers, den die Maya über ihren wahren Ursprung legt, mit dem jeweiligen Körperleben und verursacht dann eben die erwähnten karmischen Konten. Im Osten wird dieser Prozess manchmal *leela* genannt, »Spiel«. Auf gut deutsch könnte man auch »Scheißspiel« dazu sagen, weil es ein »Spiel« ist, aus dem es keinen Ausweg zu geben scheint.

Die fünf Diebe

Wie wirken Maya und Karma im Menschen? Ein Vergleich mag helfen: Die Welt ist wie ein dichter Dschungel, bewohnt von vielen Lebewesen, die sich alle irgendwie verirrt haben und endlos und ziellos umherlaufen, Leben auf Leben, und dabei immer wieder von fünf Dieben oder Räubern überfallen werden: von Lust, Habgier, Ärger,

Ich-Verhaftung sowie Ich-Stolz. Merkwürdig genug ist, dass wir im Urwald umherirrenden Menschen nur allzu gern geselligen Umgang mit diesen Dieben pflegen. Sie erscheinen uns als zum Alltag ganz selbstverständlich zugehörig. Selbst dann, wenn wir erkennen, dass sie uns unsere Lebenskraft rauben, dass sie unseren Lebenssinn verschleiern und unsere Zielstrebigkeit zersplittern, haben wir weder Mut noch Energie, uns von ihnen zu distanzieren.

Wir merken, dass wir weiter in der Irre herumstolpern, wenn wir sie als unsere Gefährten behalten, wir leiden unter den Irrwegen, auf die sie uns führen, und bleiben doch bei ihnen. Glücklich kann sich der Mensch schätzen, der ihr übles Spiel erkennt; noch glücklicher sind jene, die sich gegen sie zu wehren versuchen; am gesegnetsten sind jedoch solche Menschen, die einem Weisen oder Heiligen begegnen, der die fünf Diebe in die Flucht schlägt und der irrenden Seele den Weg aus dem Dschungel der Welt zeigt.

Man kann diese fünf Räuber auch Begierde oder Leidenschaft nennen, Wut oder Zorn, Geiz oder Besitzgier, Falschidentifikation und Ego. Sie bleiben solange die »Spießgesellen« des Menschen, solange wir uns als Ich und Gemüt, als Körper und Verstand begreifen und solange wir uns noch nicht über die Begrenzung der Körperform in höhere geistige Regionen erhoben haben. Wenn wir als Seele erwacht sind, dann verlassen sie uns von sich aus, weil ihnen die spirituelle Ausstrahlung der an Stärke zunehmenden Seelenbewusstheit zu »heiß« wird, und wir sehen sie – sagen die Meister – buchstäblich als fünf junge Burschen vor uns fliehen. In Indien nennt man die fünf Diebe *kam*, Leidenschaft; *krodh*, Ärger; *lobh*, Gier; *moh*, weltliche Verhaftung; und *ahankar*, Eitelkeit. Dort heißt es, dass man sie letztlich nicht erfolgreich bekämpfen kann – weil sie nämlich Geschöpfe von Luzifer-Kal sind und als solche von ihm Auftrag und Kraft erhalten, die Seelen auf keinen Fall entkommen zu lassen. Obwohl Luzifer ein Sohn Gottes ist und bleibt, auch wenn er »gefallen« ist, und obwohl Gottes schöpferische Kraft die höchste Kraft ist, hat Luzifer innerhalb seines eigenen Reiches, in den drei Welten, die Vollmacht, nach seinen eigenen Gesetzen zu herrschen.

Bekanntlich bekämpft man das Dunkel im Keller nicht damit, dass man wie wild mit Schwert und Keule darauf einschlägt. Sondern wenn man einfach ein Licht anzündet, verschwindet es wie von selbst, als ob es nie bestanden habe. Der Kampf gegen das sichtbare »Böse« in der Welt, zu dem wir uns vielleicht moralisch aufgefordert fühlen, ist nicht mehr als eine besonders subtile Methode, uns in der Welt zu halten. Er wäre nicht mehr als die andere Seite ein und derselben Medaille, nämlich der Gefangenschaft in der Begrenztheit. Ein Entkommen ist nicht durch Kampf gegen Kal oder seine Agenten möglich, sondern nur indem sich die Seele mit einer höheren Kraft als der von Kal verbindet (verbinden lässt). Darauf gehen wir weiter unten näher ein.

(Nach SINGH, *Spiritual Gems*, S. 57, 80, 370f, 375)

Zum Abschluss noch ein Zitat aus dem *Anurag Sagar*, das erneut sehr deutlich auf den Charakter des Fürsten der Welt hinweist:

Höre, o Dharam Das, über den Charakter von Kal (Luzifer), *der die Seelen gefangen und getäuscht hat. Indem er als der Avatar Krishna inkarnierte, brachte er die* Gita (Bhagavad Gita; für Hindus besonders wichtiger Lehrtext) *hervor und ließ die Seelen nicht übersetzen* (aus dem Reich Luzifers hinaus in die Gefilde Gottes). *Arjuna war sein hingebungsvoller Schüler, dem er alles weise Wissen gab. Er gab ihm Kenntnis, wie man Karma schafft und karmalos wird – und indem er ihm das Letztere aufgeben ließ, festigte er ihn im Ersteren. Erst erzählte er ihm von Barmherzigkeit und Vergebung, Wissen, Sünden und Karma, und Arjuna wurde in seiner Anbetung von Lord Krishna wahrhaft ergeben. Erst schuf Krishna Sehnsucht in ihm, und dann sandte er ihn in die Hölle. Indem er ihn veranlasste, Gyan Yoga* (wahres Wissen um Karmalosigkeit) *aufzugeben, festigte er ihn im Karma; und Arjuna, der von Karma beherrscht wurde, litt fürchterlich. Indem Kal ihm Nektar zeigte, gab er Arjuna später Gift. Als Heiliger verkleidet, plünderte Kal die Seelen. Wie lange soll ich den täuschenden Verstand Kals beschreiben? Nur seltene Seelen werden das verstehen! Wenn man fest auf dem Pfad des Wissens bleibt, nur dann wird man den Wahren Pfad lehren. Dann wird man die Täuschungen Kals erkennen und man wird sie verlassen: Indem man Zuflucht beim Satguru* (bei einem Gottessohn, der nicht von Gott abgefallen ist) *erlangt, wird die Furcht vor Kal verschwinden und man wird ewige Glückseligkeit erlangen.*

(KABIR, S. 207f; Übersetzung vom Verfasser)

Unterstützung erfährt diese im Westen bislang weitgehend unbekannte Sicht der Schöpfung durchaus auch aus Schriften der christlichen Kirchenväter. So heißt es in einer Quelle bei *Laktanz*:

Bevor er die Welt erschuf, stellte Gott-Vater einen Geist her, der ihm ähnelte, und erfüllte ihn mit seinen Tugenden. Dann machte er einen weiteren (Geist), auf dem das Zeichen göttlichen Ursprungs nicht blieb. Denn er (der zweite Geist) war vom Gift der Eifersucht verunreinigt und wechselte somit vom Guten zum Bösen durch seinen eigenen Willen. ... Er ist der schwarze Quell allen Übels. Denn er war auf seinen älteren Bruder eifersüchtig, der, indem er Gott-Vater verbunden blieb, dessen Zuneigung erlangte. Dieses Wesen, das vom Guten, was er (einst) war, böse wurde, nennen die Griechen Teufel. (Nach FORSYTH, S. 14)

Auch hier haben wir es also mit mehreren Gottessöhnen zu tun, die erschaffen wurden, bevor die Welt, wie wir sie kennen, entstand. Es gibt zumindest einen, andere Quellen sagen mehrere, Gottessöhne, welche von Gottes Geist erfüllt bleiben. Sie sind es später auch, die auf die Erde kommen, um die Seelen aus den Fängen des gefallenen Gottessohnes zu erretten.

Die Worte des Laktanz weisen aber auch auf den Text bei Hesekiel hin, den wir am Anfang dieses Kapitels zitiert haben, der den Fall eines Gottessohnes beschreibt, der sogar von Gott selbst als »Gott« bezeichnet wird.

Es ist schon eine ziemlich vertrackte Situation, in der wir uns hier befinden. Vor allem, wenn wir bedenken, dass sich der angebliche Urheber all des Übels gar nicht klar zu erkennen gibt, sondern vielmehr absichtliche unheilvolle Verwirrung stiftet. In einer medialen Botschaft eines Engels von 1970 heißt es:

»Luzifer forderte ... ein Manifest zu verfassen, das verkündet, dass es keinen persönlichen Teufel gibt, sondern nur Böses, das aber im Menschen selbst liege. Damit hat Luzifer einen Deckmantel, er hat erreicht, dass er offiziell gar nicht existiert, sondern das Böse, das der Mensch tut, ist in ihm selbst.« (RISI, S. 30)

Das erinnert an den Mechanismus, wie Maya oder Manipulation überhaupt funktionieren kann: vor allem durch Nichtwissen! Erkennen wir die Mächte, die das Geschehen in der Welt regieren und vermutlich auch uns selbst beherrschen, zumindest einigermaßen? Oder wissen wir gar nicht, ahnen noch nicht einmal, dass hinter den sichtbaren Phänomenen unsichtbare Ursachenkräfte wirken?

Erst, wenn wir das erfahren, was wir jenseits der sichtbaren Formen, jenseits von Raum und Zeit sind, gelangen wir zu einer echten inneren Freiheit. Aus dieser inneren Freiheit erwächst wie von selbst ein äußeres Handeln, das nun nicht mehr vom begrenzten Ich gesteuert wird, sondern aus dem unbegrenzten göttlichen Selbst.

Wie diese Überwindung von, oder besser noch Herauslösung aus den Banden der Herrschaft Luzifers, der Begrenztheit von Raum und Zeit mit der Hilfe eines wahren Gottessohnes erfolgen kann, davon berichtet der zweite Teil des Kabir'schen Schöpfungsmythos weiter unten. Und was bedeutet das oben Gesagte aber für unser Thema, »Geheime Herrscher der Welt«? Welche Folgerungen müssen wir daraus ziehen? Auch darauf wollen wir im nächsten Kapitel eingehen. So viel aber schon hier:

Wenn Kal=Luzifer=Diabolos=Iblis=Teufel Menschen im Gesetz des Karmas verstrickt, wenn er sie zu immer neuen Inkarnationen zwingt und sie mit Hilfe der Maya ihren Ursprung, ihre Heimat und ihr wahres Lebensziel – die Rückkehr in den Ursprung – vergessen lässt, dann gewinnen die Fragen nach dem Meister oder den Meistern der Welt eine ganz neue, brisante Kraft. Wenn Luzifer seine Existenz und seine Manipulation der unteren Ebenen erfolgreich verschleiert, wenn dieses Geistwesen in Wahrheit sowohl hinter Sünden wie Tugenden steht, sowohl hinter dem Bösen wie dem Guten in den drei Welten, dann erweisen sich mit einem Male sowohl Verschwörer und ihre Machtgelüste als auch Verfechter von Moral als »Agenten« einer höheren, unsichtbaren Macht, die sich wahlweise als »böse« oder als »gut« darzustellen weiß – solange sie nur alle Beteiligten in ihrem Bann gefangen hält.

Dann sind die Menschen, die nach der Macht der Welt greifen oder der eines Landes, einer Industrie, einer Institution, nichts als mehr oder minder verblendete oder unbewusste Schachfiguren, die nach Gesetzen, die sie selbst nicht kontrollieren oder gar ändern können, auf dem Brett der Welt hin und her geschoben werden. Auch die Menschen, die nach höheren Werten streben, folgen womöglich nur einer Täuschung. Denn natürlich ist es »besser«, wenn sie dazu beitragen, dass im Gefängnis der Welt die Existenzbedingungen verbessert werden, dass die Gefangenen besseres Essen und wärmere Decken, mehr Freigang im Hof und eine sinnvollere Beschäftigung erhalten. All solche Vergünstigungen sind jedoch nicht geeignet, die Gefangenen aus der Haftanstalt zu entlassen, sie zu befreien und sie in den Stand zu versetzen, nie wieder hierher zurückkommen zu müssen. Dazu bedarf es einer anderen, höheren Kraft.

6. Kapitel
Wer führt den Kampf zwischen Licht und Dunkel wirklich?

Wie kann der Mensch das Schlachtfeld ohne Schaden verlassen?
Eine völlig neue Schöpfungssicht, 2. Teil.

Dein Los ist gefallen, verfolge die Weise,
der Weg ist begonnen, vollende die Reise!

GOETHE, *West-östlicher Divan*

Wenn Gott Mensch werden konnte,
kann er auch Stein, Pflanze, Tier und Element werden,
und vielleicht gibt es auf diese Art
eine fortwährende Erlösung in der Natur.

NOVALIS, Fragment Nr. 653

Unser Los ist bereits gefallen: wir haben den menschlichen Körper, wir leben in der irdischen Welt, die Trennung der Einzelseele aus der All-Seele ist bereits erfolgt – warum auch immer – und wir müssen damit nun irgendwie fertig werden.

Das Los, Mensch zu sein, ist auf uns gefallen und vielleicht sollten wir uns im Vergleich zur Bewusstseinsentwicklung anderer Lebewesen – Pflanzen, Insekten, Reptilien, Vögel und Säugetiere – darüber eher glücklich schätzen als zu lamentieren, wie schwierig oder schlimm unser Los sei.

Wenn das Haus brennt, hat es nicht viel Sinn, dass wir versuchen zu erforschen, wie es in Brand geriet, welcher Art die Flammen sind und so fort. Besser ist offensichtlich, aus dem Haus so schnell wie möglich herauszukommen und es dann zu löschen. Wenn das menschliche Leben auf der Ebene von Körper, Gefühlen und Verstand leidensvoll und paradox ist, wäre es am besten, jene Lebensweise zu suchen und zu finden, die jenseits allen Leidens liegt.

Verfolgen wir also die Weise, wie wir unseren Lebensweg begonnen haben: vom Dunkel ins Licht, vom Unwissen in die Weisheit, von der sichtbaren Oberfläche ins unsichtbare Herz der Dinge. Der Sinn der Lebensreise besteht eben darin, dass wir die Quelle des Lebens finden, aus der wir dereinst ausgeflossen sind, die Sonne, deren einen ganz besonderen Strahl wir darstellen.

Aber wie eine Reise vollenden, über deren Ziel wir uns vielleicht noch gar nicht im Klaren sind? Wie bestehen als schwaches Menschlein in der Auseinandersetzung so großer Mächte wie der Meister des Lichts und des Dunkels? Sind wir mehr als nur »Bauern« auf dem Schachbrett eines Machtkampfes, dessen wesentliche Schlachten im Geist, im Inneren, in höheren Sphären geschlagen werden, und dessen äußeren Abglanz wir hier auf Erden als Krieg und Katastrophen, als Tod und Not, als Auseinandersetzungen zwischen Natur und Mensch und zwischen »guten« und »bösen« Menschen erfahren?

Hören wir, wie Kabir diesen Kampf beschreibt. Er schildert, wie die in Maya, Karma und Reinkarnation verstrickten Seelen von Luzifer erst gefangen gehalten, dann »verschlungen« und schließlich wieder in den Strudel der Welten Luzifers (*Kal*) geworfen werden. Kabir berichtet im *Anurag Sagar* seinem Schüler Dharam Das von den Qualen, welche die Seelen erleiden und von ihren Schreien, die bis an die lichten Höhen der Himmel Gottes gelangen. Dann erzählt er, wie Gott (*Sat Purush*) einen Gottessohn aussendet, der in Seinem Auftrag jene Seelen retten soll, die wahrhaft nach Gott verlangen. Hier setzen die zitierten Auszüge ein. Ob sich die Ichform in den folgenden Zeilen auf den historischen Kabir bezieht oder im übertragenen Sinne gemeint ist, muss offen bleiben.

O Dharam Das, da du mich darum gebeten hast, werde ich dir die Geschichte jedes Zeitalters berichten. Als Sat Purush mich beordert hatte, kam ich um der Seelen willen auf die Erde. Es war das erste Mal, dass ich für die Seelen kam und auf meinem Haupt hatte ich die Herrlichkeit Gottes. Als ich kam, traf ich den ungerechten Kal, der mit mir kämpfte.

Kabir spricht hier also ausdrücklich von einem Kampf. Wir werden weiter unten lesen, dass dieser Kampf in den ersten drei Zeitaltern noch verhalten geführt wird. In unserer Ära, dem Kali Yuga oder Eisernen Zeitalter bricht dieser Kampf jedoch mit aller Schärfe aus.

Als er mich sah, kam er näher. Voller Zorn und Erregung fragte er mich, »Yogjit, warum bist du hierher gekommen? Sage es mir. Bist du gekommen, um mich zu töten? Sage mir die Worte von Sat Purush!« Ich antwortete ihm, »Höre, Kal, ich werde in die Welt gehen der Seelen willen. Höre, Ungerechter, Du bist sehr durchtrieben und hast die Seelen getäuscht. Du hast die Seelen ihren Ursprung und Gott vergessen lassen und stellst ihnen unaufhörlich nach. Du hast das Geheimnis von Sat Purush verborgen und den Seelen deine eigene Glorie manifestiert. Du verbrennst die Seelen auf dem rot glühenden Fels und verschlingst sie danach. Du hast den Seelen so viel Not zugefügt! Deshalb hat Sat Purush mich beauftragt:

»Erwecke die Seelen, Ich werde sie nach Sat Lok (in die Seelenheimat weit oberhalb der Herrschaftsreiche Kals) *zurücknehmen und sie vor den Leiden Kals erretten. Deshalb komme Ich in die Welt und werde die Seelen nach Sat Lok zurückschicken, nachdem Ich ihnen ihren Passierschein gegeben habe.«*

Als er das hörte, wurde Kal Schrecken erregend und versuchte mich zu ängstigen. Kal sagte: »*Ich habe Ihm siebzig Yugas lang gedient, worauf Sat Purush mir dieses Reich und seine Größe gab. Und als ich Seinen Dienst vierundsechzig Yugas lang vollbrachte, gab Sat Purush mir die acht Teile der Schöpfung* (bezieht sich auf die drei gunas oder Qualitäten, nämlich die reine, die aktive und die träge Qualität und auf die fünf tattwas oder Elemente, nämlich Wasser, Erde, Feuer, Luft und Äther). *Du hast mich niedergeschlagen und mich herausgeworfen* (bezieht sich auf den zweiten Fall Luzifers, nachdem er die Urfrau zunächst verschlungen hatte)*! Jetzt werde ich nicht von deiner Seite weichen, Yogjit.*«

Dann sagte ich, »*Höre Kal. Ich fürchte dich nicht. Ich trage das Licht und die Kraft von Sat Purush in mir. Dann richtete ich mich auf die Wiederholung des heiligen Gottesnamen und auf das Licht von Sat Purush aus und griff die Negative Kraft* (Luzifer) *mit der Waffe des Shabda an* (göttlicher Energiestrom, Heiliger Geist, Wort, Sphärenmusik). *Dann blickte ich ihn an und seine Stirn war schwarz geworden. Mir erschien der Zustand von Kal wie der eines Vogels, der seine Flügel verloren hat. Er wurde zornig, aber als er merkte, dass er mir nichts tun konnte, kam er und fiel zu meinen Füßen.*

Kal sagte, »*Höre, Gyani, ich flehe dich an: Du bist mein Bruder und doch war ich dir feindlich gesonnen. Das ist ein Fehler, den ich gemacht habe. Ich erkenne dich nun als Sat Purush gleichrangig an und ich spüre nichts anderes, als dass du der große Allbewusste Herr bist. Nun breite über mir den Schirm der Vergebung aus. Sat Purush hat mir das Reich gegeben, du solltest mir auch eine Gabe schenken ...*«

Gyani sagte, »*Höre, Kal, du bist der schwarze Fleck in der Familie. Ich werde die Seelen zurückbringen. Ich werde sie im Heiligen Wort und im Heiligen Geist festigen. Ich bin mit dem Auftrag von Sat Purush gekommen, um die Seelen aus dem Meer des Lebens zu befreien. Dieses Mal werde ich dich mittels des machtvollen Klanges von Sat Purush augenblicklich aus deiner Machtposition über die Seelen austreiben.*«

Kal brachte folgende Bitte hervor: »*Ich bin dein Diener, glaube nicht, dass ich irgendjemand anderem diene. O Gyani, dies ist meine einzige Bitte: Tue nichts, wodurch ich verliere. Da Sat Purush*

mir das Reich gegeben hat, wenn du mir nun auch etwas gibst,
kann mein Zweck erfüllt werden. Ich werde nun deinen Worten ge-
horchen, o Gyani, du kannst die Seelen von mir wegnehmen. Aber
Bruder, ich sage dir eines, bitte nimm es als wahr an: Die Seelen
werden dir nicht folgen. Sie werden zu mir kommen und deine
Worte als nutzlos empfinden. Die Fallen, in denen ich sie gefangen
habe, sind sehr stark.« ...

Luzifer fährt dann fort zu berichten, worin seine starken Fallen bestehen: aus den Veden, Shastren, Simritis und zahllosen anderen
»heiligen« Schriften. Er macht den wechselweise Yogjit oder Gyan
genannten Berichterstatter darauf aufmerksam, dass es Adhya ist,
die Urfrau und Tochter Gottes, welche das Haupt der drei Gottheiten Brahma, Vishnu und Shiva ist. Kal stellt klar, dass Gott
selbst ihm alle Mittel zur Verfügung gestellt habe, um sein Reich
mit seinen Fallen (Maya, Karma und Reinkarnation) zu bauen und
Seelen darin gefangen zu halten. Er erzählt, dass die drei Gottheiten weitere Fallen geschaffen haben und damit die Anbetung Luzifers befördern. Er nennt den Besuch von Tempeln, die Anbetung
von Göttern und Steinidolen, Pilgerfahrten, Fastenzeiten, die Wiederholung von Mantren und Gebeten, Bußübungen, Opfergaben,
tägliche Rituale, Verhaltensregeln und vieles mehr.
   Gyani lässt sich davon nicht beeindrucken, sondern gibt zurück, dass er dennoch die Seelen erretten werde, dass er mit der
Hilfe des Heiligen Wortes alle Fallen Luzuifers zerstören werde
und dass alle Seelen, die dieses *Shabda* erlangten, aus allen Fallen
befreit würden. Weiter im Original:

Indem sie den Namen Gottes wiederholen, werden sie das ewige
Naam (Heiliges Wort) lobpreisen. Ich werde die Seelen nach Sat
Lok senden und meinen Fuß auf deinem Kopf halten. Indem ich
den Nektar von Naam verbreite, werde ich die Seelen erwecken. O
Kal, höre sorgfältig zu. Ich werde deinen Stolz demütigen. Indem
sie Hingabe üben, werden sie den Passierschein erhalten, die Initia-
tion in das innere Licht und den inneren Klang, in Naam, Shabd
oder das Wort, sowie die Übermittlung von fünf besonders gelade-
nen Gottesnamen, welche gegen alle Versuchungen oder Bedrohun-
gen der negativen Kraft von Kal schützen, und ich werde sie mit

dem Namen Gottes verbinden. Die Negative Kraft kann solchen Seelen nicht nahe kommen, und sie wird sich vor ihnen verneigen, wenn sie ihre Einheit mit Sat Purush sieht.

Als Kal das hörte, wurde er furchtsam, faltete seine Hände und brachte diese Bitte hervor: »O Herr, du bist der gnädige Gebende, lass deine Gnade auf mich fallen, mein Bruder. Sat Purush hat mich verflucht, so dass ich jeden Tag einhunderttausend Seelen verschlinge. Falls alle Seelen nach Sat Lok zurückkehren, wie soll mein Hunger dann befriedigt werden? Noch einmal, Sat Purush erwies sich mir gnädig und Er gab mir die Herrschaft dieser Welten. Auch du solltest dich mir gnädig erweisen. Worum ich auch bitten mag. Gewähre mir diese Bitte. Im Sat Yuga, im Treta Yuga und Dwapar Yuga – in all diesen drei Zeitaltern (Goldenes, Silbernes und Kupfernes Zeitalter) – sollten nur sehr wenige Seelen zurückgehen. Wenn das vierte Zeitalter kommt – das Kali Yuga (Eisernes Zeitalter) –, dann mögen viele Seelen zu dir kommen. Leiste mir dieses Versprechen, und dann kannst du in die Welt kommen.«

Gyani sagte: »O Kal, du hast Täuschung geschaffen, du hältst die Seelen im Leiden fest. Ich verstehe deine Bitte; o stolzer Kal, du hast mich (jetzt durch deine Bitte, der ich durch mein Schweigen bereits zugestimmt habe, auch) getäuscht. Ich nehme die Bitte an. Wenn das vierte Zeitalter, das Kali Yuga, kommt, sende ich meine Inkarnation. Um der Seelen willen werden zweiundvierzig Gottessöhne in die Welt kommen. Indem Sie den Heiligen Pfad im Kali Yuga beschreiben und lehren, werden Sie die Seelen nach Sat Lok zurückschicken. Ich werde immer bei den Seelen sein, denen Sie den Passierschein der Initiation zum heiligen Wort geben, und solche Seelen werden Kal nie mehr anheim fallen.«

Luzifer erbittet und erhält dann weitere Vergünstigungen. Dazu gehört, dass er im Eisernen Zeitalter zuerst *seine* Inkarnationen auf die Erde schickt, bevor sich Kabir als Inkarnation *von Gott* manifestiert. Des weiteren erhält er die Erlaubnis, zwölf verschiedene geistige Wege zu schaffen, die auf den ersten Blick wie Wege zur Befreiung aussehen, aber doch nur in die Irre führen. Luzifer wird in Wahrheit jedoch sechzehn Pfade schaffen, und auch hier wiederum seine Täuschung weitertreiben. Schließlich versucht Luzifer,

Kabir das Geheimnis der fünf geladenen Gottesnamen zu entlocken, was ihm aber nicht gelingt. Zu den von Luzifer geschaffenen Wegen gehört übrigens ausdrücklich auch die Meinung von Durchschnittsmenschen, die sich an Gesetz und Moral halten, sich bemühen, liebevolle Familienmitglieder und einsatzfreudige Berufstätige zu sein, humanistisch und sozial aktiv sind, aber keinen Zug zu rein geistigen Fragen spüren, die über dieses Erdenleben hinausweisen, sich doch für echt ordentliche Zeitgenossen zu halten.

Im weiteren Text beschreibt Kabir, wie sich in den ersten drei Zeitaltern die Inkarnationen Gottes darum bemüht haben, Seelen zu befreien, aber nur wenige auf sie hören wollten, auch nicht Brahma, Vishnu und Shiva. Aus diesem Bericht geht auch hervor, dass in den ersten drei Yugas tatsächlich nur sehr wenige Seelen Befreiung und höchste Erleuchtung erlangt haben sollen. Die Gottessöhne traten nach Kabir unter den Namen Sukrit, Maninder und Karunamai auf, Namen, die auch in Indien praktisch unbekannt sind.

(Nach KABIR, S. 86–95)

Erst im Kali Yuga beginnt die wirklich umfassende Schlacht zwischen Gott und Luzifer, so Kabirs *Anurag Sagar*. Erst im Eisernen Zeitalter hebt der Kampf um die Seelen, die Auseinandersetzung zwischen Gut und Böse, zwischen Licht und Dunkel wirklich mit aller Härte an. Wann hat dieses Zeitalter begonnen? Nicht 1900 oder 1933, auch nicht 1999 oder 2000 oder 2001, sondern – so Kabir – um die Mitte des fünfzehnten Jahrhunderts. Mit der Inkarnation als Gottessohn, der das Wissen um den Weg der Seelen zurück aus dem Dschungel der Welt in ihre rein göttliche Heimat trägt, fängt der »Endkampf« um die Vorherrschaft über die Seelen an.

In dieser Betrachtungsweise sind alle Auseinandersetzungen zwischen Licht und Dunkel, alle Machtgelüste weltlicher Menschen, alle Verschwörungen, um Herrschaft an sich zu reißen, ob sie sich auf der Erde oder auf der Astralebene abspielen, aller Einsatz weißer Bruderschaften und verborgener Direktorate, nichts als Stellvertreterkämpfe zwischen Gott und Luzifer. In diesem Sinne sind die tatsächlichen oder vermeintlichen »Meister der Welt« in der Regel nichts als Schachfiguren auf einem riesigen Brett, das sich von der sichtbaren Erde in die unsichtbaren astralen und kausalen

Bereiche erstreckt. Und bevor wir meinen, mit diesem Illuminaten oder jenem Anhänger eines Satanskultes, mit diesem Diktator oder jenem Verschwörer bereits den »Teufel« vor uns zu haben, sollten wir genauer prüfen, welche Mächte und Kräfte dahinter stehen. Wir werden jedes Mal feststellen können, dass die Figuren, welche in der Weltgeschichte vermeintlich agieren, um die »Macht der Welt« an sich zu bringen, in Wahrheit recht kleine Geister sind. Hinter ihnen – oft ohne, dass diese es wissen – stehen die wirklich handelnden Kräfte aus dem geistigen Raum, von den Asuras bis zu den anderen unterschiedlichsten Untergebenen Kal-Luzifers.

Dieselbe Überlegung gilt auch für Menschen, die als Licht-bringer oder Religionsstifter auftreten, als Priester oder Missio-nare: auch hier ist die Frage angebracht, von welcher Ebene sie kommen, auf welche schöpferische Kraft sie weisen und mit wel-cher Art von Heiligem Geist sie eine Verbindung zu vermitteln imstande sind.

Nicht alle, vermutlich sogar leider die wenigsten, die von Gott sprechen, haben mit Gott wirklich etwas zu tun. Denken wir an Kreuzzüge und Inquisition im Auftrag des institutionellen Chris-tentums. Wie viel haben Krieg und Brandschatzung gegen islami-sche Völker, wie viel haben Mord an Katharern und Verbrennung angeblicher Hexen mit »Gott« zu tun? Zumindest die Kirchenleu-te, welche dafür verantwortlich zeichneten, waren doch keine Bo-ten des Lichts, sondern Agenten des Teufels. Kals Netz ist so dicht, die Täuschung der Maya ist so vollkommen, dass solche völlig fehlgeleiteten Menschen sich sogar noch einbilden konnten, alles nur im Auftrage Gottes und zu seinem Ruhm zu tun. Geradezu pervers, wie unter dem Deckmantel des Heiligen das Teuflische vollzogen wird. Das gilt in den meisten anderen Religionen natür-lich ebenso. Mit »Feuer und Schwert« wurden ganze Völkerscha-ren zwangsweise islamisiert, ob in Europa oder Vorderasien.

Wenn man einmal beginnt, hinter die Kulissen der gigantischen po-temkinschen Dörfer zu blicken, welche im Namen von Religionen auf der Bühne der Welt errichtet worden sind, erschrickt man über die Perfektion einer Maschinerie, welche das Gute und Göttliche proklamiert, aber das Böse und Teuflische tut.

Diese Täuschung ist so »wasserdicht«, dass wir ihr auch heute noch unterliegen. Stichworte gefällig? Hier sind einige wenige: Untätigkeit aller christlichen Kirchen, den Terror in Nordirland zu verurteilen und alle Menschen, die zur Gewalt greifen, zu exkommunizieren. Desgleichen im Baskenland, wo für »Märtyrer« der Terror-Organisation auch noch Gottesdienste gehalten werden. Desgleichen vor wenigen Jahren in Ex-Jugoslawien.

Immer noch halten viele »christliche« Kirchenfunktionäre einen Alleinvertretungsanspruch auf die Wahrheit aufrecht, immer noch werden – vor allem von »protestantischen« Funktionären (die es aufgrund ihrer eigenen Geschichte des unabhängigen Denkens eigentlich wirklich besser wissen müssten) so genannte »Sekten« verunglimpft und diffamiert.

Immer noch meinen umgekehrt staatliche Stellen im Westen, im Namen der »Religionsfreiheit« Organisationen wie Scientology den »Kirchenstatus« zugestehen zu müssen, obwohl gerade diese Organisation mehr mit Macht und Geld als mit Religion zu tun hat, wie andere staatliche Stellen immer wieder aufs Neue feststellen.

An ihren Früchten sollt ihr sie erkennen

Wie ist das tatsächliche Verhalten von Menschen? Offen, transparent, tolerant, menschlich, mitfühlend, demokratisch? Oder geheimniskrämerisch, dogmatisch, unmenschlich, kalt, elitär?

Wie verhalten sich religiöse Gruppen und Kirchen? Offen, transparent, tolerant, menschlich, mitfühlend, demokratisch? Oder geheimniskrämerisch, dogmatisch, unmenschlich, kalt, elitär?

An den Antworten darauf lässt sich sehr rasch ablesen, ob ein Mensch und eine Gemeinschaft von Menschen dem Licht zustreben, bei aller Unvollkommenheit, mit der wir auf dieser irdischen Ebene geschlagen sind, oder ob ein Mensch und eine Gemeinschaft – auch ohne es zu wissen oder zu wollen! – unter dem Einfluss der Dunkelmächte stehen.

Der Verfasser geht so weit, zumindest für sich festzustellen, dass sich – solange wir nicht die Kausalebene bewusst überschritten haben und selbst aus dem Machtbereich des Fürsten der Welt gelangt sind – nur am äußeren, alltäglichen Verhalten im Umgang mit anderen Menschen ablesen lässt, ob eine Seele oder eine Kirche zum Licht strebt oder unter der unsichtbaren Fuchtel und dem oft auch unbewussten Zwang des Dunkels steht und als dessen Agent agiert. Was Personen und Institutionen sagen, was sie drucken, zählt kein Jota gemessen an ihrem tatsächlichen Verhalten.

Es liegt bei uns, ob wir schönen Worten glauben und uns von zeremoniellen Riten beeindrucken lassen, oder nicht. Die Versuchung Luzifers, die Seelen in den drei Welten zu verstricken und fest zu halten durch Machtgelüste, Ruhm oder Reichtum, durch sinnliche Genüsse oder künstlerische Kreativität, durch neue wissenschaftliche Erkenntnisse und beglückende soziale Taten, ist nichts im Vergleich zur Bindekraft, wenn Seelen von Luzifer tief in vermeintlich gottgegebenen Religionen verstrickt werden.

Um ein Missverständnis von vornherein möglichst auszuschließen: das bedeutet nicht, dass es nicht in allen Religionen auch echte Sucher und wirkliche Heilige gäbe! Sondern es weist nur darauf hin, dass die etablierten Kirchen und ihre Amtsträger in der Regel nicht Gott, sondern Aspekte der Welt im Blick, im Herzen und im Tun haben. Das ist nur allzu menschlich, und wäre solange auch gar nicht zu kritisieren, solange es nicht unter dem Mäntelchen der Wahrheit und des Weges zu Gott geschähe. Dass sich der Verfasser mit solchen Bemerkungen nicht viele Freunde machen wird, weiß er. Die Verantwortung zum bewussten Aussprechen von Sachverhalten veranlasst ihn, diese Bemerkungen dennoch zu machen.

Luzifer oder Kal, also der »Teufel«, inkarniert sich niemals auf der irdischen Ebene selbst. Avatare, die Inkarnationen der Luzifer unterstehenden Gottheiten des Schöpfers, Erhalters und Auflösers aus der Kausalebene inkarnieren sich. Der Avatar Krishna hat den Prinzen Arjuna vermeintlich als Vorkämpfer des Lichts geführt, ihn nach Kabir jedoch lediglich auf besonders heimtückische Weise in den Banden Luzifers gefangen. Durchaus können sich auch Geister aus der Astralwelt eines irdischen Körpers bedienen. Emanuel Swedenborg hat über dieses Thema in seinem alten Werk *Himmel, Höllen, Geisterwelten* berichtet.

Die unmittelbarste energetische Verbindung, die Luzifer zum Menschen besitzt, ist jedoch das menschliche Gemüt, sind die Gedanken und Gefühle und das, was man »Verstand« nennt. Denn hier können sich die »fünf Räuber« offen austoben oder auf subtile, verborgene Weise wirken. Das oben Gesagte mag auch ein Grund dafür sein, warum die Ansicht, dass es »den« Teufel oder »den« Fürsten der Welt als Wesen gar nicht gäbe, glaubwürdig erscheint. Dass ein real existierendes geistiges Wesen sich auf der Erdenwelt nicht körperlich zeigt, bedeutet jedoch nicht, dass es dieses Wesen und seine Energie nicht gäbe.

Am Anfang dieses Buches haben wir festgestellt, dass wir uns in einer Wendezeit befinden, an der sich sowohl das Schicksal der Erde wie das der Seelen entscheiden werde. Im Lichte des *Anurag Sagar* von Kabir wird deutlich, warum das so ist. In den ersten drei Zeitaltern hat Sat Purush Kal zugestanden, hat also Gott dem Luzifer erlaubt, dass nur wenige Seelen gerettet und aus dem Machtbereich des Fürsten der Welt »entführt« würden. Im Kali Yuga aber brechen die Dämme des Dunkels, welche die Seelen umgaben und in der Maya einpferchten. Das Licht gewinnt an Stärke, die Vorherrschaft der negativen Kraft, welche die Menschen an den karmischen Kreislauf der gefallenen Welten bindet, wird in Frage gestellt. Gegen den Verlust an Macht über die Seelen bäumt sich Luzifer selbstverständlich auf und unternimmt alles, um die Mission der wahren Gottessöhne zu durchkreuzen. Das geht so weit, dass Luzifer geistige Lehren begründen lässt, die angeblich ebenfalls auf Erlösung der Seelen zielen, und vieles mehr.

Eine gewisse Parallele dazu könnte man aus dem Christentum heranziehen. Vor Jesu Erscheinen hatten offenbar nur sehr wenige Menschen eine Möglichkeit, zu Gott zu finden. Allenfalls die Propheten als Herolde des kommenden Gottessohns und vielleicht einige wenige Heilige und Märtyrer gelangten in diesen Genuss. Vom Erscheinen des Messias an steht jedoch zumindest theoretisch jedem Menschen ein Weg zur Erlösung offen.

Interessant aus der Sicht der Reinkarnationslehre ist auch, dass die Weltbevölkerung der Seelen, die in menschlichen Körpern kommen, explosionsähnlich angestiegen ist. Manche Mystiker und geistige Forscher meinen, dass auch dies ein Anzeichen für den Kampf um die Herrschaft in der Welt ist, der jetzt an der Jahrtausendwende gerade anhebt, der aber schon früher eingeleitet worden ist. Im Kali Yuga gewinnen die negativen Kräfte des Dunkels ja nur deshalb an

Stärke, weil die positiven Kräfte des Lichts enorm an Stärke gewinnen. Im Kali Yuga ist die Chance, aus dem Kreislauf der karmischen Bindungen herauszukommen so groß wie nie zuvor. Das Schlachtfeld der Welt kann man aber nur über den menschlichen Körper verlassen, denn nur in diesem kann die Seele für das göttliche Licht bewusst erwachen. Es gibt eine Bevölkerungsexplosion von weniger als einer Milliarde Menschen zur Zeit der »Aufklärung« auf über sechs Milliarden im Jahre 2000, weil jetzt die Zeit reif und reicher denn je ist, dass Seelen im Menschenkörper die Rückverbindung (religio) zum Heiligen Geist erhalten. Seit dem Erscheinen von Moses, Buddha, Jesus, Mohammed, Kabir und späteren Gottessöhnen haben die Lehren der Spiritualität eine Reichweite und Durchdringung gewonnen wie nie zuvor. Seit die Tore des Lichts und der echten Spiritualität im Kali Yuga geöffnet worden sind, erlangen immer mehr Menschen die Verbindung mit dem Seelen rettenden göttlichen Energiestrom, dem Heiligen Wort – im zwanzigsten Jahrhundert waren es schon etwa eine Million. In den ersten zehn Jahren unseres neuen Jahrhunderts werden es vermutlich genauso viele sein.

Diese »Entleerung« seiner Welten von Seelen, die endgültig das Reich der Täuschung hinterlassen, ruft als Gegenreaktion die Anstrengungen des Fürsten der Welt hervor, nichts unversucht zu lassen, um die Seelen zu verblenden und doch in seinem Netz gefangen zu halten. Da wir einzelnen »Normalsterblichen« in aller Regel aber weder über die Erwachtheit und Einsicht noch über die Kräfte verfügen, um wirklich in diese großen Kämpfe zwischen Licht und Dunkel einzugreifen, können wir der Sache des Lichts am meisten und am besten dadurch dienen, dass wir zunächst einmal selbst die Verbindung mit dem Heiligen Wort erlangen! Dadurch werden wir sowohl unsere eigene Seele retten lassen und dem Schlachtfeld ohne Seelenschaden entrinnen können, als auch zum Heil aller anderen Seelen beitragen, weil dann das Licht hier auf Erden durch unsere Öffnung dafür gestärkt wird!

Wenn Eltern einer großen Kinderschar eine schwierige Herausforderung meistern müssen, um ihre Kinder zu schützen und zu versorgen, ist der beste Dienst der vielen Kinder, möglichst wenig »dazwischenzufunken« und möglichst das zu tun, was die Eltern aufgrund ihrer besseren Übersicht ihnen auftragen. Wenn ein Feldherr eine Schlacht gewinnen und damit sein Land von diktatorischer Fremdherrschaft befreien will, muss er sich auf möglichst viele Kämpfer stützen können, die seinen Befehlen folgen, die er aufgrund seiner übergeordneten Einschätzung gibt. Der »Befehl« von Meistern besteht nur darin, dass sie uns bitten, geradezu anflehen, unsere wahre Natur als Kinder Gottes zu erkennen und demgemäß zu leben, dass wir die Fallen des Fürsten der Welt erkennen, uns aus ihnen befreien lassen und nicht immer wieder erneut hineintappen. Sant Kirpal Singh, der bedeutende Mystiker und Meister des göttlichen Energiestroms, des inneren Lichts und Klangs, hat kurz vor seinem Weggang aus dieser Welt 1974 das in folgenden schönen Worten zum Ausdruck gebracht:

Ich möchte, dass Ihr alle Botschafter der Wahrheit werdet. Dass Ihr zuerst Euch selbst erkennt und dann Gott erkennt – und dass Ihr dann durch Eure Ausstrahlung andere ändert. Macht den besten Gebrauch von Eurer Zeit, denn die Zeit läuft dahin. Ich bitte Euch, ich flehe Euch an zu meditieren. Tut jetzt etwas! Jetzt lebt Ihr, und der Meister ist auch im physischen Körper. Vergeudet diese Gelegenheit nicht. (SINGH, *Portrait*, S. 290)

Der Kampf besteht für uns also *nicht* darin, dass wir uns dieser oder jener Gruppe anschließen, dass wir Beschwörungsformeln murmeln oder zur Umgestaltung der Gesellschaft aufrufen oder sonstige äußere Dinge unternehmen.

»Was nützte es dem Menschen, wenn er die ganze Welt gewönne, aber nähme doch Schaden an seiner Seele?« Der erste Schritt ist die Selbsterkenntnis, dann folgt die Gotterkenntnis. Dazu bedarf es der Meditation mit jener Kraft, die uns über die Reiche Kals hinauszieht, einer Kraft, die uns hilft, das Schlachtfeld der Welt zu verlassen.

Dazu wiederum ist die Initiation notwendig, der Erhalt des »Passierscheins«, von dem Kabir sprach, die Verbindung mit dem inneren Licht und Klang und den wahren Gottesnamen. Wem steht dieser Passierschein zum Verlassen des Schlachtfeldes zu? Wer soll und kann die Initiation erhalten?

Kabir trägt seinem Nachfolger Dharam Das auf, die Botschaft der Befreiung der Seelen an demütige und hingebungsvolle Menschen zu richten und solchen die Initiation zu geben, die Barmherzigkeit, Beherrschtheit und Vergebung in sich entwickelt haben. Aber womöglich kommt es mehr auf Mitleid und Barmherzigkeit eines Gottessohnes für die noch nicht erwachten Seelen an als auf alles andere. Denn wer wäre schon der Befreiung »würdig«?

Hazur Baba Sawan Singh, der von 1911 bis 1948 als Meister des Heiligen Wortes wirkte, sagte einmal, als er befragt wurde, warum er denn so vielen Menschen die Initiation gewähren würde, die ihrer noch gar nicht würdig seien: *»Wenn es darum ginge, wer es verdient, dann hätte ich selbst es auch nicht verdient, von meinem Meister in die Mysterien des Jenseits initiiert zu werden und die Verbindung mit den Namen Gottes zu erhalten.«*

Es geht also nicht darum, wer es verdient, sondern welche Seele sich in einem seltenen lichten Moment danach sehnt, in ihre wahre und ewige Heimat zurückzukehren. Allerdings wird immer wieder betont, dass zumindest dieser Wunsch nach der Verbindung mit dem Wort, dem Heiligen Geist, Shabd, Naam oder Namen Gottes, mit dem inneren ewigen himmlischen Klang und dem göttlichen Licht, an den jeweiligen Meister der Zeit herangetragen und dass er mit freiem Willen ausgedrückt werden muss. Denn solche Gottessöhne drängen uns nichts auf. Sie versuchen nicht, mittels Wunder und Charisma oder gar mittels Manipulation und Magie, Seelen anzuziehen. Der freie Wille bleibt unberührt. Im Zusammenhang mit dem inneren Licht ist es vielleicht interessant, darauf hinzuweisen, dass es durchaus möglich ist, im Inneren Licht auch dann wahrzunehmen, wenn man nicht initiiert ist. Denn auf der Astralebene gibt es ja auch Licht, das man durch bestimmte Übungen erfahren kann – nämlich das Licht, das vom gefallenen Lichtengel ausgesandt wird. Allerdings wird uns dieses Licht nicht über die Grenzen der Herrschaft Kals hinausführen, sondern uns sogar noch mehr darin verstricken, weil wir nun ja meist ganz glücklich über unseren schon achtbaren »Fortschritt« sind, dass wir überhaupt etwas jenseits der Sinne wahrnehmen. Ein weites Feld, das wir im 8. Kapitel etwas weiter »beackern« wollen.

Noch ein Gedanke zum Thema Gott und Teufel: Wenn Gott das allgegenwärtige Allgute ist, die All-Liebe, wenn Er/Sie/Es Schöpfer von Allem ist, wer hat dann das Böse geschaffen? Nun, der »Teufel«, Kal, Satan, Scheitan, Diabolos ... Wie lässt sich dieser offensichtliche Widerspruch aufheben, dass es Einen Schöpfer gibt, aber wir die Welt als Kampf der Dualität Gut-Böse erleben? Können wir davon ausgehen, dass vielleicht folgendes Paradox der Wahrheit am nächsten kommt:

Solange wir in der Welt sind, sind Gott und Teufel als Dualität eine Wirklichkeit, in der Gott keineswegs überlegen ist. Sobald wir aber die Dualität in unserem eigenen Denken und ansatzweise auch im körperlichen Sein überwunden haben, gelangen wir zu einer höheren Schau, in der die Zweiheit verschwindet. Hier auf der Erde erscheinen Gott und Teufel »gleich stark« zu sein, oft genug scheint sogar Luzifer die Oberhand zu behalten …

Worte jenes Dichters, der dieses Kapitel begonnen hat, sollen es auch beschließen. Dabei mögen wir die Auflösung von allem im »Nichts«, von der er spricht, als das Zerfallen des Ichs verstehen, und das »Sein« mit dem Bewusstsein der für ihre mystische Einheit mit der Schöpferkraft erwachten Seele gleichsetzen. Goethes Worte weisen auf einen besonders wichtigen Aspekt hin, den Lao Tse das »Nichtstun im Tun« nannte, das Tun ohne Ich, das Wirken ohne Ego, bei gleichzeitiger Öffnung für die höchste Wahrheit.

Im Grenzenlosen sich zu finden,
Wird gern der Einzelne verschwinden …
… sich aufzugeben ist Genuss.
Das Ew'ge regt sich fort in allen:
Denn alles muss in Nichts zerfallen,
Wenn es im Sein beharren will.

GOETHE, aus: *Eins und Alles*

7. Kapitel
Buddha und Jesus

Die beiden wichtigen historischen Boten und Kämpfer auf dem Weg des Lichts. Vom Prinzen zum Buddha, vom Schreinersohn zum Messias. Zwei Mensch gewordene Seelen, die als Meister der Lichtkräfte wirkten.

Was ist das wahre Forschen? Da untersucht ein Mensch, der selbst der Geburt unterworfen ist und das Elend in dem Geborenwerden erkannt hat, das Ungeborene, Unvergleichliche, das Zurruhekommen des Werkes, das Nirvana.

(REDEN DES BUDDHA, S. 18)

Denn das Gesetz ist durch Mose gegeben worden, die Gnade und Wahrheit ist durch Jesus Christus geworden. Gott hat niemand jemals gesehen. Der eingeborene Sohn, der an der Brust des Vaters ruht, er hat Kunde gebracht.

(JOH 1, 17–18)

Weder wäre hier der Ort noch wäre der Verfasser dazu berufen, an dieser Stelle eine auch nur annähernd umfassende Würdigung der zwei historisch gesehen vermutlich bedeutendsten religiösen Vorbilder vorzunehmen. Das Thema »Geheime Herrscher der Welt« verlangt jedoch danach, diese beiden strahlenden Sterne des Geistes und ihren hohen Rang für die Geschichte der Menschheit respektvoll und dankbar zu erwähnen, auch wenn das nur recht skizzenhaft und »unerleuchtet« erfolgen kann.

Buddha

Als Prinz geboren, als Buddha erwacht: Siddharta Gautama aus dem indischen Fürstenclan der Shakya in Nordindien wurde zu einer der wenigen geistigen Sonnen, deren Licht die gesamte Erde erfasst und erleuchtet.

Man spricht von ihm als »Religionsstifter« des Buddhismus, wie man von Jesus als »Religionsstifter« des Christentums spricht. Aber mit wenigen Ausnahmen haben die erhabenen Seelen, auf welche sich die später erfolgten Ausformungen von Religionen berufen, mit keinem Gedanken daran gedacht, noch eine neue Religion zu den bereits bestehenden zu begründen. Ihr Anliegen war vielmehr, ewige Wahrheiten und Weisheiten auf eine zeitgemäße und der jeweiligen Kultur entsprechende Weise neu zu beleben.

Der Begriff Buddha bezeichnet eigentlich den Bewusstseinszustand vollkommener Erleuchtung. Im Falle Prinz Gautamas ist er indes zum Eigennamen geworden und man spricht allgemein nur von »Buddha« anstatt von »dem Buddha«. Wir übernehmen diese übliche Ausdrucksweise. Bevor wir zu seinen Lehren gelangen, wollen wir uns seine Lebensgeschichte in Erinnerung rufen, die anders als jene von Jesus recht gut dokumentiert ist. Wer an einer romanhaft ausgestalteten Lebensgeschichte von Buddha Interesse hat, wird allerdings sicher lieber zum poetisch und geistig bezaubernden Buch *Siddharta* von Hermann Hesse greifen.

Buddha Shakyamuni, der Weise aus dem Shakya-Clan, der seine Buddhanatur erkannte und lebte, wurde etwa 590 v. Chr. geboren. Der Tradition zufolge erkannte Gautama, während er sich in einem hohen buddhistischen Himmel befand (in *tushita*, dem

Himmel jener, die nur noch einmal wiedergeboren werden müssen), dass die Zeit für ihn gekommen sei, auf der Erde zu inkarnieren.

Seiner späteren Mutter *Maya* erschien Buddha in Form eines schneeweißen Elefanten, der auf einer Regenwolke schwebte, einem Symbol der Fruchtbarkeit. Die Wolke umkreiste Maya drei Male und ging dann in ihren schoss ein. Einer anderen Überlieferung zufolge legte der weiße Elefant eine Lotosblüte in ihren Schoß. In diesem Augenblick begannen überall auf der Erde Musikinstrumente zu erklingen, Bäume und Pflanzen zu erblühen und Lotosblumen Seen zu bedecken. Wir haben es hier also mit der Legende einer ähnlich übernatürlichen Geburt zu tun, wie wir sie aus der Geburt Jesu mit der vorherigen Verkündigung des Engels kennen.

Bei der Geburt trat Buddha aus der Seite seiner Mutter aus, während sie an einem Baum im Garten ruhte. Er begann sofort zu gehen und Lotosblumen erwuchsen sogleich, wo seine Füßchen die Erde berührt hatten. Mit sieben Schritten ergriff er symbolisch »Besitz von der Erde«, wie es manchmal heißt, und erklärte, dass er nicht mehr wiedergeboren würde. Überwältigt von Freude, verstarb seine Mutter kurz nach seiner Geburt. Kurz danach sagte der Weise *Asita* voraus (andere Überlieferungen meinen, es seien Astrologen gewesen), dass Gautama entweder ein Weltherrscher oder ein großer religiöser Lehrer würde.

Als Gautama zwölf Jahre alt wurde, wurde seinem Vater prophezeit, wenn sein Sohn Alter, Krankheit oder Tod zu Gesicht bekäme, würde er sich entscheiden, Asket zu werden. Der Vater tat alles, um Gautama dem Anblick dieser drei Lebenswirklichkeiten zu entziehen. Als er sechzehn wurde, heiratete Gautama Prinzessin *Yasodhara* und hatte mit ihr einen Sohn, *Rahula*. Danach bekam er bei vier Besuchen außerhalb der Palastmauern nacheinander einen alten Menschen, einen Kranken und eine Leiche zu sehen, schließlich einen zwar ärmlichen, aber innerlich strahlenden Asketen. Er entschloss sich, den Ursachen des Leidens von Alter, Krankheit und Tod auf die Spur zu kommen sowie den Mitteln, diese Leiden zu überwinden. Gautama floh heimlich aus dem Palast und ließ Familie und Rang hinter sich.

Gautama wanderte von einem Asketen zum anderen, von einem religiösen Lehrer zum anderen, lernte, was er nur lernen konnte, unterzog sich schweren Prüfungen und Übungen – alles aber ohne jeden Erfolg, seinem Ziel wirklich näher zu gelangen. Die Überlieferung spricht davon, dass er eines Tages an einem Fluss entlang wanderte, dem Tode nahe aufgrund extremen Fastens, ohne Antworten gefunden zu haben.

Eine Kuhhirtin bot ihm Milch und Reis an, die er annahm. Er stellte fest, dass sich sein Körper rasch erholte und er wieder zu Kräften kam und erkannte, dass weder ein üppiges Wohlleben aus der Sinnesfülle noch eine streng asketische Lebensführung die rechte Voraussetzung für die spirituelle Suche waren. Gautama setzte sich unter den legendären Bodhi-Baum mit der Absicht, sich nicht mehr zu bewegen, bis er Erleuchtung gefunden habe.

Gautama trat in tiefe Meditation ein und kämpfte mit den »Dämonen«, wie es heißt, von Begierde und Unwissen, die er schließlich »besiegte«. Das erinnert auf erstaunliche Weise an die biblische Versuchung Jesu in der Wüste durch den Teufel, der ihm die Herrschaft der Welt anbot, wenn Jesus nur ihm, dem Teufel, huldigen würde. Jesus wird »vom Geiste in die Wüste geführt, um vom Teufel versucht zu werden. ... Da trat der Versucher an ihn heran ...«

(MT 4,1–11).

Auch bei solch lichtvollen Seelen wie Buddha und Jesus haben wir es also mit einem regelrechten Kampf des Lichtes gegen das Dunkel, des Erwachens zum kosmischen oder göttlichen Bewusstsein im Kampf gegen Widerstände zu tun, die als »Dämonen«, »Teufel« oder »Versucher« bezeichnet werden. Wie verzwickt die Frage nach dem Verhältnis zwischen »Gott« und »Fürst der Welt« ist, was ja im Mittelpunkt unserer Überlegungen in diesem Buch steht, lässt sich auch an der Aussage ablesen, die Jesus im Neuen Testament in den Mund gelegt wird, »Du hättest keine Macht über mich, wenn sie dir nicht von oben gegeben wäre«. (JOH 19,11)

Gautama überwindet die Dämonen also und erlebt die Morgenröte eines neuen Tages (wir denken dabei auch an Aurora und Eos und ihren Zusammenhang mit Luzifer zurück) mit neuen Augen, frei von der Dualität von Leben und Tod. Gautama ist erleuchtet, der

Prinz ist zum Buddha gewandelt, richtiger: hat seine ihm bereits innewohnende Buddhanatur erkannt. Er ist befreit vom Kreislauf der Wiedergeburten.

Da Buddha erkannte, dass alle anderen jedoch weiterhin in diesem Kreislauf gefangen waren, verbrachte er den Rest seines Lebens als Lehrer, ordinierte Jünger zu Aposteln (um es historisch nicht ganz richtig, aber doch im christlichen Kontext verständlich und zulässig auszudrücken). Er nahm auch Laien und – angeblich erst nach längerem Drängen – Frauen in seine Anhängerschaft auf. Allerdings gelangten bekanntlich weder im Buddhismus noch im Christentum Frauen in höhere Positionen oder Funktionen, obzwar auch Jesus zahlreiche Jüngerinnen hatte, wenn das auch von einer männlich dominierten Kirche gerne verdrängt wird.

Buddha starb (nach GILL FARRER-HALLS) mit ungefähr achtzig Jahren aufgrund einer Essensvergiftung (!), von seinen Jüngern umgeben. Seine letzten Worte sollen dieser Quelle nach gewesen sein: »Ohne Dauer sind alle Dinge, die geschaffen sind. Strebt weiter voller Bewusstheit.«

(Quelle: GILL FARRER-HALLS, *Buddhist Wisdom*, New Alredford, UK 2000, S. 13)

Über Buddhas Lehren gibt es ähnlich viele Werke wie über die Lehren von Jesus. Die vier edlen Wahrheiten von der Existenz des Leidens, seinen Ursachen, seiner Beendigung und dem »Pfad der Mitte«, der zur Beendigung von Leiden führt, sind zu einer Art von geistigem »Weltkulturerbe« geworden wie die Bergpredigt auch, gleich, welchem Glauben man sich verbunden fühlt.

Interessant und vermutlich recht überraschend wird für manche Leser der Hinweis sein, dass Buddha keineswegs die Existenz Gottes leugnete oder die Schritte, die zu ihm führen. Dass er Gott oder eine letzte Wahrheit oder Ursache, auch des vom Kreislauf befreiten Bewusstseins und auch des »Ortes« der Befreiung, des Nirvana, nicht als »Gott« benannte, sondern stattdessen in den Vordergrund seiner öffentlichen Lehrgespräche in diesem Zusammenhang eher die Ablehnung der vielen Gottheiten seiner Zeit stellte, dass er also nichts Konkretes und Positives öffentlich über Gott ausspricht, bedeutet nicht, dass er dessen Existenz ablehnt!

Eine höchste kosmische Wahrheit und gemäß dem Gesetze von Ursache und Wirkung auch eine erste Ursache oder Quelle für Bewusstsein gilt auch im ursprünglichen Buddhismus als Teil der Lehren. Über höhere mystische Erfahrungen gibt die *Surangama Sutra* Auskunft. Dazu gehören innere Licht- und Klangerfahrungen, Entrückung in höhere Bewusstseinszustände und praktisch alles, was auch von christlichen MystikerInnen beschrieben wurde.

(Mehr zu diesem Aspekt des Buddhismus und seinen Lehren in: *Die Krone des Lebens* von KIRPAL SINGH im Kapitel über Buddhismus, in der englischen Ausgabe *The Crown of Life*, SK Publications, Naperville/Delhi 1980, auf S. 195ff; und bei KIRPAL SINGH, *Naam or Word*, SK Publications, Naperville/Delhi 1981, auch auf Deutsch erhältlich.)

Für das Thema des Buches ist wichtig, festzustellen, dass Buddha, um zur Erleuchtung zu gelangen, Kräfte des Dunkels, die sogar »Dämonen« genannt werden, überwinden musste. Seine Lehren gelten seither als eines der Mittel, diese Dämonen auch in sich selbst und im Sinne des Mitgefühls überall in der Welt zu überwinden.

Für die Tradition des Buddhismus war es von Anfang an selbstverständlich und ist es heute noch, dass die Verwirklichung der Lehren im Alltag in aller Regel nur dann gelingt, wenn ein geistiger lebender Lehrer sie vermittelt und die strebenden Sucher leitet und führt. Buddha hat keine »Erlöserfunktion«, die noch über seinen Körpertod hinauswirken würde, sondern hat durch sein Beispiel vorgelebt, dass Erleuchtung möglich ist. Die Verwirklichung muss sich durch die Arbeit an und in sich selbst vollziehen, zwar durchaus unter kundiger Führung, aber eben doch durch eigenes Tun und Lassen.

Ahimsa, das Nichtverletzen, zählt dabei zu den obersten Geboten. Im Namen des Buddhismus hat es auch folgerichtig nie einen Krieg gegeben. Erst im Nichtverletzen, in der eigenen Freiheit von Gewalt also, drückt sich Mitgefühl und die Erkenntnis aus, dass alle lebenden Wesen aus einer einzigen Quelle des Lebens stammen. Auch hier ist übrigens sehr wohl eine Gottesvorstellung abzulesen! Dieses über mehr als zweitausend Jahre hindurch weitgehend praktizierte Ideal der Gewaltlosigkeit ist vielleicht der stärkste Grund dafür, dass der Buddhismus heutzutage so viel Interesse in den Industrieländern findet. Aus den hier meist verbreiteten monotheistischen Religionen waren wir ja gewohnt, dass schlimmste Gewaltanwendungen durch vermeintlichen »Gottessegen« erhöht wurden, nach dem Motto »Der Zweck heiligt die Mittel«.

Der Verfasser sieht übrigens in Buddha und Jesus – und allen anderen gottgesandten Heiligen – keinen Gegensatz, sondern eine Ergänzung. Er betrachtet Religionen nicht als Wettbewerbe, in denen es Gegner gäbe, oder gar als Kriege, in denen es Feinde gäbe, sondern als Offenbarungen der schöpferischen Fülle einer Lichtkraft, die von unserem Verstand weder zu begreifen noch gar in Worten zu beschreiben ist. Das ändert (leider) nichts daran, dass der Verfasser auch die Kräfte des Dunkels sieht und erfährt und sich immer noch wundert, wieso sie existieren (dürfen oder können).

Es ist noch längst nicht ausgemacht, ob alle Religionen oder nur manche, nur eine vielleicht oder gar keine Religion von »Gott« stammen – oder ob alle Religionen oder nur manche, nur eine vielleicht oder gar keine Religion von »Luzifer« stammen.

Jesus

Vielen gilt die Bibel als unverrückbare göttliche Offenbarung, in der jeder Satz wörtlich zu nehmen sei – eben Gottes Wort, ähnlich wie der später niedergelegte Koran. Andere betrachten viele Darstellungen in der Bibel als mythologisierte und idealisierende Berichte über ein Geschehen, das einige Menschen in der damaligen Zeit so tief berührte, dass sie es als »Aufbruch ins Wesentliche« erlebten. Es gibt Forscher, die davon ausgehen, dass es zwei Gestalten Jesu gegeben habe, den »Sozialrevolutionär« und den »Erlösermeister«. In Qumran wurden zwei Messiasse erwartet, ein Königsmessias aus dem Hause Juda, ein priesterlicher Erlösermessias aus dem Hause Aron. Einige Forscher gehen sogar so weit, die schiere Existenz eines einzigen Jesus in Abrede zu stellen. Sie stützten sich dabei auf die Tatsache, dass es kein hieb- und stichfestes Dokument, schon gar nicht aus Jesu Hand selbst, darüber gibt, wann und wo er genau geboren ist, wie seine Familie aussah, wo er sein Leben verbracht hat, was mit dem vom Kreuz abgenommenen Körper wirklich geschah, und so fort.

Mehr und mehr setzt sich indes die Annahme durch, dass der Jesus, um den sich das Neue Testament rankt, etwas mit einer jüdischen Essener-Sekte von Qumran zu tun gehabt hat, dass er vielleicht sogar deren auserwählter Künder der Rückkehr zum wahren jüdischen (!) Glauben war. Die Evangelien berichten nichts über die fast zwei Jahrzehnte zwischen seinem zwölften und 30. Jahr. Es existieren in Asien jedoch Quellen, die nahe legen, dass Jesus eine Art der Lehrzeit auch dort verbrachte, in Persien (woher die »Heiligen drei Könige« wohl kamen, die *Magi* – Mehrzahl von *Magus*=Initiierter in der persischen Sprache), in Indien und in Tibet. HAZUR SAWAN SINGH, der 1948 verstorbene Meditationsmeister vom inneren Licht und Klang, schrieb, dass Jesus »einen Zweig von Sant Mat« studiert habe, vom »Weg der Heiligen«. Ob Jesus am Kreuz wirklich gestorben ist oder nicht, ist heute umstrittener denn je. Auch die Frage, ob er eine Familie gehabt habe, deren Abkömmlinge sich schließlich mit den Merowingern verbanden, stellt sich aktueller denn je (siehe die kurzen Anmerkungen im 4. Kapitel).

Paulus, der Verkünder des Christentums, wie wir es heute kennen (nach der Unterdrückung oder Ausrottung gnostischer, mystischer und ganz eigentlich urjüdischer Lehren im Verlaufe der Jahrhunderte durch die Machthaber der Kirchen), hat unser heutiges Bild von Jesus entscheidend geprägt. Dabei weist PINCHAS LAPIDE detailliert nach, dass selbst die christlichen Vorstellungen über Paulus bestenfalls lückenhaft, in wichtigen Punkten aber schlicht falsch sind.

Einige Beispiele: Paulus ging *nicht* nach Damaskus, in eine eigenständige römische Provinz, sondern nach Qumran, in das »Damaskus der Wüste«, wie es damals hieß. Als Saulus erlebte er auf seinem Weg keine *Bekehrung*, sondern der griechische Originaltext spricht von einer *Berufungsvision*, vom Apostolat für einen jüdischen Messias. Das Christentum (zu dem sich Paulus angeblich bekehrt hat) entstand erst lange nach Paulus' Tod. Paulus ging nicht nach Arabien, sondern er predigte eine Art von Reform-Judentum für »gottesfürchtige Heiden« im Mittelmeerraum.

Lapide kommt in seiner Untersuchung zu dem Schluss: Es hat *sich noch einmal erwiesen, dass damals die Fixierung des Christen-*

tums auf Jesus von Nazareth als den griechisch verstandenen Gottessohn die wesentliche Trennung zwischen Judentum, Qumran und Christentum darstellte. (LAPIDE, S.111ff)

Nachdem wir die Problematik des historisch gesicherten Jesus haben anklingen lassen, wollen wir uns nun der Wirkung des christlich geglaubten Jesus widmen. Jesus wird, spätestens seit seiner Taufe durch Johannes den Täufer, durch die der Beginn seiner Mission auch öffentlich wurde, als Messias, Gesalbter, Erlösermeister betrachtet. Vor allem aber verkünden die meisten christlichen Kirchen ihn als einzigen, einzigartigen und einmaligen Gottessohn, der durch den Opfertod am Kreuze die Sünden der Welt auf sich genommen habe, einschließlich der allen Menschen eigenen »Erbsünde«, die sie durch den Ungehorsam Adams und Evas in sich trügen. Diese Übernahme der Sünden als Voraussetzung für das ewige Seelenheil und die zumindest geistige Auferstehung (manche Theologen verkünden auch die leibliche Auferstehung, was jedoch zunehmend umstritten ist) erfolgt jedoch nur, wenn der Mensch im Namen Jesu getauft ist, wenn er sich zu der/einer (?) christlichen Kirche und deren Glaubensgrundsätzen bekennt, wenn er am heiligen Abendmahl teilnimmt, wenn er die Sakramente empfängt. Auch hier gelangen wir offensichtlich in schwieriges geistliches Fahrwasser.

Auf jeden Fall gilt Jesus als Inbild der Barmherzigkeit und Liebe, man denke nur an die Bergpredigt. Und doch hat dieser Gottessohn auch den Kampf der Mächte der Finsternis um die Herrschaft der Welt erfahren. Er muss den Versuchungen des Teufels in der Wüste widerstehen, nach Markus unmittelbar nach seiner eigenen Taufe. Bereits sein schieres Überleben als Kleinkind war durch den Auftrag des Königs Herodes in Gefahr, alle Neugeborenen zu töten, da die »Weisen aus dem Morgenlande« die Ankunft eines neuen »Königs« geweissagt hatten. Und am Ende des überlieferten Lebens wird Jesus verfolgt und gekreuzigt.

Obwohl fast zweitausend Jahre lang christliche Kirchen den Juden die Kreuzigung Jesu in die Schuhe schieben wollten, lassen die jetzt verfügbaren Quellen doch recht eindeutig darauf schließen, dass es sich um eine Untat handelte, die allein in die Verantwortung der römischen Besatzungsmacht fiel. So sehr Jesus sein irdisches

Leben auch als weltliche Auseinandersetzung zwischen Licht und Dunkel erfährt, so wenig scheint er seinem Schicksal äußerlich zu widerstreben – zum Beispiel durch Flucht. Eine Ausnahme stellt dabei dar, dass Jesus die Tische der Kaufleute im Vorhof des Tempels umstößt und damit aktiv, vielleicht auch »aggressiv« eingreift. Ansonsten führt Jesus den Kampf, der an ihn anders als bei Buddha auch auf der weltlichen Ebene herangetragen wird, aber auf eine andere, innerliche Weise: durch Ergebung in den Willen Gottes.

Er bleibt der irdisch »schwache«, aber geistig »starke« Verkünder des Lichtes, der Hoffnungsträger für Erlösung, Heilung, Heiligung. Diese Erlösung erfolgt nach den gängigen christlichen Lehren jedoch nicht wie im Buddhismus durch Innenschau und Wandlung, sondern vor allem durch den Glauben. Der allein selig machende Glaube hat, wie wir wissen, leider allzu oft als Vorwand gedient, um zwar »christlich zu glauben«, aber unchristlich zu handeln und sich dennoch einzubilden, »erlöst« zu werden. Hier sind die christlichen Mystiker und Mystikerinnen gottlob einen anderen Weg als die dogmatischen Theologen gegangen.

Auch Paulus sieht das Leben als einen Kampf zwischen Licht und Dunkel: »Lasst uns also ablegen die Werke der Finsternis und anziehen die Waffen des Lichts.« (Röm 13,12) Paulus fragt weiter, »Was hat das Licht für Gemeinschaft mit der Finsternis? (2 KOR 6,14) und »Wie stimmt Christus mit Belial (auch: Beliar, »Teufel«) überein. Wie passt der Tempel Gottes zu den Götzen?« (2 KOR 6,15)

Der französische Dichter Voltaire hat einmal vorgeschlagen, dass Rom den griechischen Philosophen Plato heilig sprechen sollte, weil auf seinem Entwurf der *Christos*-Mysterien das Christusbild der Kirchendoktrin der Erlösergestalt am stärksten beruhe. Hall geht in diesem Zusammenhang darauf ein, dass Jesus seinen Anhängern gegenüber nicht in Gleichnissen gesprochen habe wie zur Menge, sondern offen und direkt. Die ganze niedere Welt sei unter der Herrschaft eines großen Geistwesens, das nach dem Willen des himmlischen Vaters regiert. Der Geist dieses großen Engels sei sowohl der Geist der Welt als auch jeder weltlich gesonnene Geist. Damit die Menschen nicht an ihrer Weltlichkeit stürben, hat der Ewige Vater der Schöpfung seine erstgeborene und höchste Kraft gesandt, den Göttlichen Geist. Dieser Göttliche Geist bot sich selbst als Opfer. Der leblose Körper des gekreuzigten *Christos*, des geistigen Gesetzes, wurde in die Obhut von Nikodemus und Joseph von Arimathäa gegeben, von wo aus die im vierten Kapitel gestreifte Gralslegende ihren Ausgang genommen haben soll.

(Nach HALL, CLXXIX)

Die zuvor erwähnte Licht-Botschaft Jesu lässt sich durchaus aus den kanonischen Evangelien ablesen. Ein Zitat möge hinreichen: *Das Licht scheinet in der Finsternis, die Finsternis hat's nicht ergriffen* (Joh1,5). Wenn man von allen Unstimmigkeiten rund um den geschichtlichen Jesus absieht, bleibt diese Lichtbotschaft das zentrale Anliegen des Neuen Testaments, wie der Verfasser es versteht. Wir als Menschen sind Tempel Gottes. Nicht das Steinhaus, sondern der göttlich geschaffene menschliche Körper ist der wahre Tempel. In diesem Tempel erstrahlt Licht, ewiges Licht. Es ist das Licht der ewigen Seele, die aus Gottes Geiste geschaffen wurde und voller Sehnsucht auf die Heimkehr und die Vereinigung mit Gott wartet. Das Licht der Seele lässt sich nicht mit den Sinnesorganen wahrnehmen, weil diese nur die irdische Welt und ihre Formen erkennen. Die Seele muss zu ihrer eigenen, inneren Wahrnehmungskraft erwachen, um das »(ewige göttliche) Licht in der Finsternis (des irdischen Körpers)« zu erfassen. Der Kampf zwischen den Kräften des Lichts und den Mächten der Dunkelheit ist eine Auseinandersetzung auf der geistigen Ebene. »Wenn dein Auge einfältig ist, wird dein ganzer Leib licht sein«, heißt es bei Matthäus (Mt 6,22). Um dieses Licht zu finden, müssen wir durch die schmale Pforte auf dem engen Weg ins wahre, nämlich geistige Leben eintreten (Mt 7,13–14). Wir müssen den sinnlosen Kampf gegen das Dunkel in der Welt dadurch beenden und zugleich gewinnen, indem wir unser eigenes inneres Licht erfahren und so hell wie nur möglich leuchten lassen.

(Mehr zur Mystik in der Bibel bei ROHR, *Was lehrte Jesus wirklich? Die verborgene Botschaft der Bibel.*)

In diesem Sinne ist Jesus – wenn auch auf andere Weise als Buddha – zu einem der bedeutendsten Lichtboten der Geschichte geworden. Betrachten wir nun den Begriff *Messias*. Ein Messias ist ein *Gesalbter*, der im Alten Testament als Heilskönig verheißen wird und als Befreier und Erlöser aus religiöser und sozialer Unterdrückung wirken soll. Er wurde (und wird?!) im Judentum vor allem als Erretter des jüdischen Volkes betrachtet. Der Begriff eines Gesalbten findet sich auch in der Bezeichnung *Christos* oder *Christus* wieder, das im Griechischen eben dieselbe Bedeutung hat wie Messias. Ein erster großer Unterschied, vielleicht sogar ein Gegensatz zwischen Buddhismus und Christentum fällt ins Auge. Im Christentum bleibt der auferstandene Jesus von Nazareth, der zum Christus und Messias wurde – oder es schon war, sich aber in der Zeit erst als solcher offenbarte –, im Mittelpunkt der Religion. Zumindest sollte er nach der heute in praktisch allen größeren christlichen Kirchen verkündeten Theologie dort sein und bleiben.

Im Buddhismus steht nicht die Person oder Persönlichkeit des Prinzen Gautama, der die Buddhaschaft erlangte, im Mittelpunkt, sondern seine Lehre. Buddha wird nicht als »Gottheit« betrachtet, sondern als einer der vollkommensten Heiligen und Weisen. In der Volksfrömmigkeit hat sich das zwar vielerorts gewandelt und Buddha wird hier und dort sogar als »Gott« verehrt und angebetet, auch wenn er es seiner eigenen Lehre nach nicht ist. Eine Parallele finden wir wohl in der Marienverehrung im Katholizismus, in der Maria hier und dort als »Göttin« verehrt und angebetet wird, obwohl sie dies der christlichen Lehre nach und auch nach der katholischen nicht ist.

Buddhas Lehre stellt das dar, was sich aus den geistigen Welten durch ihn als Weltenlehrer offenbarte. Buddha war jedoch, anders als Jesus im Christentum, nicht der Offenbarer selbst als Menschen- und Gottessohn. Deshalb findet man in den ersten Jahrhunderten des sich allmählich erst ausbreitenden Buddhismus auch *keine Darstellung des Buddha*, sondern *nur Symbole*. Diese Symbole weisen darauf hin, dass der Überbringer der Heilslehre aus dieser Welt des *Samsara*, aus dem Kreislauf der Wiedergeburten, ausgeschieden und in das *Nirvana* eingegangen ist. Das Nirvana ist übrigens entgegen manchen westlichen Missverständnissen nicht irgendein Nichts, sondern vielmehr eine geistige Ebene der Fülle.

Zu den hier angesprochenen Symbolen zählen Fußstapfen und *Stupa*, Lotos und Bodhi-Baum, Thronsitz und Sonnenschirm. Fußstapfen symbolisieren ein zukünftiges Ziel, das Eingehen ins Nirvana. Ein Stupa ist ursprünglich ein Reliquienbehälter (kein sakrales Grab!) für Reliquien des Buddha, der durch den Tod hindurchgegangen ist. Der Lotos ist Symbol für die Geburt des Buddha, der sein Bewusstsein in der ewigen Wahrheit gefestigt hatte, während er in der zeitlichen Welt lebte, so wie die gleichnamige Pflanze durch den Schlamm des Wassertümpels hindurch ihre Blüte erst oberhalb der Wasseroberfläche zur Sonne hin entfaltet. Der Bodhi-Baum, unter dem der Buddha Erleuchtung erfuhr, ist Symbol ebendieser Erleuchtung, genau wie der Thronsitz ebenfalls Erleuchtung repräsentiert. Der Sonnenschirm kennzeichnet in Asien ganz allgemein königliche Würde.

Figürliche Darstellungen des Buddha, auf Tempelrollbildern, den so genannten *Tanghkas*, auf Reliefs oder in Statuen, tauchen erst deutlich später auf.

Auch das frühe Christentum bediente sich zunächst der Symbole, um sich auf Jesus Christus zu beziehen: Kreuz, Lamm, Fisch und das Monogramm IHS. Dazu finden sich übrigens drei Deutungen: *in hoc signo* vinces oder *in hoc signo* victor eris = *in diesem Zeichen* wirst du siegen, was sich auf die angebliche Vision des byzantinischen Kaisers Konstantin bezieht; oder *Jesus Hominum Salvator = Jesus der Heiland der Menschen*; mit griechischen Buchstaben stellt IHS indes den ältesten Namen des Gottes Bacchus dar.

Veltheim-Ostrau meint, dass die »menschenleibliche Götterdarstellung«, also die Darstellung eines Erleuchteten oder Messias, erst dann eintrete, wenn die Gläubigen die ursprüngliche kosmische Schau verloren hätten, die »den Gott noch in Himmelshöhen erreichen kann«. Während die ersten Schüler, die oft zu Aposteln wurden, noch Zugang hatten zu einem solchen rein geistigen Bewusstsein, das ihnen vom Meister und später als Religionsstifter bezeichneten Weltlehrer noch direkt offenbart und vermittelt worden war, geriet dieser Zugang zum Göttlichen aufgrund persönlicher Erfahrung in folgenden Generationen entweder in Vergessenheit oder in Misskredit. Stattdessen manifestierte sich in Dogmen und Ritualen ein materielles Bewusstsein, das zwischen dem unterscheidet und trennt, was unmittelbar sichtbar und greifbar ist, und dem, was mehr oder weniger blind geglaubt, gehofft oder gefürchtet werden muss. Wenn der irdisch befangene Mensch das Maß aller Dinge wird und nicht mehr die geistige Schau jenseits von Raum und Zeit, dann werden Gott und Götter als Ebenbild des Menschen dargestellt.

Aus dem ersten geschilderten Unterschied – der Stellung der Person des Heilsbringers Jesus beziehungsweise des Überbringers von Heilslehren Buddha in den jeweiligen religiösen Lehren – ergibt sich ein zweiter wesentlicher Unterschied.

Im historisch älteren Buddhismus kommt letztlich alles auf die eigene Wandlung an, auf die Arbeit an sich selbst, auf die Verwirklichung einer bestimmten Lebensführung durch einen ständig in sich, in der Mitte ruhenden Geist. Die Gnade des historischen Buddha spielt keine solche herausragende Rolle, eher schon die Führung durch einen jetzt lebenden Lehrer, der seine eigene Buddhanatur bereits zumindest in gewisser Hinsicht verwirklicht hat und sie alltäglich lebt. Alle Errungenschaften des historischen Buddha helfen dem heute lebenden Menschen als Vorbild und Ansporn, dass auch ihm das möglich ist, was der Buddha erlangte – die Erkenntnis der ihm immer innewohnenden Buddhanatur –, nicht jedoch im Sinne einer Übernahme oder Abnahme eigener Verfehlungen oder »Sünden«. Im Christentum wird, wie erwähnt, zwar die Übernahme der Sünden verheißen, eine persönliche Wandlung und eigene Erfahrung ist (zumindest für die Allgemeinheit) jedoch nicht ausdrücklich vorgesehen. Interessant ist in diesem Zusammenhang auch der Ausspruch im Johannes-Evangelium, der eine zeitlich-historisch begrenzte Rolle Jesu nahe legt. Dort heißt es: *Ich muss die Werke dessen wirken, der mich gesandt hat, solange es Tag ist. Solange ich in der Welt bin, bin ich das Licht der Welt.*

(JOH 9,4–5)

Wer ist das Licht der Welt nach Jesu Kreuzigung? Die Apostel, denen er die Vollmacht übertragen hat, Sünden zu erlassen und den Heiligen Geist zu übertragen? (Apg 1,5 und Apg 8,14–17) Sicher. Und wer ist das Licht der Welt, nachdem diese Apostel das Zeitliche gesegnet hatten? Es geht *nicht* um eine symbolische Taufe, *nicht* um ein bloßes Ritual, sondern um eigene Erfahrung des ewigen Lichtes! Hatten die Apostel keine Nachfolger? Der Verfasser meint, sie hatten solche. Er ist auch davon überzeugt, dass es sogar in der heutigen Zeit noch Lichtboten gibt, welche sowohl »Sünden« abnehmen als auch die Seele für das ewige Licht öffnen können.

Ideale behalten ihren Wert auch dann, wenn im Namen der Religionen, die sie verkünden, ansonsten üble Dinge passieren. In diesem Sinne können wir festhalten, dass Gewaltlosigkeit und Liebe, Mitgefühl und Gnade, geistige Bewusstwerdung und ewiges Leben seit Buddha und Jesus zu erstrebenswerten Idealen wurden, die in der ganzen Welt Geltung haben. In diesem Sinne sind sie Boten des Lichts. Im Sinne der Mystik waren sie mehr als nur Künder des Lichts, sie waren auch Träger des Lichts und Weltlehrer mit der Gabe beziehungsweise Vollmacht, andere ins Licht zu führen.

8. Kapitel
Diana-Maria-Sophia

»Das ewig Weibliche zieht uns hinan ...«
Muttergöttin, Gottesmutter und göttliche Weisheit:
Wie die Kräfte der Frau, der Heiligen und der Weisen unserer
spirituellen Entwicklung helfen können.

Oh suche mein Herz / nach der Quelle des Lebens,
Oh heile den Schmerz / meines irdischen Strebens,
Ave Maria, Ave Maria.
Oh lausche mein Herz / auf die heiligen Klänge,
Und blick himmelwärts: / Geist führt aus der Enge.
Ave Maria, Ave Maria.
Erschaue mein Herz / die Verheißung des Lichts,
Und blick himmelwärts: / ohn' Gott ist alles nichts.
Ave Maria, Ave Maria.
Oh liebe mein Herz / und öffne die Türen:
Geheilt ist der Schmerz / wenn alle Liebe spüren.
Ave Maria, Ave Maria.
Oh lebe mein Herz / im Dienste am andern
Und blick himmelwärts: / Erfüllung wird Wandern.
Ave Maria, Ave Maria.
Entdecke mein Herz / den Christus der Seelen,
Und blick himmelwärts: / Laß Ihn dich erwählen.
Ave Maria, Ave Maria.
Ich wandre mit Schmerz / zur ewigen Quelle
Und finde dort Heilung: / oh danke mein Herz.
Ave Maria, Ave Maria.

Wie könnten wir ein Buch schreiben oder auch nur den Zwischenbericht einer Suche nach Spuren von Meistern der Welt geben, ohne auf die schöpferische Kraft des Weiblichen, ohne auf die Frau und die Heilige als Meisterin der Welt wenigstens kurz einzugehen.

Am Marienwallfahrts- und Gnadenort Großgmain am Untersberg ist das Pilgerlied entstanden, das Sie auf der vorhergehenden Seite abgedruckt finden. Die begnadete Sängerin und Heilerin GUDULA BLAU aus München hat dazu eine wunderschöne Melodie aus dem Herzen heraus geschrieben und gesungen. Es gibt zu diesem Lied auch eine mehr klassisch-kirchliche Vertonung, die im Rahmen eines Kompositionswettbewerbs des Marienheilzentrums Großgmain von Hörern des ORF ausgewählt wurde. Vielleicht kommen Sie einmal nach Großgmain am mythenumwobenen Untersberg und erleben dort selbst die erhebende Stimmung eines Gnadenortes, den viele Kundige als *das* Kraftzentrum Europas betrachten.

In diesem Lied ist zunächst nur Maria angesprochen, nicht auch Diana und Sophia. Was meinen wir aber, wenn wir von Diana-Maria-Sophia sprechen? Der Geistliche Rat HERBERT JOSEF SCHMATZBERGER, Pfarrer der Marienwallfahrtsstätte Großgmain mit der doppelgestaltigen »Diana-Maria-Statue« des Marienbrunnens und dem Heilwasser vor der Kirche und der »schönen Madonna« in der Kirche selbst, spricht immer wieder in Predigten, Vorträgen und Veröffentlichungen aus theologischer Sicht von jener Gestalt, welche ERICH NEUMANN aus psychologischer und mythologischer Sicht *Die große Mutter* in seinem gleichnamigen Standardwerk genannt hat. Auf drei Qualitäten dieser Dreiheit möchte der Verfasser hier wenigstens skizzenhaft angedeutet eingehen. Für ihn ist *Diana-Maria-Sophia* ein Ausdruck für *das Weibliche*, für *das Heilige* und für *das Göttliche*.

Diana – Das Weibliche und die Kraft der Frau

In der Figur der römischen »Göttin« Diana finden wir nicht nur die Göttin der Natur oder gar nur der Jagd, sondern vor allem die Göttin des Lichts, was weniger bekannt sein dürfte. Artemis, die griechische Vorläuferin der Diana, war die Zwillingsschwester des Licht- und Sonnengottes Apollon, obzwar sie auf eine noch ältere vorgriechische Göttin zurückgehen soll. Sie war den Griechen eine Göttin der Wildnis, der unberührten Natur, der Kräfte der Natur. Sowohl in der Diana wie in der Artemis finden wir auch Parallelen zu Demeter und anderen Fruchtbarkeitsgöttinnen.

Diana ist nach Sir JAMES GEORGE FRAZER eine römische Variante der *Dione*, der ersten Gefährtin des griechischen Hauptgottes Zeus. Er macht darauf aufmerksam, dass beider Name auf *di* zurückgeht, eine alte arische Sprachwurzel, die für »hell« steht. Interessanterweise wurde Diana, die römische Göttin der Fruchtbarkeit und der Geburt neuen Lebens, später mit dem Mond identifiziert, obwohl ihre griechische Schwester Artemis neben Apollon eine Sonnengöttin war. (FRAZER, *The Golden Bough*, S. 217ff)

In unserer Betrachtung dreier archetypischer Aspekte weiblicher Ausdrucksformen der Wirklichkeit und der sie hervorbringenden numinosen schöpferischen Kraft sehen wir in Diana die große Mutter Erde als Trägerin des menschlichen Lebens, die Frau als Gebärerin des menschlichen Lebens, die Kraft eines weiblichen Mysteriums, in dem aus dem vermeintlichen Nichts, aus dem schoss von »Leere« und »Chaos« neue Formen entstehen, die dem Leben erst seinen Ausdruck möglich machen.

Maria – Das Heilige und die Kraft der Liebe

In Maria können wir die Bereitschaft erkennen, Gottes Willen anzunehmen, in Demut und Liebe. Papst JOHANNES PAUL II. erneuerte zu Pfingsten 1981, zum 1550. Jahrestag des Konzils von Ephesus in einem feierlichen Gottesdienst vor Kardinälen, Erzbischöfen und Bischöfen aus aller Welt in der Basilica Santa Maria Maggiore in Rom das Bekenntnis der katholischen Kirche zur besonderen Stellung der Maria:

Das vollkommenste, in der Inkarnation vollbrachte Werk des Heiligen Geistes, hat sich mit der Zustimmung und dem demütigen ›fiat‹ jener verwirklicht, die bei ihrer Berufung, Mutter Gottes zu werden, von sich sagte: Ich bin die Magd des Herrn (Lk1,38). So be-

216

steht das Werk des Heiligen Geistes, das vollkommenste in der
Schöpfungs- und Heilsgeschichte, zugleich darin, dass der Sohn
Gottes, eines Wesens mit dem Vater, Mensch werden wollte, und
dass Maria, die Magd des Herrn aus dem Hause Davids, wahrhaft
die Mutter Gottes – Theotokos – *geworden ist.* (BEN-CHORIN, S. 7)

Der Schweizer Tiefenpsychologe C. G. JUNG griff das von Papst
Pius XII. 1950 verkündete Dogma der *Assumptio Mariae*, der leibhaftigen Anwesenheit Mariens im Himmel auf und deutete dieses
Ereignis auf seine Weise nicht nur als theologischen Akt, sondern
als Ausdruck gesellschaftlicher Umbrüche angesichts der Forderung nach Gleichberechtigung der Frau:

Die Gleichberechtigung verlangt aber ihre metaphysische Ver
ankerung in der Gestalt einer ›göttlichen‹ Frau, der Braut Christi.
... Das Weibliche verlangt eine ebenso personhafte Verankerung
wie das Männliche.

(JUNG, *Antwort auf Hiob*, Zürich 1952, S. 161)

Der jüdische Dichter und Denker SCHALOM BEN-CHORIN
spricht davon, dass sieben dicht verwobene Schleier das Bild Mariens umhüllen: Tradition, Dogma, Liturgie, Legende, Kunst, Dichtung und Musik:

Je schöner und bedeutender diese Schleier sind, desto verhüllen
der wirken sie. Hier wird der Versuch einer Entschleierung nötig
sein, um das jüdische Antlitz einer jungen Mutter aus Galiläa wie
der deutlich zu machen. Was ist aus dieser schlichten jungen Jüdin
geworden? Goethe sagt es mit der Unbefangenheit des Genies in
den Schlussakkorden im zweiten Teil des Faust: Jungfrau, Mutter,
Königin, Göttin. (BEN-CHORIN, S. 11)

Die Mythologisierung der Maria, die vom kleinasiatischen Ephesus, dem heutigen türkischen Efes, ausging, versetzte Maria aus der
Geschichte heraus in die Sphäre der Götter und Ideen und sie wurde mit *Stella Maris*, dem »Stern der Meere« identifiziert. Wer wüsste heute aber noch, dass *Stella Maris* ursprünglich ein Würdename
der griechischen Göttin Aphrodite war? Wer weiß noch, dass
Ephesus in seiner Blütezeit durch den Tempel der Artemis (=Diana) berühmt war, die als Stadt und Schutzgöttin fungierte? Ihr

Heiligtum ist bereits seit 350 v. Chr. bekannt und zählte zu den »Sieben Wundern der Alten Welt«. Artemis nimmt in Ephesus aber mehr ein als nur den Rang einer Jagd- und Naturgöttin. Sie besitzt die Züge der Muttergöttin Kybele und behält die noch älteren Züge der Mondgöttin. Im Zentrum des Tempels stand wohl ein Abbild der Artemis, das in einen Meteoriten gemeißelt war, und deshalb als »vom Himmel gefallen« galt. Noch in der Zeit von Paulus, dem eigentlichen Gründer des Christentums, wie wir es heute kennen, war die Artemis von Ephesus eine zentrale Figur der Verehrung, wie wir in der Apostelgeschichte nachlesen können. Dort heißt es ausdrücklich:

Ihr Männer von Ephesus, wer in aller Welt wüsste nicht, dass die Stadt der Epheser die Hüterin des Tempels der großen Artemis und ihres vom Himmel gefallenen Bildes ist? (APG 19,35)

Wenn es zwar durchaus umstritten ist, ob die reale Maria wirklich nach der Kreuzigung Jesu unter der Obhut des Jüngers Johannes nach Ephesus kam und hier auch später verstarb, oder ob die Sterbestätte vielmehr am Zionsberg liegt, oder ob Maria gar nach Südwestfrankreich gelangte, wie manche Forscher meinen nachweisen zu können: zumindest wurde hier in Ephesus die Mythengestalt der himmelsverklärten Maria geboren, die durchaus Züge der Artemis und ihrer Vorläuferinnen mit übernahm. Das Konzil von Ephesus verlieh ihr im Jahre 431 offiziell den Titel »Gottesgebärerin«.

Die sternenumkränzte Maria, die auf der Mondsichel steht und die ägyptische Göttin Isis, deren Haupt vom Halbmond bekränzt wird – sollen wir hier jede Verbindung übersehen? Die Gestalt der christlichen Maria ist keineswegs »vom Himmel gefallen«, sondern steht in der Kontinuität antiker Vorbilder. Diese reichen von der Großen Erdenmutter und dem weiblichen Aspekt der Schöpferkraft über Göttinnen und Königsmütter, die zugleich Bräute ihrer Königssöhne waren. Was die so genannte Jungfräulichkeit angeht, können wir nur auf die Brüder Jesu verweisen, auf Jakobus, Joses, Simon und Judas sowie wohl auch namentlich nicht weiter genannte Schwestern. Ben-Chorin vertieft das in seinem Buch *Mutter Mirjam*.

Die Rolle der Frau im Judentum ist eigentlich anders, als es uns die üblichen Bilder reiner Männerzirkel von Theologen glauben machen. Auch der Segensspruch jüdischer Männer, »Gelobt seist du, Herr unser Gott, König der Welt, der du mich nicht zum Weibe gemacht hast«, führt als Aussage über die geistige Bedeutung der Frau in die Irre – wenn er auch sowohl dem Judentum wie dem Christentum und dem Islam häufig genug als Vorwand gedient hat, Männerherrschaft über Frauenleben theologisch zu festigen.

Bekanntlich ist Jude, wer eine jüdische Mutter hat. Rebbe Schneerson geht noch weiter:

Von deinem Vater kannst du die Dinge lernen, die du tun musst. Von deiner Mutter kannst du lernen, wer du bist.

Und:

Die wichtigsten Aspekte des Lebens vertraute Gott der Frau an. Frauen haben (deshalb) eine größere Verpflichtung als Männer, die esoterische Seite der Thora zu studieren. (SCHNEERSON, S. 127)

Unausgesprochen ist damit aus Sicht des Verfassers auch gesagt, dass Frauen offensichtlich auch eine größere geistige Offenheit für das »Esoterische«, also das Verborgene, besitzen und Männer sich in der Regel besser an fixe Gesetze halten, während Frauen mit der dynamischen Kraft des Geistes besser umgehen können. Nicht umsonst gibt es weit mehr Frauen, die sich für geistige Fragen und Bücher interessieren, entsprechende Kurse besuchen und Übungen ausführen als Männer.

Die ungeklärte Rolle der Maria, die geheimnisvolle Rolle von allen mythischen Frauengestalten, liegt sicher nicht zuletzt darin begründet, dass eine männerbeherrschte Gesellschaft oft keine rechte Einstellung zum ewig Weiblichen gewinnen mag – weil sie einfache Denk- und Gefühlsmuster und daraus abgeleitete Handlungsmuster einüben muss, die sich auf das äußere Handhaben, nicht aber auf das innere Gewahrwerden beziehen.

Hier ist jedoch weder der Raum für weitergehende Betrachtungen der Gestalt Mariens noch wäre der Verfasser wohl dazu berufen. Mögen einige Dichterzeilen eine eigene »abschließende Bewertung« ersetzen.

Pfarrer Schmatzberger hat bei einer meditativen Marienandacht in der Wallfahrtskirche von Großgmain kürzlich Hermann Hesse mit diesen Worten zu Maria zitiert:

Als Symbol der Seele, als Gleichnis für den lebendigen, erlösenden Lichtschein, der zwischen den Polen der Welt, zwischen Geist und Natur hin und wider schwebt, und das Licht der Liebe entzündet, ist die Mutter Gottes mir die heiligste Gestalt aller Religionen.

Novalis hat in seinem zweiten Marienlied die nicht weiter intellektuell zu analysierende Bezauberung des Menschen durch die Gestalt der Maria unnachahmlich zum poetischen Ausdruck verdichtet:

Ich sehe dich in tausend Bildern,
Maria, lieblich ausgedrückt,
Doch keins von allen kann dich schildern,
Wie meine Seele dich erblickt.
Ich weiß nur, dass der Welt Getümmel
Seitdem mir wie ein Traum verweht
Und ein unnennbar süßer Himmel
Mir ewig im Gemüte steht.

Sophia – Das Göttliche und die Kraft des Geistes

Sophia ist zunächst ein griechischer Begriff für »Weisheit« und meint unter anderem den »universalen Verstand«. Sophia bezeichnet aber auch den »weiblichen Logos« der Gnostiker. Man mag in der Sophia außerdem den »weiblichen Heiligen Geist« sehen, den manche Mystiker sogar als innerlich sichtbare Himmelsgestalt erblickten. Sophia ist im Sinne der hier entworfenen Dreiheit die Kraft des Geistes, neben jener der Frau und der Liebe. Das Weibliche verfügt über die schöpferischen Kräfte der gebärenden Frau, das Heilige wirkt mit den schöpferischen Kräften der Liebe, das Göttliche wirkt mit den schöpferischen Kräften des Geistes.

Oft wurde die Sophia als eine Nachfahrin oder ein Aspekt der ägyptischen Göttin Isis bezeichnet, was Maria zwar sicher nicht gerecht wird, doch die Vernetzung der weiblichen Kräfte untereinander beleuchtet. Der griechische Philosoph und Historiker Plutarch schreibt über die Sophia im Zusammenhang mit der Göttin Isis:

Nur der ist ein wahrer Diener oder Anhänger dieser Göttin, der ... die verborgenen Wahrheiten erforscht und das Ganze vermittels Vernunft und Philosophie untersucht. (HALL, XLVIII)

Im Mittelalter bewahrten die Troubadoure die Legenden der ägyptischen Göttin Isis in ihren Liedern der Marienminne, die sich nur scheinbar an eine konkrete Geliebte richtete, jedoch in Wahrheit um die Geheimnisse der verklärten Muttergöttin kreiste. Sie besangen die schönste Frau der ganzen Welt. Obwohl nur wenige ihre wahre Identität je entdeckten, handelte es sich doch um Sophia, die Jungfrau der Weisheit, der alle Philosophen der Erde den Hof machten. (Nach HALL, XLVIII)

Isis als Sophia: Sophia ist ein Aspekt der Isis, die sonst vor allem das Geheimnis der Mutterschaft repräsentiert. In dieser Leben gebärenden und nährenden Mutterschaft sah die Antike den offensichtlichsten Beweis für die allwissende Weisheit der Natur und die alles durchdringende Kraft Gottes. Für einen modernen Sucher mag Isis zum Symbol für das große Unbekannte werden, und nur jene, die ihre Schleier zu enthüllen vermögen, werden das Mysterium von Leben und Tod, von Erzeugung und Wiederauferstehung erkennen.

Die Sophia als göttliche Weisheit spielte bei christlichen Mystikern immer wieder eine wichtige Rolle. Heinrich Seuse (auch *Suso* genannt), ein Schüler von Meister Eckehart, war mit Visionen gesegnet. Als er sich wieder einmal von Geistwesen umgeben sah, fragte er das strahlendste unter ihnen: »Zeige mir, wie Gott in meiner Seele wohnt.« Der Engel antwortete: »Richte deine Augen froh auf dein Selbst und beobachte, wie Gott das Spiel der Liebe mit deiner liebenden Seele spielt.« Daraufhin erhielt Seuse eine berauschende Vision, in der er seine Brust transparent wie einen Kristall wahrnahm. In der Mitte des (geistigen) Herzens sah er die göttliche Weisheit thronen, die Sophia. Nächst der Sophia ruhte seine Seele liebend an der Brust Gottes. Gott umarmte ihn und drückte ihn an Sein Herz. (Nach SINGH, *Die Weisheit...*, S. 48)

Seuse nahm sogar die personifizierte Sophia als Inbild der ewigen, göttlichen Weisheit wahr:

Sie leuchtete wie der Morgenstern und erstrahlte wie die aufgehende Sonne; ihr Lichtgewand war Seligkeit, ihr Weisheitswort Süßigkeit, das Von-ihr-Angerührtsein aller Lust Genügsamkeit; sie erschien fern und zugleich nahe, gegenwärtig und doch verborgen; sie ließ mit sich umgehen und war doch ungreifbar. Im Einssein mit ihr wurde das Antlitz ihres Dieners fröhlich, sein Auge gütig, sein Herz jubilierte und Tränen des Glücks entflossen seinen Augen. Selig der Mensch, dem Du so liebevoll zuvorkommst, dass Du ihn nirgends recht ruhen lässt, bis dass er seine Ruhe in Dir allein sucht.«   (SCHMIDT, S. 215f)

Und auch Jakob Böhme, einer der wenigen Mystiker, die aus dem Protestantismus hervorgegangen sind, sprach von Sophia als der himmlischen Jungfrau und sah sie als Gestalt im Inneren: »Sophia ist ihr Brautname als Christi Braut. Weisheit ist ihr wesentlicher Name. Sie wird geboren vom Heiligen Geist und ist Gottes Gespielin«.   (MIERS, S. 379)

In diesen wenigen Zitaten findet sich immer ein klarer Hinweis darauf, dass das Weibliche als Sophia von göttlichem Rang ist! In diesem Buch über die »Meister der Welt« sprachen wir hauptsächlich von Männern und männlichen Gestalten. Möge dieses Kapitel Diana-Maria-Sophia uns trotz seiner Kürze daran erinnern, dass eine geistige Meisterschaft von Menschen ohne die Entfaltung des Weiblichen – in und durch Frauen, in Männern und ihren/unseren Denk- und Handelsmustern, in der gesamten Gesellschaft, in der Religion, im Ritual und zumal in der Seelenöffnung für das Göttliche – gar nicht gelingen kann. Ob eine Maria Jesus gebiert, ob die Seele Christus gebiert – ohne das Weibliche gibt es keine wahre Meisterung des Lebens. »Es sei denn, dass Christus in mir geboren wird, es wäre, als ob er nie geboren worden wäre«, sagte bekanntlich Meister Eckehart, und Goethe dichtete, »das ewig Weibliche zieht uns hinan«.

Noch ein Wort zur Heiligen Trinität. Uns im Westen ist die so genannte Heilige Dreieinigkeit vor allem aus dem Christentum bekannt. Einige wissen, dass es eine Dreiheit auch im Hinduismus gibt (wenn auch in einem anderen geistigen Sinne), nämlich Brahma, Vishnu und Shiva. Nur wenige von uns werden jedoch wissen, dass es auch »dreifache Göttinnen« gab, eine weibliche Trinität also – vermutlich lange vor männlichen Trinitäten. *Hebe*, Hera und Hekate sind zu nennen, die als Jungfrau, Mutter und alte Weise über Himmel, Erde und Unterwelt herrschten. Um bei den griechischen Mythen zu bleiben: sowohl Aphrodite wie Demeter besitzen die drei Aspekte der Jungfrau, der Mutter und der weisen Alten und symbolisieren damit die Lebensphasen von Schöpfung, Erhaltung und Zerstörung oder Auflösung. Es spricht viel dafür, dass die christliche Trinität ihren Ursprung in anderen, vorchristlichen Kulturen und dort besonders in weiblichen Gottesbildern hat.

(Mehr zum Thema: BARBARA WALKER,
Das geheime Wissen der Frauen, Lexikon, Frankfurt 1999)

Ist die Rolle der Frau in den Religionen nicht häufig negativ besetzt? Nicht, wenn wir zu den ältesten Quellen und den wahren Ursprüngen der Religionen zurückgehen. So bringt der *Anurag Sagar* klar zum Ausdruck, dass die Urfrau Adhya, die Kal-Luzifer von Gott zugesellt wird, sich zunächst auf das Spiel der Welt, wie Kal es vorhat, gar nicht einlassen will. Sie, eine »Tochter« Gottes, folgt dann Seiner Anordnung und macht sich mit Kal doch gemein – allerdings, ohne dass sie in ihrer inneren Göttlichkeit »sündig« wird, ohne sich also von Gott abzuwenden. Deshalb wird sie nach Kabirs Aussagen schlussendlich auch erlöst und in ihre wahre Heimat bei Gott zurückgeführt und ist keineswegs auf ewig verbannt, wie es das Schicksal Kals ist.

Christen, die nicht katholisch sind, wundern sich bisweilen über die besondere Bedeutung, welche Maria zugemessen wird. Vielleicht steckt in einer gewissen Überhöhung auch das Motiv, einen »Gegenentwurf« zu Eva zu setzen, die ja bekanntlich den Einflüsterungen der »Schlange« verfiel und so angeblich alles Ungemach der irdischen Existenz auslöste, weil sie wiederum Adam »verführte«. Dass hinter der Schlange aber womöglich nicht der »Teufel« steckt, sondern eine andere Frau, ist uns meist nicht bewusst. Auch nicht, dass selbst die Vertreibung aus dem Paradies und die Art, wie sie erfolgt, ja Teil eines göttlichen Schöpfungsplans sein müsste, der von einem allmächtigen und allwissenden Gott stammt. Es sei denn, dass es auf der Ebene der Schöpfung der Welt, wie wir sie kennen, eben doch eine Auseinandersetzung von praktisch gleich starken Kräften geben sollte?!

Wie war das nun mit der »ersten Frau«? Nach der hebräischen Überlieferung war Lilith die erste Frau, nicht etwa Eva. Sie wurde als geflügelte Frau mit einem Schlangenkörper dargestellt. Der Talmud spricht davon, dass sie gleichzeitig mit Adam geschaffen worden sei, sich ihm aber nicht unterordnen wollte (manchmal heißt es deutlicher: nicht unter ihm liegen wollte!), sondern sich als gleichwertig fühlte. So flog sie lieber in die Wüste davon, als Adam zu Willen zu sein. Dort gesellte sie sich zu den Dämonen und gebar Dämonenkinder, mehr als einhundert an jedem Tag. Das erinnert etwas an Adhya, die unfreiwillig zur Gefährtin Kals=Luzifers wird und dann dafür sorgt, dass die Gesetze des Dunkels die Seelen, die in den unteren Welten sind, fest im Griff haben oder zumindest alles unternehmen, um sie am Aufstieg ins Licht zu hindern. Im Alten Testament ist Lilith die »Sturmgöttin« oder »Sie, die von der Nacht ist«. Die Eule ist ihr heiliges Tier.

Einer anderen Legende nach wollte sie bei den Cherubim bleiben, wurde aber von Gott auf die Erde gesandt. Als Lilith sah, dass Adam bereits eine Gefährtin hatte, nämlich Eva, wollte sie zu den Cherubim zurückkehren, wurde aber stattdessen in die Wüste verbannt.

Beide Varianten lassen die Schlange, die Eva den Apfel schmackhaft machen will, als Verkörperung der Lilith erscheinen. Dass in Darstellungen zu diesem Thema – gerade angesichts der fast nur männlichen Übersetzer und Exegeten der biblischen Schriften – reichlich männliche Verdrängungen und Projektionen stecken, wird nicht groß verwundern. Und dass die eben nicht leicht fassbare Kraft des Weiblichen mit den Aspekten der Adhya und der Astarte, der Isis und Hekate, der Lilith und der Eva, der Maria und der Maria Magdalena lieber aus einem männlich-dominierten Leben einerseits total ausgeblendet, andererseits idolhaft verklärt wird, wird ebenfalls nicht erstaunen. Wir können es ja in unserem Leben ab jetzt anders halten.

Das Jahrhundert des Weiblichen

Es gab eine Zeit, da die Menschen glaubten, sie könnten alle Fragen des Lebens mit ihrem Verstande beantworten und das Leben von der Vernunft aus dirigieren. Er war die Zeit des Rationalismus, die, angefangen etwa mit der Französischen Revolution, das ganze 19. Jahrhundert beherrschte. Große Persönlichkeiten, welche den »Geist einer Zeit« schaffen, stehen immer im Gegensatz zu rein materialistisch gepolten Menschen. Goethe charakterisiert solche reinen »Verstandesmenschen« durch Worte, die er Mephistopheles in den Mut legt:

> *Daran erkenn' ich den gelehrten Herrn!*
> *Was Ihr nicht tastet, steht Euch meilenfern,*
> *Was Ihr nicht fasst, das fehlt Euch ganz und gar,*
> *Was Ihr nicht rechnet, glaubt Ihr, sei nicht wahr,*
> *Was Ihr nicht wägt, hat für Euch kein Gewicht,*
> *Was Ihr nicht münzt, das, meint Ihr, gelte nicht.*

Im neuen Jahrtausend sind diese Zeiten vorbei. Gerade die scharfe Logik der modernen Physik des 20. Jahrhunderts hat die Grenzen des Verstandes aufgezeigt und bringt das »Zeitalter der Vernunft« zu Fall. Wir stehen am Beginn eines »Jahrhunderts der Herzen«. Das Weibliche steht für das Herz, jedoch nicht im »herzigen« Sinne oder gar als »Herzchen«. Herz meint hier vielmehr Menschlichkeit und Bewahrung des Lebendigen, Intuition als Öffnung für das Unsichtbare, die Dimension der Seele und Liebe jenseits des Verstandesdenkens, jenseits von Zweck und Nutzen. Das Büchlein *Starke Frauen, große Weisheit* von KRIS DOREA stellt beispielhaft Frauen dar, die in allen Bereichen der Gesellschaft die schöpferische Kraft des Weiblichen aus vollem Herzen verwirklicht haben.

Das neue Jahrhundert wird der »Logik des Herzens« Raum geben, wird das Weibliche wieder zur spürbaren und sichtbaren Energie des Lebens werden lassen – oder wir erleben statt des erhofften Goldenen Zeitalters einen noch schlimmeren Abstieg in die Finsternis von Rechnen und Raffen, von Dumpfheit, Dogmen und Diktaturen, als wir es im letzten Jahrhundert mit den beiden Weltkriegen schon erlebt haben.

Dem Weiblichen Raum zu geben, es erfahrbar zu machen, heißt praktisch gesprochen, die Seele für die Kräfte zu öffnen, die in ihr schlummern und die jenseits der allzu begrenzten Sinneserfahrungen wahrgenommen und erweckt werden können. Erst das wahrhaft Weibliche, erst das wirklich Lichte, kann die beklemmende Beherrschung der Welt durch das Dunkel aufheben. Nicht, indem es das Dunkel bekämpft, das wäre wie ein Kampf gegen Windmühlenflügel. Sondern indem es sein Licht leuchten lässt, das wie von selbst alles Dunkle verschwinden lässt. Wenn es in einem Raum düster ist, bedarf es weder großer Theorien oder Debatten noch eines Kampfes, sondern lediglich eines Streichholzes und einer Kerze, einer Lampe und eines Schalters.

Erst nach Beendigung der Niederschrift dieses Buches erhielt der Verfasser Kenntnis von THOMAS SCHIPFLINGERS Werk *Sophia Maria – Eine ganzheitliche Vision der Schöpfung* (München 1998). Es ist ein wahres Schatzkästlein an Information und Inspiration und zeigt Sophia als »Weltseele«, wie sie erschaut und erlebt wurde, angefangen bei den Kirchenvätern über mittelalterliche Mystiker, in den östlichen Religionen und bei den russischen Sophiologen, bis heute.

Buddha und Jesus waren zwei Lichtmeister, die in äußerlich männlicher Gestalt auf dieser Erde wirkten. Der schöpferische Geist drückt sich selbstverständlich auch in weiblichen Formen aus, greifbar und sichtbar wie in Maria, unstofflich und dennoch hoch wirksam wie in Sophia. Vergangene Lichtboten können unser Streben nach der Quelle anspornen. Das Entzünden oder Entdecken und das immer höhere Erleben der »weiblichen« Lichtkraft der Seele, ist jedoch ein Vorgang, der hier und jetzt stattfinden muss und kann und weit über tiefen Glauben hinausgeht. Wie dieser Weg ins Licht von uns persönlich beschritten werden kann, soll in den beiden Schlusskapiteln behandelt werden.

9. Kapitel
Das Licht scheinet in der Finsternis ...

Spirituelle Meister des 20. Jahrhunderts, die unsichtbare Kraft des Heiligen Geistes und seine Manifestation im Alltag.

Jede Wahrheit, von wem sie auch verkündet wird,
ist vom Heiligen Geiste.
KIRCHENVATER AMBROSIUS

1955 schrieb der indische Dichter und Mystiker Darshan Singh über seinen Meister Sant Kirpal Singh bei dessen erster Reise in den Westen die folgenden emphatischen Verse:

Meine Glückwünsche, Brüder und Schwestern in Gott!
Der göttliche Mundschenk kommt zu euch,
in Händen den Kelch mit dem Wasser des Lebens,
euch seine ewig währenden Gaben zu bringen.
Seine Hände – Gottes Hände, Seine Augen – Gottes Augen.
Leben spendende Worte, zarte Berührung.
Verkörperte Gnade, verkörperte Liebe;
Ursprung der Wonnen, ewig und göttlich.
Sehet, der lebende Gott wandelt auf Erden,
das himmlische Tor wird Er euch öffnen,
Er bringt auch jenseits der irdischen Welten,
Er vereint euch mit dem allmächtigen Gott.
Wir suchen mit euch nach dem Wasser des Lebens,
und beten zum göttlichen Meister Kirpal,
euch mit dem unsterblichen Geist zu durchdringen,
und mit dem ewigen Leben zu segnen.

In diesen Worten ist poetisch verdichtet alles gesagt, was zur Bedeutung und Aufgabe eines wirklich spirituellen Meisters des Lichts gesagt werden kann und muss. Ein wahrer Lichtmeister ist ein Heiliger, der als »Mundschenk« Gottes auf die Erde kommt, um den in der Wüstenei der Welt umherirrenden spirituell verdurstenden Seelen das lebendige Wasser des Lebens zu geben.

Wir im Westen sind gerade erst dabei, den Wert von Meistern neu zu entdecken. Dabei haben wir es nicht leicht. Denn einerseits bringen spirituelle Betrüger, die sich als Gurus ausgeben, aber keine geistigen Fähigkeiten besitzen und nur auf Geld, Ruhm, Macht und Sex aus sind, den Ruf echter Meister in Misskredit. Und andererseits sind wir meist derartig davon überzeugt, dass der intellektuelle Verstand das Höchste sei, dass wir uns für noch höhere spirituelle Erfahrungen nicht öffnen und schon gar nicht für Experten dieses Gebiets. Doch ist selbst das stark materialistisch ausgerichtete 20. Jahrhundert nicht arm an spirituellen Meistern gewesen, und es gab sogar einige Lichtmeister, wie sie in den Zeilen oben besungen werden. Zunächst einige Worte zum wohl bedeutendsten christlichen Heiligen und Fürsprecher der Seelen der Gegenwart, zu Pater Pio.

PATER PIO, vor kurzem selig gesprochen, steht als ein Beispiel eines demütigen, helfenden, heilenden und barmherzigen modernen christlichen Mystikers, der sein Leben Gott, Christus, Maria, dem Heiligen Geist und den Menschen geweiht hatte. Er war stigmatisierter Priester und Apostel in der Nachfolge Jesu. Er lebte in San Giovanni Rotondo in Apulien, wirkte aber bald über die ganze Erde hin. Pater Pio betete und litt. Er betete zwar auch um körperliche Heilung, aber vor allem für das Seelenheil der Abertausende, die zu ihm kamen und der sicher Hunderttausenden, die ihm schrieben oder ihm als Fürsprecher vertrauten. In Pater Pio erwuchs ein Licht, das ihn trotz seiner persönlichen Leiden befähigte zu sagen: »Alles ist ein Spiel der Liebe.« (Mehr in: MARIA WINOWSKA, *Das wahre Gesicht des Pater Pio*, Pattloch Verlag 1959) Wir nennen nun einige östliche Meister, die auch bei uns im Westen bekannt sind, ohne ihren »Rang« einordnen zu wollen.

Der Inder PARAMAHANSA YOGANANDA kam im Auftrag seines Meisters in den Westen und hat durch seine liebevolle, verbindende Art und sein reines Herz viele Seelen berührt. Sein Buch *Autobiographie eines Yogi* ist vielen Suchern bei uns zum Tor in eine neue geistige Welt geworden.

SRI AUROBINDO hat mit dem »Integralen Yoga« eine neue Dimension der Integration von geistiger Entwicklung und gleichzeitiger Verantwortung in der Welt geöffnet. Der Ashram in Pondicherry und die »Zukunftsstadt« Auroville geben noch heute Zeugnis seiner hohen Ideale.

RAMANA MAHARSHI, der Weise vom Berge Arunachala, stellte die schweigende Suchfrage »Wer bin ich?« in den Mittelpunkt des Suchens nach der Wahrheit. Wer lebt? Wer wurde geboren? Wer stirbt? Wer denkt? Wer fühlt? Er unterwies sonst keine besondere Methode, sondern hielt zum inneren Stillewerden an.

SWAMI SHIVANANDA, ein bedeutender Yogameister aus Rishikesh, darf als wichtigster Impulsgeber für die Übermittlung des klassischen Yoga in den Westen gelten. Noch heute gibt es an zahlreichen Orten Yogaschulen, die auf seinen geistigen Fundamenten aufbauen.

DAISETZ TEITARO SUZUKI, ein beeindruckender japanischer Zenmeister, lenkte Blick und Bewusstsein auf die Erkenntnis des ursprünglichen Menschen. Er brachte die japanische Form des Buddhismus Menschen aus dem Westen nahe.

PIR VILAYAT KHAN, der erst kürzlich seine Leitungsfunktion des Sufi-Ordens im Westen seinem Sohn übertrug, steht für einen modernen islamisch geprägten Meister, der das Verbindende und die persönliche religiöse Erfahrung in den Mittelpunkt seiner Mission stellte.

Der XIV. DALAI LAMA, der tibetische Mönch Tenzin Gyatso, gab und gibt durch seinen andauernden friedlichen Widerstand gegen die Mächte des Dunkels, die sein Land besetzten und unterjochen und seine gleichzeitig unermüdliche Förderung von Völkerverständigung, Dialog zwischen den Religionen und Streben nach Erwachen des Mitgefühls als Handlungsprinzip ein Beispiel, wie ein spiritueller Meister sowohl geistig wie weltlich wirken kann.

Der jüdische Zaddik REBBE MENACHEM MENDEL SCHNEERSON gehört zweifellos zu den großen Meistern des 20. Jahrhunderts. Worte von ihm bilden den Auftakt und den Schluss dieses Buches. Seiner Weisheit ist im Werk *Den Himmel auf die Erde bringen* nachzuspüren.

Auch einen deutschen Meister wollen wir nennen, KARLFRIED GRAF DÜRCKHEIM. Der Therapeut, Meditationslehrer und Zenmeister begründete die geistige Bildungsstätte Rütte im Schwarzwald als Zentrum der »Initiatischen Therapie«. Sein Beitrag bestand in der aktiven spirituellen Erneuerung in Deutschland nach dem Zweiten Weltkrieg. Sein Buch *Die wunderbare Katze* weist auch heute noch auf die Merkmale echter Zenmeister hin.

Diese kurze Aufzählung ist nicht einmal annähernd vollständig und beschränkt sich naturgemäß auf jene Seelen, die bekannt geworden sind, weil sie öffentlich wirkten; auf die Lichtmeister gehen wir später noch gesondert ein. Aber bereits die wenigen Namen lassen erkennen, dass auch im letzten Jahrhundert spirituelle

Sterne am geistigen Firmament erstrahlten, die den Suchern in der dunklen Nacht des Materialismus sehr wohl Wege weisen konnten.

Viele im Westen fragen sich aber oft, warum sie überhaupt nach einem geistigen Lehrer oder einem spirituellen Meister suchen sollten. Sie meinen unter Umständen, dass Verse wie die oben von Darshan Singh zitierten eher einem Gefühlsüberschwang Ausdruck verliehen oder missverstehen sie gar als unangebrachte Idolisierung. Dazu einige Bemerkungen.

Nehmen wir an, wir wollen von Europa nach Amerika. Dazwischen liegt der Atlantik. Wie kommen wir hinüber? Wenn wir genug Geld haben, buchen wir eine Schiffspassage oder einen Flug. Wenn wir keins haben, suchen wir uns vielleicht eine Heuer als Hilfsarbeiter auf einem Frachter.

Auf jeden Fall vertrauen wir uns dem Wissen und Geschick eines Kapitäns oder Piloten an, von dem wir annehmen, dass er die Reiseroute, den Zielort und die eventuellen Zwischenaufenthalte kennt, die Wasser- oder Luftströmungen und die vorherrschenden Winde, dass er Stürmen auszuweichen versteht. In einem Wort: wir gehen davon aus, dass er uns sicher und einigermaßen pünktlich ans richtige Ziel bringt.

Was wären die Alternativen? Dass wir uns Flugzeug oder Schiff selber bauen? Dass wir Kapitänspatent oder Pilotenschein erwerben? Dass wir ganz allein aus eigenen Kräften die weite und unter Umständen nicht ungefährliche Reise unternehmen? Für manche wenige Menschen, vielleicht für einen unter einer Million, mag das hingehen. Für die meisten von uns, den Verfasser eingeschlossen, besteht die beste, bequemste und vor allem sicherste Methode, über das Meer zu gelangen, darin, sich einem erfahrenen Piloten oder Kapitän anzuvertrauen.

Dasselbe gilt für das größte Abenteuer der Menschheit, für die aufregendste und zugleich gefahrvollste Reise, die es gibt: für die Reise der Seele über das Meer der Welt in die Heimat, zu Gott. Diese Seelenreise über die Untiefen und Strudel von Gemüt, Verstand, Materie und verführerischen Zwischenebenen zur Quelle des Lichts ist die einzige Methode, sich der Herrschaft der Dunkel mächte zu entziehen. Dabei bleiben wir zwar in der Welt, sind aber – um mit Meister Eckehart zu sprechen – nicht (mehr) von der Welt.

Was ist nun vom Argument zu halten, dass innere Meister, aufgestiegene Meister, frühere Gottessöhne – Buddha, Jesus, der Tibeter und so fort – uns Kapitän oder Pilot sein können? Um im Beispiel zu bleiben: Würden wir in ein Flugzeug steigen, das zwar im Namen eines früheren Meisterpiloten fliegen soll, der aber selbst bereits verstorben ist und nicht mit im Flugzeug sitzt? Würden wir einsteigen, wenn es hieße, der jetzige Pilot sei zwar noch nie selbst in Amerika gewesen, habe auch noch nie einen ganzen Flug durchgeführt oder eine heile Landung hingelegt? Wohl kaum!

Warum meinen wir, dass in Spiritualität und Religion kluge Reden oder fromme Sprüche ausreichten? Ist es nicht seltsam, dass wir hier nicht dieselben Maßstäbe anlegen wie im Alltagsleben sonst? Wer würde sich von einem verstorbenen Chirurgen operieren lassen wollen? Der lebende Mensch braucht einen lebendigen Meister, der Seelen zur Quelle des Lichts zu führen imstande ist – weil er selbst täglich und stündlich dort weilt und weil er den Auftrag von Gott erhalten hat, suchende Seelen zu geleiten. Meister dieser Größe nennt der Verfasser »Lichtmeister«. Gerade, weil er selbst zahlreiche kennen gelernt hat, darunter auch Möchtegerne und sogar einmal selbst einem Betrüger aufgesessen ist, sind diese Worte ganz direkt und »undiplomatisch«. Was ist es nun eigentlich, was uns an Meistern fasziniert, und das in Asien von echten Meistern wie selbstverständlich erwartet wird?

In der Tiefe geht in der zentralasiatischen Seele, wenn auch noch so unbewusst, etwas wie ein geistiges Erdbeben vor sich: Dschingis-Khans Mythos mit seiner erwarteten Wiederkunft, die Erwartung des Mahdi, Christi Wiedererscheinen, das Wiederfinden Shambhalas und manches andere. Hier in den wüsten Felsgebirgen, am ›Kreuzweg Mittel-Asiens‹, wirft alles den Menschen hart auf sich selber zurück, was die hier länger verweilenden Europäer stark und oft schmerzlich empfinden. Es kommt darauf an, dass der seelisch in sich zurückgeworfene und auf sich selbst angewiesene Mensch dann nicht ins Bodenlose einer durch sein individuelles seelisches Beben

entstandenen Spalte seines Unterbewusstseins versinkt, sondern ei-
nen ewigen, seelisch-geistigen Kern in sich findet, der ihm die Le-
benstragekraft gibt, sich nicht nur zu behaupten, sondern – ich
möchte sagen helfend und heilend – auf seine Mitmenschen zu
wirken. (*Tagebücher aus Asien*, S. 214)

Was Veltheim-Ostrau hier über die *zentralasiatische Seele* 1938 bei
seinen Reisen in Asien notiert hat, gilt ungeschmälert, vermutlich
noch viel stärker und drängender für uns Menschen Europas am
Beginn des dritten Jahrtausends. Er sah die Erfahrungen und Lehren des Sufismus, des mystischen Islam, als einzig gangbaren Weg
für die Menschen im dortigen, damals vor allem islamisch geprägten Kulturraum Mittelasiens, um zum seelisch-geistigen Kern zu
gelangen. Welche Wege mögen die unseren sein? Wie gelangen wir
vom Ufer der Geburt über den Strom des Lebens an das andere
Ufer jenseits des Todes?

Wie können wir den Fluss des Lebens überqueren?

Wir müssen einen gefährlichen Fluss überqueren. Am Strand liegt
ein Boot, doch ohne Steuermann, der das Boot lenken könnte. Ohne Steuermann wird das Boot in Strudel geraten und kentern, und
wir werden ertrinken. Das ist ein Bild für unser Leben. Das Boot
ist der Körper, die Fahrt über das Meer ist unsere Lebensreise, das
Meer ist die Welt, die Strudel sind Ärger, Eifersucht, Ichsucht,
Falschheit, Heuchelei und Täuschung. Der Steuermann ist ein Heiliger oder Meister. Das Gleichnis lässt sich weiter ausführen:
   Das Boot hat viele Löcher. Wenn es nun – mit oder ohne Steuermann – über das Meer fährt, wird es nach und nach voll laufen
und sinken. Die Löcher im Boot sind unsere Sinnesorgane, die
unsere Aufmerksamkeit für die Welt öffnen, und ihre Eindrücke
überfluten uns innerlich. Rund 84 Prozent der Sinneseindrücke
nehmen wir über das Sehen auf, etwa 14 Prozent über das Hören,
den Rest über Tasten, Riechen und Schmecken. Wir sind so damit
beschäftigt, die Flut des Weltenmeeres abzuwehren, das über die
vielen Löcher der nach außen gerichteten Sinne in uns eindringt,
dass wir darüber unsere Bestimmung vergessen, ein Ziel zu errei-

chen, und fast nur noch damit beschäftigt sind, das Boot fahr-
tüchtig zu halten. Die Sinne finden in den »fünf Dieben« Ärger,
Lust, Gier, Verhaftung und Ego Verbündete, die immerzu nach
neuen Eindrücken aus dem Meer der Welt begehren, so dass wir
allein nie damit zu Rande kommen, das Boot abzudichten und es
auf Kurs zu bringen.

Unser Steuermann muss in der Lage sein, uns zu zeigen, wie wir
die Löcher im Boot stopfen und es womöglich noch selbst besor-
gen, wenn wir dazu nicht in der Lage sind. Weiterhin muss er fähig sein, das Boot durch Wellen und Wogen, durch Strudel und
Stürme hindurchzulenken, um heil am Ziel anzulangen. Der spirituelle Lehrer muss uns also zeigen, wie wir die Schleusentore
der Sinne schließen, um die Mysterien des Innern zu erfahren. Er
muss unsere Gewohnheit durchbrechen, das Dunkel zu suchen
und dem Licht zu entfliehen, indem er das Licht in uns selbst entzündet.
    Dieser Vorgang heißt in manchen spirituellen Traditionen »Tau-
fe mit dem Heiligen Geist und mit Feuer«, in anderen Einweihung,
Initiation oder Erhebung der Seele in höhere Regionen.
    Das Anbordnehmen eines kundigen Steuermanns ist die Bereit-
schaft des Einzelnen, auf dem spirituellen Weg Hilfe zu suchen
und sie anzunehmen. Wie man Hilfe im Krankheitsfall bei einem
Arzt und wenn das Auto nicht richtig läuft bei einem Mechaniker
sucht, so sucht man geistige Hilfe bei einem Weisen oder Heiligen
oder Meister. Seelen mit dieser Kompetenz gibt es zwar nicht viele,
aber doch in jeder Zeit zumindest einen.
    Der Verfasser hatte das Glück, sogar zweien solcher »Steuer-
männern« zu begegnen, welche das Boot auf den richtigen Kurs
bringen, helfen, es abzudichten und so vor dem Sinken zu bewahren, und es mit einem geeigneten »Suchradar« ausstatten, um das
Ziel immer wieder anpeilen zu können und ihm tatsächlich immer
näher zu kommen. Der Verfasser durfte erfahren, dass die *Initiati-*
on und die Erfahrung der Mysterien des Jenseits keine Frage des
Glaubens oder gar der Vermutung sind, sondern tägliche Erlebnis-
se, die dem Leben einen ganz neuen Sinn geben (und die er aufrich-
tigen Suchern derzeit als Gabe der Lichtmeister auch weitergeben
darf).

Damit sind wir bei den Lichtmeistern des 20. Jahrhunderts, bei HAZUR SAWAN SINGH, SANT KIRPAL SINGH und SANT DAR-SHAN SINGH. Den letztgenannten sowie seinen Nachfolger SANT RAJINDER SINGH durfte der Verfasser mehrfach persönlich treffen und dabei ihre außerordentliche demütige, gütige und liebevolle spirituelle Ausstrahlung erfahren sowie ihre Kompetenz, Seelen das innere Licht zu offenbaren.

Diese Lichtmeister verstehen sich als demütige Diener der Seelen. Sie kommen aus eigenem Antrieb und mit dem Auftrag des Höchsten auf diese Erde, um Seelen, die seit Äonen im Kreislauf von Gemüt und Materie gefangen sind, zu erlösen. Sie geben sich als normale, durchschnittliche Menschen. Sie arbeiten und verdienen ihren eigenen Lebensunterhalt. Sie bleiben in den äußeren Religionsformen und Traditionen der Gesellschaft, in welcher sie aufwachsen. Sie unterhalten eine ununterbrochene Verbindung mit der Kraft von »Sat Purush«, von der Kabir sprach. Lichtmeister sind die einzigen Kräfte in dieser Welt, die karmisch ungebunden und deshalb den Dunkelmächten nicht unterworfen sind. Sie wissen, wie dem Dunkel zu begegnen ist. Sie wissen um das Wirken von Kal oder dem Fürsten der Welt und all seinen bewussten oder zumeist unbewussten Vertretern auf der Kausal-, der Astral- und der Erdebene.

Ihr »Rezept« ist verblüffend einfach: Nicht gegen Kal ankämpfen, nicht das Dunkel zu besiegen versuchen, sondern das göttliche Licht und die göttliche Liebe in sich selbst entdecken! Der Fürst der Welt wird praktisch immer stärker sein als die schwachen ethischen und spirituellen Bemühungen, zu denen wir uns vielleicht vorübergehend aufraffen können. Es bedarf der stärksten Kraft des Universums, um seinem eisernen, wenn auch unsichtbaren Griff zu entkommen.

Deshalb offenbaren und öffnen die Lichtmeister bei der so genannten Initiation den Zugang der Seele zu den Mysterien des Jenseits. Sie stellen einen ersten bewussten Erfahrungskontakt mit dem Licht und Klang her, den beiden Energieströmen, welche die Seele zur Quelle führen, von der sie selbst ausgehen. Diese Lichtmeister erbieten sich, auf der inneren geistigen Ebene (und bei Gelegenheit auch auf der äußeren) die Seele zu geleiten und zu beschützen, bis sie ihre ewige Heimat erreicht hat.

Dabei binden sie den Menschen nicht an sich selbst. Vielmehr erlebt die Seele, dass sie auf den inneren Ebenen Meistern und Heiligen begegnen kann, die früher auf der Erde gelebt haben. Der Verfasser hat mehrfach aus erster Hand das Zeugnis von Menschen, die aus dem Christentum stammen und sich Jesus besonders innig verbunden fühlen, gehört, dass sie bei dieser Form der Lichtmeditation Christus auf den höheren Ebenen begegnet sind. Einige Male hat die Lichtgestalt des geistigen Christus ihnen ausdrücklich empfohlen, bei einem spirituellen Adepten zu lernen, »während des Lebens zu sterben«, um so ihre Lichtheimat bereits während des Lebens zu erfahren.

Nur die ständige Verbindung und das Eintauchen des Bewusstseins in die Offenbarungen des Heiligen Geistes, des Wortes, des inneren Lichts und der Himmelsmusik vermag die Verhaftung an die Welt und ihre Illusion zu lösen. Die Lichtmeister sind Träger dieser Kraft, die sie unentgeltlich vermitteln.

Licht und Schatten

Wo viel Licht ist, ist bekanntlich auch viel Schatten. Kabir beschreibt in seiner Darstellung des Schöpfungsverlaufs, im *Anurag Sagar*, wie Kal-Luzifer ein Dutzend und mehr ähnliche angeblich spirituelle Wege schafft, sobald ein Heiliger auf die Erde kommt und Seelen auf dem wahren Weg zur Quelle des Lichts führt. Die Dunkelmacht fürchtet um die Entvölkerung ihres Reichs und sendet ihre Boten, um die Seelen mit astralen Kräften zu betören, sie an sich zu ziehen und festzuhalten. Der Verfasser hat selber erlebt, dass ein früherer Schüler von Sant Kirpal Singh später als »Meister« auftrat, sich anmaßte, im Namen seines hoch geachteten Lehrers zu sprechen, und dann – verführt vom Zulauf, den er erhielt – in die altbekannten Gruben von finanzieller Habgier und sinnlichen Lüsten fiel. In einem Brief an den Verfasser gab er sogar zu, dass sein »höheres Selbst« von »negativen Kräften« angegriffen und zeitweise »erfolgreich heruntergezogen« worden war. Womöglich hat er (und noch weniger die SchülerInnen, die immer noch neu dazustoßen) bis heute nicht erfasst, dass er ein williges Werkzeug der Dunkelmächte geworden ist, und meint vielleicht sogar, dass er doch nur alles erdenklich Gute anstrebe. Darin liegt die schlimmste Verführungsmacht Luzifers, weil sie am schwierigsten erkannt werden kann: zu meinen, im Auftrag einer höheren Macht zu handeln, die angeblich nur das Gute will, und ihr mit allen Mitteln zum »Erfolg« zu verhelfen.

Ein Paradox, welches den Verfasser immer wieder verblüfft, besteht darin, dass sich rund um Heilige und Weise Menschen scharen, die sich als »Anhänger« betrachten und bezeichnen, aber es irgendwie fertig bringen, laufend gegen Geist und Buchstaben der Aussagen zu verstoßen, gleichzeitig aber meinen, sie würden genauestens nach den hohen Idealen leben.

Das Merkwürdige ist dabei nicht so sehr, dass halt fast alle Menschen allzu menschlich sind, sondern dass Heilige und Weise offenbar nichts unternehmen (wollen oder können?), dass sie in Misskredit gebracht und ihre Lehren verändert werden, und zwar auch von Schülern, denen besondere Aufgaben zufallen oder die sich den Meistern besonders nah wähnen. Die Meister lassen den Dingen ihren Lauf, gerade in dem, was sich dicht um sie herum abspielt. Das ist oft ein Hindernis für Wahrheitssucher, das dann euphemistisch als »Prüfung« dafür bezeichnet wird, ob der Suchende hartnäckig genug ist, auch noch so großen Unfug zu goutieren und sich nicht abschrecken zu lassen. Na ja …

Die Kluft zwischen Wahn und Wirklichkeit ist oft ziemlich groß. Eher das Machtstreben als materielle Habgier, eher die Geltungssucht als konkrete persönliche Vorteile führen zu den absonderlichsten Verhaltensweisen. Deshalb versucht der Verfasser, sowohl alles Heiliggetue als auch Fanatische – gleich, ob in einer Religion, einer humanitären Organisation, einer Partei oder einer Meditationsgruppe – als solches zu erkennen und es nicht mit dem wirklich geistigen Kern zu verwechseln. Er ist weder Mitglied irgendeiner Religion (in welcher Religion ist Gott?) noch Mitglied einer Organisation rund um einen Lichtmeister (was hat Organisation mit Erfahrung zu tun?). Er versteckt sich nicht hinter angeblich absolut gültigen und erleuchteten Aussagen, die Meistern in den Mund geschoben werden, anstatt für sich selbst geradezustehen. Der Verfasser folgt lieber seiner sicher zwar beschränkten, aber eben doch direkten inneren geistigen Führung und ist auch bereit, eigene Verantwortung in Gesellschaft und Welt zu übernehmen. Er warnt ausdrücklich davor, irgendetwas blindlings anzunehmen – Aussagen, Lehren, Führungsansprüche –, dessen Ursprung unklar ist, was nicht dem eigenen geistigen Maßstab gerecht wird und das man nicht im persönlichen Leben der klaren Erprobung durch eigene Erfahrung unterzogen hat.

Das Licht der Wahrheit

Am Schluss ein Zitat über die Funktion von Lichtmeistern, die Kal, Maya und Karma nicht mehr unterliegen. Es stammt vom Mystiker, Computerwissenschaftler, Friedensstifter und Schulengründer Sant Rajinder Singh, der als Präsident der *19. Internationalen Konferenz zur Einheit der Menschen* am 2. Januar 2000 in Delhi sagte:

Wie können die Gegner des Friedens mit dem Licht der Wahrheit in Verbindung kommen? Da liegt die Aufgabe der Heiligen und Mystiker. Sie kommen von Gott mit Körben voller Liebe. Ihre einzige Aufgabe besteht darin, die göttliche Liebe an alle zu verteilen. Sie kommen für die Sünder. Sie kommen für diejenigen, die mit Untugenden belastet sind, die durch Ärger, Lust, Gier, Verhaftung und Ichhaftigkeit entstanden sind. Sie kommen, um der ganzen Welt die Botschaft Gottes, die Botschaft der Liebe zu bringen – in der Hoffnung, dass diejenigen, die seit Äonen dafür taub sind, sie schließlich doch hören.

(Nach einer Videoaufzeichnung,
erhältlich über SK Publikationen, siehe Anhang.)

10. Kapitel
Unsere Heimat ist das Licht

Lebensaufgaben erkennen und meistern, die Herausforderungen
des Schicksals bestehen und selber zu Botschaftern des
Herzenslichts werden.

*Es gibt keinen Weg drum herum: Eine wahre kollektive Evolution
der Menschheit kann man nicht durch einen massenhypnotischen
Trick oder massenhafte spirituelle Erhebung oder eine
Massenoffenbarung bewerkstelligen. Nein, stattdessen ist
Befreiung notwendig, jedes einzelnen Menschen ...*

*Freiheit, unabhängige Kraft und Fantasie sind drei Qualitäten
oder Aspekte, die sich gegenseitig stärken, und sie sind der
unauflösliche Kern dessen, was ein menschliches Wesen ist.
Wir haben die Wahl: wir können diese drei Wesensmerkmale
im kommenden Jahrhundert leugnen und untergraben und ein
mechanisches Modell des Menschen an ihre Stelle setzen,
was dazu führt, dass unsere Welt zusammenbricht und zu einem
Sklavenplaneten wird. Oder wir können den Mut fassen und zum
Herzen der Sache gehen und eine Gesellschaft auf dem aufbauen,
was wir wahrhaftig sind.*

(RAPPOPORT, S. 283, 291)

Sind wir auf der Erde wie in einem Kino, in dem ein Film abläuft? Wir können ihn sehen oder wegschauen, wir können uns darüber ärgern oder uns freuen oder gleichgültig bleiben – aber wir können seinen Inhalt nun, wo die Filmrolle längst fertig produziert ist, nicht ändern. Wer wäre Drehbuchautor, wer wäre Regisseur dieses Films unseres Lebens? Gott und Luzifer respektive – oder wir selbst, zumindest teilweise?

Oder sind wir Schauspieler, die auf einer Bühne agieren nach einem Theaterstück, das von jemandem geschrieben und von einem anderen inszeniert wird? Dabei hätten wir einen gewissen Freiraum, unserer Rolle einen persönlichen Ausdruck zu verleihen, wären aber immer noch ziemlich festgelegt. Ist Gott oder Sat Purush der Schöpfer und Eigentümer und Luzifer oder Kal der Direktor des Welttheaters?

Ist die Welt abhängig vom Zustand, in dem wir uns gerade befinden, eine Schlangengrube oder ein Kasperletheater? Sind wir willenlose Marionetten oder immer noch ziemlich tumbe Toren, die mit Brot und Spielen gefügig gehalten werden? Sind wir den Machtspielen geheimer Eliten ausgeliefert, die Geld und Drogen, Armut und Massenmedien, Biotechnologie und Psychologie benutzen, um ihre Ziele zu erreichen? Oder sind wir Bauern in einem gigantischen Schachspiel, bei dem abwechselnd Gott und der Teufel die Züge machen, und das sich gerade in unserer Lebenszeit in der kritischen »Spielphase« befindet, in der darüber entschieden wird, ob Weiß oder Schwarz das gegenwärtige Spiel gewinnt. Vielleicht gibt es bald nach dem Ende dieser Züge ein ganz neues Spiel mit ganz neuen Figuren, vielleicht sogar auf einem ganz anderen Schachbrett?

Der Verfasser ist (wie zahlreiche andere nachdenkliche Beobachter auch) der Ansicht, dass die Zeichen nicht zu übersehen sind, dass wir uns in einer globalen Wendezeit befinden. In diesen ersten Jahren, in diesem ersten Jahrzehnt des neuen Jahrtausends entscheidet sich, welchen Weg wir einschlagen. In dieser Wendezeit setzt die negative Kraft oder Dunkelmacht alle Hebel in Bewegung, um die Welt vor dem Licht des Geistes zu verschließen, das jetzt stärker als je zuvor auf die Erde strahlt. Jene Kraft, welche die Seelen an Körper, Gemüt und Stofflichkeit gebunden halten will, mobilisiert alle nur erdenklichen Mittel, um die Herzenstüren zu verschließen, um das Gemüt durch schöne und schreckliche Ereignisse der Welt immer weiter nur nach außen laufen zu lassen, um zu verhindern, dass die Seele vom Licht des Geistes erweckt wird, erwacht, sich ihres göttlichen Ursprungs erinnert und sich auf den Weg macht, aus der Welt des Scheins hinauszugelangen.

Die zahlreichen Eliten und Zirkel der Mächtigen, die sich teilweise in Geheimgesellschaften und Orden organisiert haben, teilweise aber auch ganz offen agieren und die eigensüchtige Ziele im Sinne haben, sind allerdings nicht das Haupthindernis, dass wir *Freiheit, unabhängige Kraft* und *Fantasie* erleben – die drei von Rappoport genannten Merkmale des erwachten Menschen. Andererseits sind die vielen oft nur vermeintlich spirituellen Lehrer und Methoden auch nicht die wesentliche Hilfe, um diesen Zustand der lichtvollen Freiheit zu erlangen.

Hinter den geheimen Gruppen, die nach Macht streben, und hinter den geistigen Gruppen, die Erleuchtung versprechen, stecken andere, höhere, unsichtbare Kräfte. Nicht die Aufdeckung dieser Schreckenssekte oder jener Irrlehre, dieses Weltkomplotts oder jener Machtintrige bringt den Durchbruch. Denn leider wachsen – wie der vielköpfigen Hydra – für ein abgeschlagenes Haupt der Vertreter der Dunkelmächte zahlreiche neue sogleich nach. Und die meisten von uns sind kein Herkules, der die sprichwörtlichen Taten vollbringen kann, sondern eher ein Laookon, der vergeblich gegen die Seeungeheuer kämpft und sein Leben verliert, ohne dass ihm irgendein Trojaner (= Mitmensch) zur Hilfe gekommen wäre.

Den Kampf gegen den Fürsten der Welt kann nur ein Träger der Christuskraft, ein Gottessohn oder ein von Gott gesandter Lichtmeister führen. Wir können einen einzigen Kurs einschlagen, um in dieser Wendezeit einen wirklich sinnvollen und wirksamen Beitrag zu leisten, dass das Licht überall auf der Erde leuchtet: es in uns selber entdecken!

Wichtiger als heroische Taten, zu denen wir uns vielleicht dann und wann einmal aufschwingen, bedeutsamer auch als Bemühungen um Mildtätigkeit und darum, ein »guter Mensch« zu sein, ist die Öffnung für die Allgegenwart der Schöpferkraft.

Dazu bedarf es einer »Taufe mit dem Heiligen Geist«, einer »Einweihung« oder »Initiation«, der Wiederbelebung alter mönchischer Maximen wie des *ora et labora*, bete und arbeite. Zum rechten »Arbeiten« in der Welt zählen gewaltlose Ernährung (»Du sollst nicht töten«, das 5. Gebot!) und ethisches Leben, ein ehrlich verdienter Lebensunterhalt und selbstloser Dienst für jene, die schlechter gestellt sind als wir. Nicht Weltabkehr, sondern zeitweise Einkehr und Innenschau, nicht Übertritt zu anderen Religionen, sondern Versenkung und das Stillwerden im Gebet, um die subtile Kraft der leuchtenden Stille wahrzunehmen, sind Merkmale dafür, dass wir auf dem rechten Weg sind. Hören wir, wie ein Lichtmeister des 20. Jahrhunderts, Hazur Sawan Singh, über den Weg nach innen spricht, in einem Brief, den er zu Anfang des letzten Jahrhunderts nach Amerika sandte.

»Propheten unterschiedlicher Religionen verkünden, dass Gott die Menschen nach Seinem eigenem Bilde geschaffen habe. Hindus nennen den menschlichen Körper eine Gott-gleiche Form. Die Veden und andere Schriften singen den Lobpreis von *Naam* oder Wort, aber wenn Sie damit zufrieden sind, diese Bücher zu lesen, gewinnen Sie nichts. Sogar die heiligen Schriften fordern Sie auf, Naam in sich selbst zu erreichen. Der Sufi Bulleh Shah sagte: *Beende deine Studien, oh Freund! Alles, was du brauchst, ist, den allerersten Buchstaben des Alphabets zu erlernen.*

Der Schatz ist in den menschlichen Wesen selbst verborgen. Falls Sie Ihr ganzes Leben damit zubringen zu lesen, *Er ist in mir, er ist in mir*, aber nicht nach innen gehen und ihn finden, ist Ihre Zeit nutzlos vergeudet. Solche, die keinen Zugang zu Naam hatten, haben ihre Leben wie Katzen und Hunde verbracht und waren nur darum bekümmert, ihre Bäuche zu füllen.

Der wahre Auftrag des Herrn ist das herrliche Shabd (Heiliges Wort, Sphärenklänge, Himmelsmusik)*; die fünf Shabds verbinden sich und die Symphonie erklingt.* Guru Amar Das Ji weist hier auf die geheime Lehre hin und fragt, *Was ist Gottes ewiges Gesetz, die wahre Lehre und der unveränderliche Auftrag?* Er antwortet, *Es ist das wahre Naam oder Shabd oder Wort. Wo ist es? Gerade hier im Inneren der Menschen. Worin besteht es? Es besteht aus fünf Worten oder fünf Klängen oder fünf Melodien.* Die Sprache von Naam ist keine bekannte menschliche Sprache, und doch spielt diese Symphonie in uns. Sie ist die lieblichste, wertvollste und subtilste Musik. Nichts, was man hier auf Erden findet, kann mit ihr verglichen werden. Nennen Sie es Naam oder Wahrheit. Es erklingt in allen Männern und Frauen aller Erdteile und Länder. Der Weg dorthin ist nicht von Menschenhand geschaffen, sondern vom großen Baumeister selber, von Gott, niedergelegt worden. Der Weg besteht nicht erst seit heute, sondern existiert seit Anbeginn der Welt, seit dem ersten Tag der Schöpfung. Man kann ihn nicht verlängern oder verkürzen.

Im *Gurbani* (Heiliges Buch der Sikhs, enthält Texte von Heiligen aus verschiedenen Religionen) lesen wir: *In dem glückverheißenden Heim wird die Symphonie der fünf Shabds oder Klänge gespielt, in denen Du, oh Herr, Deine Kraft manifestierst. Du besiegst die fünf Dämonen und zerstörst den Erzfeind Kal.*

Und weiter heißt es: *Nur jene, die von Anbeginn bestimmt sind, Deine Barmherzigkeit zu erlangen, werden mit Naam verbunden. Nanak sagt, dass dort Glückseligkeit herrscht und die endlose Melodie gespielt wird.*

Kabir Sahib betont: *Nun erklingt im Inneren die unendliche Melodie der fünf Klänge und ich lebe immerdar in Gott. Oh Herr der Leidenschaftslosigkeit, Oh absoluter, formloser Einer – auf diese Weise betet Kabir Dich an.*

Liebliche Klänge ertönen aus dem Inneren. Hören wir, was der Sufi-Heilige Maulana Rumi dazu sagt: *Auch Musik ist dort, tief im Inneren der Menschen Gottes, es macht das Leben jener, die Gott lieben, höchst kostbar. Die Melodie kann man nicht mit den Ohren der Sinne hören, da diese so von den weltlichen Geschäftigkeiten bedrückt sind.*

Wenn diese Symphonie, welche in den Weisen und Mystikern hervorquillt, gehört wird, wacht die seit Äonen schlafende Seele auf. Die im *Guru Granth Sahib* (andere Bezeichnung für das Heilige Buch der Sikhs) enthaltenen Hymnen wurden von vollkommenen Meistern komponiert, die den Weg der fünf heiligen Namen lehrten. Und große Mystiker wie Maulana Rumi, Shamas von Täbriz und andere Sufi-Heilige lehrten dasselbe. Solange wir auf die sechs physischen Chakras beschränkt sind (die Zentren spiritueller

Energie im Körper), werden wir weiter unterschiedlichen Glaubensrichtungen, Religionen und Lehren folgen. Wenn wir uns jedoch über das Augenzentrum erheben, befinden wir uns in einer Welt, in der es keine Sprache gibt – und wenn es keine Sprache gibt, existieren dort natürlich auch keine Veden, Shastren oder andere religiöse Schriften.

Als er über Hazrat Mohammed schrieb, erklärte Maulana Rumi, *Der Prophet sagte: Die Stimme Gottes tritt in mein Ohr ein wie jeder andere Ton.* Er hörte Gott beständig zu ihm sprechen. Als andere Menschen ihn fragten, warum sie das nicht auch hören könnten, antwortete er, *Gott hat eure Ohren versiegelt, sodass ihr von Gottes Rede keinen Nutzen habt.*

Falls Sie zu einem vollkommenen Meister gehen, wird er Ihre Ohren entsiegeln und Sie beginnen, die Himmelsmusik zu hören. Die fünf erhabenen Symphonien erklingen im Inneren und bieten den einzigen wahren Weg, um – mit ihnen verbunden – zurück zu Gott zu finden. *Nur durch das wahre Naam wird man erfüllt. Oh, was sind die eigenen Taten wert ohne Shabd.*

Shabd vereint die Seele mit Gott, und nur Shabd allein beendet den Zyklus von Geburt und Tod. Ohne Shabd gibt es keine Vereinigung mit Gott, und ohne den vollkommenen Meister ist bisher noch keiner nach innen gelangt und wird es auch künftig nicht können. Shamas von Täbriz sagt, *Der große Kaiser hat die Tür fest verschlossen.*

Gott hat hinter unsere Augen einen Vorhang gehängt und uns in die äußere Welt verbannt. Wann wird er den Vorhang heben? *Indem er das Kleid eines gewöhnlichen Menschen trägt, erscheint Er vor der Tür.* In der Gestalt des menschlichen Körpers des Meisters kommt Gott auf die Erde. Was lehrt er? *Sei still! Höre die fünf Harmonien, die vom Himmel herabsteigen.*

Achten Sie schweigend auf das, was sich aus Ihrem Inneren erhebt und lauschen Sie auf den Klang der fünf Harmonien. Sie werden die Musik wahrnehmen, wenn Sie sich über die sechs körperlichen Chakras erhoben haben und ins *dritte Auge* eingegangen sind. Falls Sie nicht das Körperbewusstsein überschreiten, verbringen Sie Ihre Lebenszeit in Leere und wiederholen bloße Worte. Ein Mystiker sagt: *Ein unvergleichlicher Klang erhebt sich – er kommt weder von innen noch von außen.*

Es gibt süße Musik – das Lied der Liebe –, welche die Ohren erreicht. Es ist nicht deutlich, aus welcher Richtung sie kommt, und doch sind Sie sich ihrer Gegenwart sehr sicher. *Sie kommt weder von rechts noch von links, noch von den Seiten.* Der Klang kommt weder von vorn noch von hinten. Woher dann? Sie fragen, *Aus welcher Richtung?* Er kommt dorther, wohin Sie Ihre Suche richten. Sie sagen, *In welche Richtung soll ich blicken?* Blicken Sie dorthin, woher der Klang kommt. Dieser Klang verbindet uns nach oben mit dem Höchsten Herrn, der das Ziel unserer Suche ist. Wenn wir diesem Klang folgen, werden wir in den Himmel aufsteigen.«

(Nach SAT SANDESH, S. 28ff, mit freundlicher Genehmigung
SK Publikationen)

Solche Aussagen sind keine Schwärmerei, keine Fantasien, bewirkt von gläubig-hoffenden Herzen oder Ausdruck irgendwelcher Wunschträume, sondern persönlich erfahrbare Wirklichkeit. Der Großonkel des Verfasser berichtete Mitte des letzten Jahrhunderts aus eigenem Erleben Ähnliches:

Zuweilen kann man folgendes erfahren: Sowie man in Ruhe ist, beginnt das Licht der Augen aufzuflammen, sodass vor einem alles ganz hell ist, wie wenn man in einer Wolke wäre. Öffnet man die Augen und sucht seinen Leib, so findet man ihn nicht. Dies nennt man: »In der leeren Kammer wird es hell.« Da ist innen und außen alles gleich hell. Das ist ein sehr günstiges Zeichen.

… wenn man in der Meditation sitzt, wird der Fleischleib ganz glänzend wie Seide oder Nephrit. Das Sitzen fällt einem schwer, man fühlt sich empor gerissen. Dies heißt: »Der Geist kehrt zurück und stößt an den Himmel.« Mit der Zeit kann man erleben, dass man wirklich emporschwebt.

(VELTHEIM-OSTRAU, *Tagebücher aus Asien*, S. 370f)

Die Initiation durch einen Lichtmeister ist keine »Heils- und Unfallversicherung« für den Massenmenschen, sondern einerseits eine Gnade, dass uns der Zugang zu den Kräften des Lichts von da an immer geöffnet ist, und andererseits die Bemühung um die Selbstverpflichtung, fortan bewusst an sich zu arbeiten. »Wer immer strebend sich bemüht / Den können wir erlösen.« Mit Goethe gesprochen geht es bei der Innenschau um einen freien Willensakt des Einzelnen. Bei all unseren Bemühungen gelten wohl zwei Einsichten, wie Angelus Silesius sie in seinem *Cherubinischen Wandersmann* ausgesprochen hat:

> *Christ mein, wo läufst du hin? Der Himmel ist in dir!*
> *Was suchst du ihn denn erst bei eines andern Tür?*

Und:

> *Der nächste Weg zu Gott ist durch der Liebe Tür;*
> *Der Weg der Wissenschaft bringt dich gar langsam für.*

Ihre Aufgabe, unser aller Aufgabe, wenn wir den Dunkelmächten widerstreben wollen, besteht nicht darin, zuerst draußen in der Welt gegen sie vorzugehen, zu demonstrieren, zu wettern, oder uns aus Angst gar irgendwo zu verkriechen, sondern das göttliche Licht in uns selbst zu entdecken, zum Christus in uns zu finden. Dabei hilft das »wissenschaftliche Denken« weniger als die Herzensliebe.

Wie werden Sie sich entscheiden, wie werden wir alle uns entscheiden? Für das Wagnis des Wegs ins Licht, der einfach zu beschreiben, aber schwer im Alltag zu gehen ist? Oder für die Bequemlichkeit des Halbdunkels, an die wir uns so sehr gewöhnt haben? Folgen wir der Stimme unseres Herzens! Im letzten Jahrhundert war sie selten zu vernehmen, im neuen Jahrhundert liegt es an uns, ob wir dieser feinen Stimme Gehör schenken oder nicht. Während einer Friedenskonferenz bei den Vereinten Nationen in New York sowie bei einer Ansprache in Frankfurt sagte der Lichtmeister Rajinder Singh dazu:

»Das 20. Jahrhundert hat eine neue Denkweise hervorgebracht. Die Menschen haben die Welt durch den Gebrauch des Verstandes verwandelt. Doch in diesem 21. Jahrhundert werden wir eine Verwandlung der Welt durch unsere Herzen erfahren. Im 20. Jahrhundert haben wir genug gedacht, wir haben dem Intellekt die Führung überlassen. Nun ist es an der Zeit, dies auszugleichen, indem wir dem Herz die Führung überlassen.

Nur das Herz wird Entscheidungen treffen, die eine liebevolle, lichtvolle Welt hervorbringen. Nur das Herz wird uns helfen, uns in der rechten Weise um unseren Körper zu kümmern. Nur das Herz wird uns helfen, unsere emotionalen Wunden zu heilen. Nur das Herz schreit danach, dass die Seele das Wissen um ihr wahres Selbst erlangen möge. Es ist das liebevolle Herz, das sich um unsere Mitmenschen kümmert. Es ist das liebevolle Herz, das sich um den Planeten und alle Formen des Lebens sorgt. Nur das Herz kann universale Liebe für die ganze Schöpfung hervorbringen. Meditation ist ein Weg, um lieben zu lernen, um Liebe in eine Welt zu bringen, die nach Liebe hungert. ... Was ist nun Spiritualität, was ist ein spirituelles Leben? Spiritualität ist glücklich sein, Spiritualität ist Liebe.«

(Nach RAJINDER SINGH, aus der Mitschrift von zwei Vorträgen)

Schöne Worte, aber wie werden sie verwirklicht? Liebe zu leben: nichts schwerer als das! Sich des Segens des Lebens und seiner Möglichkeiten und Aufgaben bewusst zu erfreuen: nicht immer so einfach, nicht wahr? Spiritualität bedeutet, meint der Verfasser, sich auf den Weg zum Licht oder zur Wahrheit zu begeben und auch dann, wenn wir stolpern, hinfallen oder sonstwie uns gehindert sehen, den Blick weiterhin auf das ewige Licht gerichtet zu halten. Spiritualität besteht auch darin, angebliche ewige Wahrheiten immer wieder aufs Neue zu hinterfragen, nicht blindlings dieser Doktrin oder jenem geistigen Anführer zu folgen. Spiritualität ist Bewusstwerdung, Übernahme von Verantwortung, eigene Initiative – nicht Einlullen der Vernunft, nicht Aufgabe der Eigenverantwortung und auch nicht die Anwendung von lieblosen Mitteln, um einen angeblichen liebevollen Zweck zu erreichen.

Müssen wir angesichts der großen Herausforderungen und der vielen Zeichen der Macht des Dunkels auf der Erde ängstlich sein? Oder sollten wir uns auf das besinnen, was wir persönlich tun können? Müssen wir um unsere und des Planeten Zukunft fürchten oder haben wir allen Anlass zu Hoffnung? Der Rebbe Schneerson hatte keine »Anhänger«, schreibt sein Schüler Rabbi Freeman, er war ein »Rebell« und hatte nur Menschen, die mit ihm »rebellierten«. Ihm als »Anführer« hätte ohnehin keiner folgen können, weil er so energisch und rasch voranschritt. Also mussten seine Schüler lernen, zumindest sich selber anzuführen!

Wir sind auf unserem Weg nicht allein, wir sind in unserem Sein nicht allein. Jeder, der das Licht in sich entdeckt, der auf den Schwingen der Himmelsmusik in die geistigen Ebenen eintritt oder »aufsteigt« (das sind nur Umschreibungen, man könnte modern auch sagen: jeder, der das Bewusstseinsprogramm »umschaltet« von außen nach innen, von Welt auf Selbst) wird feststellen, dass es bereits so viele andere auf dieser Erde gibt, die als Licht wirken. Nicht als »Lichtarbeiter« dem Namen nach, die draußen in der Welt etwas predigen oder sich der einen oder anderen Form von romantischen Vorstellungen oder weißmagischen Beschwörungen hingeben, sondern solche, die mit der inneren Kraft verbunden sind und diese täglich aufs Neue in Innenschau, Versenkung oder Meditation erfahren.

»Reformer werden gebraucht«, sagte der Lichtmeister Kirpal Singh, »aber solche, die sich selbst reformieren.« Und er fuhrt fort: »Entdeckt das göttliche Licht in euch selbst, und dann ändert die Welt – nicht durch Worte, sondern durch eure Ausstrahlung.« Schon 1972, während seiner letzten Auslandsreise vor seinem Weggang aus dieser Welt 1974, sagte Kirpal in Vancouver auf die Frage, ob er ein neues Goldenes Zeitalter heraufdämmern sehe: »Ich sage dir, der Tag wird kommen, wenn der *Khalsa* (die geistige Gemeinschaft von echten Lichtarbeitern), nicht unbedingt jene, welche die äußere Form von Khalsa haben, aber jene, in denen das Licht Gottes voll erstrahlt, über diese Welt herrschen werden!« *Jemand fragte zurück,* »Was werden sie tun?« *Kirpal antwortete und buchstabierte, damit keine Zweifel entstünden:* »H-e-r-r-s-c-h-e-n. Über die Welt herrschen.«

(ARRAN STEPHENS, *Journey to the Luminous*,
Seattle 1999, S. 210)

Auch wenn am Ende alles »eins« sein mag: solange wir auf der Ebene der Dualität leben, werden wir das Leben als Kampf oder Spiel von Licht und Dunkel erfahren. Solange müssen wir auf der Ebene der Stofflichkeit arbeiten, mit Gemüt und Verstand, mit Herz und Bauch – und sollten dabei doch auf unsere Seele hören. Im Alltag sind Geist und Stoff praktisch unlösbar miteinander verbunden, nur in der Meditation kann sich die Seele mehr oder minder als rein geistiges Bewusstsein erfahren. Liebe und Dienst am

Mitmenschen eint, Dogmen und Ismen trennen, gleich, wer sie vertritt. Die existenziellen Trennungen können wir auf der Ebene des Stofflichen zwar nie endgültig überwinden. Durch die Ausbildung und den Einfluss eines mitmenschlichen und liebevollen Geistes brauchen wir sie jedoch nicht mehr als fortwährende leidvolle Spaltungen zu erleben, sondern können sie auch als ein Spiel von Licht und Schatten erfahren, das nur entsteht, weil es ein Urlicht überhaupt gibt.

Zur Verwirklichung im Alltag gehört schließlich eine Einsicht, die von den Weisen der Zeiten in immer wieder neuen Formen erzählt wurde und deren Kern schlicht lautet: Es gibt einen großen Schatz, den größten der Welt. Man kann ihn aber nur an einem einzigen Ort der Welt finden. Dieser Schatz ist der Sinn und die Erfüllung des Daseins. Der Ort, an dem wir diesen Schatz finden, ist genau der Ort, an dem wir jetzt gerade sind. Er ist nicht außen, sondern innen. Und nur wir selbst können ihn heben.

Bei ihm ist die Wahrheit

Die grübelnd wir mit abertausend Fragen
uns mühn, des Weltalls Rätsel zu erspüren,
an erznen Toren wund die Knöchel schlagen,
um uns nur immer tiefer zu verlieren,
uns immer auswegloser zu verstricken
Im Ja und Nein, Zweifel und Selbstbetrug:
Die Wahrheit werden wir niemals erblicken.
Wir wissen viel und wissen nie genug.
Denn jede letzte Wahrheit ist bei ihm.
Wir häufen Splitter, armsel'ge Fragmente,
der kargen Beute dennoch stolz bewusst.
Was aber schiert ihn unser Ungestüm?
Er, der uns jedes Rätsel lösen könnte,
birgt sein Geheimnis sanft in – unsrer Brust!
– Wolfgang Federau, Te Deum
(SONNETTE II)

Dank und Gedanke

Dank den zahlreichen Lehrerinnen und Lehrern sowie den vielen Freunden und Begleitern, die den Verfasser bislang auf seiner Lebensreise begleitet, ermuntert, unterstützt und geführt haben. Namentlich seien nur wenige erwähnt: die Eltern Valérie Vera und Dr. jur. Hans-Olof von Rohr, die Umstellungsfähigkeit, Anspruchslosigkeit und die Gabe der Absonderung von Massentrends vermittelten, die liebe »Kinderschwester« Käte »Hidda« Richter, die erdverbundene Menschlichkeit ausstrahlte und erlernen ließ, der Großonkel Hanns-Hasso von Veltheim-Ostrau, den der Verfasser zwar nicht mehr persönlich erleben, aber aus dessen Büchern er geistige Einsichten gewinnen durfte, die wunderbare Yogalehrerin Anneliese Harf, Kris Dorea, die Intelligenz mit mädchenhaftem Charme verbindet, die liebevolle Weggefährtin Ursula Maria Hebenstreit, die das freie Herz zum Mittelpunkt ihres Lebens macht, schließlich die segensreichen Lichtmeister und Meditationslehrer Sant Darshan Singh und Sant Rajinder Singh. Ihnen sowie allen Autoren, auf deren Werken dieses Buch aufbaun durfte, und vielen weiteren Ungenannten, einen herzlichen Dank! Möge der Dank auch Ausdruck im Bemühen gefunden haben, durch dieses Buch suchenden Menschen einiges von dem »zurückzugeben«, was dem Verfasser von seinen unterschiedlichen Wohltätern geschenkt wurde.

Jede Generation spielt ihre bestimmte Rolle in der Geschichte.
Von allen Generationen haben wir ein reichen Schatz an Träumen
geerbt: Philosophie, Wissen, Weisheit und Ziele. Wir sind kleine
Zwerge, die auf den Schultern ihrer Ideen und ihrer edlen Taten
stehen. Der Auftrag und das Schicksal unserer Generation ist es,
den Traum wahr zu machen.

REBBE MENACHEM MENDEL SCHNEERSON sel. Andenkens
(*Den Himmel auf die Erde bringen*, S. 22)

Anhang

Allgemeine Literaturhinweise

Die Bibel (nach der Übersetzung Martin Luthers), Stuttgart 1978

Bapat, P.V., *2500 Years of Buddhism*, Delhi 1959

Benedikt, Johann (Hrsg.), *Erinnert euch an eure Menschlichkeit*, CH-Neuhausen 1998

Cotterell, Arthur & Storm, Rachel, *The Ultimate Encyclopedia of Mythology*, London 1999

Dorea, Kris, *Starke Frauen, große Weisheit*, CH-Neuhausen 1999

Forsyth, Neil, *The Old Enemy* – Satan and the Combat Myth, Princeton 1987

Freeman, Tzvi (Hrsg.), *Den Himmel auf die Erde bringen* – Die Weisheit des Rebbe Menachem Mendel Schneerson, Bern/München/Wien 1996

Hall, Manly Palmer, *The Secret Teachings of All Ages*, Los Angeles 1977

Kaplan, Helmut F., Hrsg., *Warum ich Vegetarier bin*, Reinbek 1995

Lindenberg, Wladimir, *Mysterium der Begegnung*, München/Basel 1985

Moser, Bruno, *Große Gestalten des Glaubens*, München 1983

Rappoport, Jon, *The Secret Behind Secret Societies* – Liberation of the Planet in the 21st Century, San Diego 1998

Rohr, Hans-Olof von, *Qui transtulit*, Hannover 1963 (vergriffen)

Rohr, Wulfing von, *Es steht geschrieben ...* – Ist unser Leben Schicksal oder Zufall?, Genf/München 1994 (vergriffen)

Russell, Jeffrey Burton, *A History of Heaven* – The Singing Silence, Princeton 1997

Singh, Darshan, *Spirituelles Erwachen* – Bewusstsein im neuen Jahrtausend, München 1999

Singh, Kirpal, *Von der Gottsuche zur Verwirklichung*, Bern 1977

Singh, Rajinder, *Die Weisheit der erwachten Seele*, CH Neuhausen 1999

Veltheim-Ostrau, Hans-Hasso von, *Tagebücher aus Asien*, Hamburg 1956, 1. Teil der Trilogie

ders., *Der Atem Indiens*, Hamburg 1959, 2. Teil

ders., *Götter und Menschen zwischen Indien und China*, Hamburg 1958, 3. Teil

Nach Abschluss der Arbeit an diesem Buch stieß der Verfasser auf ein Buch von Ingo Swann, das die geheimen Mächte in der Gesellschaft aufschlussreich, kenntnisreich und zugleich erschreckend beleuchtet. Es ist bislang nur auf Englisch erschienen und heißt *Secrets of Power – Individual Empowerment vs The Societal Panorama and Depowerment*, ISBN-Nr. 0-9667674-2-X; Bezugsadresse ist I.S.Books, P.O.Box 2875, Rapid City, South Dakota 57709-2875, USA; Tel. (001/605) 341-5660; Website: www.biomindsuperpowers.com

In den Kapiteln verwendete Literatur

Kapitel 1   *Die Erde*
Roberts, J.M., *A Concise History of the World*, New York 1995

Kapitel 2   *Sind wir Marionetten*
Farren, Mick, *Conspiracies, Lies, and Hidden Agendas* – Our Deepest Secret Fears from the Antichrist to the Trenchcoat Mafia, Los Angeles 1999
Lash, John, *The Seekers Handbook*, New York 1990
Marienkinder, *Das Tier der Apokalypse ist der Computer*, Privatdruck, Kontaktadresse: Marienkinder-Patrona Bavariae, L.-Oberhäußer-Str. 2, D-86825 Bad Wörishofen
Risi, Armin, *Machtwechsel auf der Erde* – Die Pläne der Mächtigen, globale Entscheidungen und die Wendezeit, Band 3 der Trilogie »Der multidimensionale Kosmos«, CH-Neuhausen/D-Altenburg 1999
Stoneman, Richard, *Greek Mythology*, London 1991

Einige interessante Internetadressen zum Thema Verschwörung:
www.yahoo.com, dann unter »suche« Suchbegriff eingeben, zum Beispiel *Clinton's death list* oder *Conspiration* – dort besonders interessant: www.bilderberg.org (englisch), www.illuminatus.ctw.cc (französisch) und www.chez.com/frenzy/ (französisch)
www.tsl.org (englisch)
www.ascension-research.org (englisch)
www.4rie.com (teilweise auch in deutsch)

Kapitel 3   *Illuminaten*
Coil, Henry Wilson, *Coil's Masonic Encyclopedia*, New York 1961
Mackey, Albert G., *Encyclopedia of Freemasonry*, Virginia 1966

Kapitel 4   *Gralsritter und Katharer*
Ashe, Geoffrey, *The Discovery of King Arthur*, New York 1985
Gardner, Laurence, *Bloodline of the Holy Grail* – The Hidden Lineage of Jesus Revealed, Shaftesbury 1996
Lincoln, Henry/Baigent, Michael/Leigh, Richard, *Der Heilige Gral und seine Erben*, Bergisch Gladbach 1993

252

Markale, Jean, *Die Katharer von Montségur* – Das geheime Wissen der Ketzer, München 1990

Scott, Ernest, *The People of the Secret*, London 1991

Singh, Darshan, *Die Quelle aller Liebe* – Leben, Dichtung und Lehren von Heiligen und Mystikern, Hof 1996

Kapitel 5   *Kal, Maya und Karma*

Kabir, *The Anurag Sagar* – *Ocean of Love*, Übertragung ins Englische von Raj Kumar Bagga unter Mitarbeit von Partap Singh und Kent Bicknell, herausgegeben und mit Anmerkungen versehen von Russell Perkins, Sanbornton, NH 1995

Rohr, Wulfing von, *Karma und Reinkarnation*, Düsseldorf 1996

Singh, Darshan, *Liebe auf Schritt und Tritt* – Die Wunder deiner inneren Welten, Bern/Münsingen 1991

Singh, Kirpal, *Karma* – Das Gesetz von Ursache und Wirkung, Bern 1983

Singh, Sawan, *Spiritual Gems*, Beas 1976

Zürrer, Ronald, *Reinkarnation* – Die umfassende Wissenschaft der Seelenwanderung, Zürich 1994

Kapitel 6   *Sat Purush*

Federau, Wolfgang, *Te Deum*, Privatdruck Elisabeth Federau, Ratzeburger Allee 92, 2400 Lübeck, Druck Eugen Radtke, Lübeck 1986

Kabir, *The Anurag Sagar* – *Ocean of Love* (siehe 4. Kapitel)

Singh, Kirpal, *Portrait of Perfection*, Bowling Green 1981

Kapitel 7   *Buddha und Jesus*

Klimkeit, Hans-Joachim, *Gnosis on the Silk Road* – Gnostic Parables, Hymns and Prayers from Central Asia, San Francisco 1993

Reden des Buddha, Stuttgart 1973

Rohr, Wulfing von, *Was lehrte Jesus wirklich?* Die mystische Botschaft der Bibel, München 1995

Schmidt, K.O., *In dir ist das Licht*, München 1972

Singh, Kirpal, *Die Krone des Lebens*, Stuttgart 1987

Kapitel 8   *Diana-Maria-Sophia*

Ben-Chorin, Schalom, *Mutter Mirjam* – Maria in jüdischer Sicht, München 1982

Frazer, James George, *The Golden Bough* – A Study in Magic and Religion, London 1983

Kapitel 9   *Das Licht*

Benedikt, Johann (Hrsg.), *Erinnert euch an eure Menschlichkeit*, CH-Neuhausen 1998

Schmidt, K.O., *In dir ist das Licht*, München 1972

Weltzien, Diane von/Rohr, Wulfing von (Hrsg.), *Das große Lesebuch der Mystiker*, München 1993 (vergriffen)

Rohr, Wulfing von, *Das Buch der Meister*, München 1999

Kapitel 10 *Führung*
Singh, Kirpal, *Von der Gottsuche zur Verwirklichung*, Bern 1977

Auswahl weiterer Bücher des Verfassers

Rohr, Wulfing von, **Das magische Tor** – Einweihung in innere Welten, München/Kreuzlingen 2000

ders., **Das Buch der Meister**, München 1998

ders., **Meditation – Kraft aus der Mitte**, München 1991

ders., *Der Seelenquotient*, München 1998

ders., *So bleiben Sie gesund*, CH-Münsingen 1996

ders., *Leben war doch nicht als Streß gedacht*, München 1998

ders., *Alltagsprobleme kreativ lösen*, Niedernhausen 1999

ders., *Vor uns die Endzeit?*, Niedernhausen 1998

ders., *Die Zukunftsdenker*, Düsseldorf-Regensburg 1997

ders., *Nostradamus – Seher und Astrologe*, München 1994

ders., **Licht in der Stille**, CH-Neuhausen 1998

ders., **Die Deutung des Horoskops**, CH-Neuhausen 1996

ders., *Tarot von A – Z*, CH-Neuhausen 1999

ders., *Astrologie für eine neue Zeit*, München 1999

Adressen

Besondere kleine Verlage

SK Publikationen (Herausgeber von Büchern der Lichtmeister Hazur, Kirpal, Darshan und Rajinder, von Sat Sandesh – Botschaft der Wahrheit, sowie von Videos, Kassetten und vegetarisches Kochbuch): Ingrid und Edgar Kaiser, Ludwigstr. 3, D-95028 Hof, Tel. +49-9281-87412, Fax +49-9281-142663; e-mail: skp.de@sos.org

Novalis Verlag (Herausgeber der anspruchsvollen geistigen Zeitschrift Novalis sowie geisteswissenschaftlicher Bücher): Postfach 600, CH-8238 Büsingen / D 78266 Büsingen, Fax CH +41-52-6201491, Fax D 07734-932784; e-mail: novalis@spectraweb.ch

Govinda-Verlag (Herausgeber vedischer und zeitkritischer geistiger Literatur): Schellenberg 11, D-79798 Jestetten-Altenburg oder Postfach 257, CH-8212 Neuhausen 2

Chiron Verlag (Herausgeber astrologischer Literatur für Anfänger und Fachastrologen): Postfach 1250, D-72002 Tübingen; Tel. +49-07071-8884150, Fax +49-7071-8884151; www.chironverlag.com

Annapurna Musikverlag (Herausgeber wunderbarer Seelenmusik mit schönen Liedern aus verschiedenen Kulturen und Religionen sowie einiger geistiger Bücher): Maximilianstr. 34, D-80539 München; Tel. 0171-2833545, Fax 089-29162977

Spirituelle Adressen

Stiftung Grenzenloses Großgmain: Leitung GR Pfarrer Herbert Josef Schmatzberger (Wallfahrtskirche, Marienheilzentrum, interreligiöse Begegnungen, Kulturaustausch, ganzheitliches Leben, Forum der Religionen, Untersbergakademie, Pilgerwanderungen, für alle Menschen offene Marienbruderschaft), Erzbischöfliches Pfarramt Großgmain am Untersberg, Pfarramt, A-5084 Großgmain; Tel. +43-6247-8245, Fax 8245-4; www.marienheilzentrum.org

The Wisdom School: Leitung Alan Oken, P.O.Box 5574, Santa Fe, NM 87502, USA; Tel. +1-505-4662258, Fax +1-505-4660510; www.thewisdomschool.org

Sawan Kirpal Ruhani Mission bzw. Science of Spirituality: Leitung Sant Rajinder Singh, Kirpal Ashram, 2 Canal Road, Vijay Nagar, Delhi 110009, INDIEN; Science of Spirituality Center, 4 S Naperville Road, Naperville, Illinois 60563, USA, Tel. +1-630-9551200, Fax +1-630-9551205, www.sos.org (auch deutschsprachige Seiten und Adressen in D, A, CH)

Life Forum: Gemeinnütziger eingetragener Verein für Kulturaustausch, Völkerverständigung und Bildung (z.B. Lehrerfortbildung zum Thema Werte in Schule und Gesellschaft): Angererstr. 12, D-83346 Bergen; Tel./Fax +49-8662-5842, www.lifeforum.org (noch im Aufbau!), e-mail : LifeForum@t-online.de

Wulfing von Rohr: Meditationskurse, Konferenzen (z.B. Die Herzen heilen – Psychologie und Spiritualität verbinden: Salzburg Oktober 2001), Seminare und Vorträge sowie Information über die Initiation in den Weg des inneren Lichts und Klangs: Angererstr. 12, D-83346 Bergen; Tel./Fax +49-8662-5842, www.wulfingvonrohr.de, e-mail : wulfing@12move.de

Über den Autor

Wulfing von Rohr ist seit 1975 Kultur- und Religionsforscher. Er hat über zwanzig Jahre als Fernsehjournalist gearbeitet, war Herausgeber mehrerer Buchreihen, im Vorstand des Berufsverbands Deutscher Yogalehrer tätig, ist Koautor und Übersetzer von vielen Büchern über Naturheilkunde, Sinnsuche und Esoterik, sowie Autor zahlreicher eigener Bücher über Lebensgestaltung, Meditation und Spiritualität. Er war Organisationsleiter der *Internationalen Friedenskonferenz München 1999* – »Frieden durch Bewusstsein«, Herausgeber von Buchreihen und Büchern, auch zur Friedensarbeit und Selbstverwirklichung junger Menschen. Er widmet sich der Begegnung der Religionen und Kulturen, ist Mitbegründer der *Stiftung Grenzenloses Großgmain* mit dem *Marienheilzentrum Großgmain* und der *Untersbergakademie*, die er leitet, sowie derzeit Vorsitzender des gemeinnützigen Life Forum e.V., einem Verein, welcher sich der Völkerverständigung, dem Religions- und Kulturaustausch sowie Wertefragen widmet, ebenso der Erwachsenenbildung, besonders im Bereich natürliche Gesundheit. Wulfing von Rohr hält Vorträge und Seminare und ist Sprecher bei Kongressen in Europa und USA. Er ist Mitglied im Berufsverband Deutscher Yogalehrer (BDY), in der Internationalen Gesellschaft für Tiefenpsychologie und in der Marienbruderschaft Großgmain.